“十二五”职业教育国家规划教材

税法
学习指导、习题与项目实训

SHUIFA XUEXI ZHIDAO XITI YU XIANGMU SHIXUN

（第七版）

新准则 新税率

主 编 梁伟样

本书另配：课程标准
教学课件
教学讲义
动画视频
票证账表
习 题 库
案 例 库
法 规 库

新形态教材

中国教育出版传媒集团
高等教育出版社·北京

内容提要

本书是“十二五”职业教育国家规划教材，是《税法》（第七版）的配套用书，包括学习指导与习题、项目实训两部分内容。为便于学生课后练习，学习指导与习题部分按章节安排来编写；项目实训部分的编写按照工作过程、以项目为导向，依托原始凭证，以期带给学生全真的实训体验，内容涉及应纳税额的计算、纳税申报两个方面。全书贯彻了“教学做一体化”“理实合一”的高等职业教育教学理念。近三年完成立法的资源税法、城市维护建设税法、契税法、印花税法和全面修订的个人所得税法的内容已经体现在本书之中。

本书结构清晰，思路独特，有很强的实用性，可作为高等职业院校大数据与会计、大数据与财务管理、财税大数据应用、财富管理、工商企业管理、市场营销、国际经济与贸易等财经大类专业的教学用书，也可供从事相关实务工作的人员学习参考。

图书在版编目（CIP）数据

税法学习指导、习题与项目实训／梁伟样主编．—7版．—北京：高等教育出版社，2023.4
ISBN 978-7-04-059470-6

Ⅰ．①税… Ⅱ．①梁… Ⅲ．①税法－中国－高等职业教育－教学参考资料 Ⅳ．①D922.22

中国国家版本馆 CIP 数据核字（2023）第 050922 号

策划编辑 毕颖娟 责任编辑 毕颖娟 封面设计 张文豪 责任印制 高忠富

出版发行	高等教育出版社	网　　址	http://www.hep.edu.cn
社　　址	北京市西城区德外大街4号		http://www.hep.com.cn
邮政编码	100120	网上订购	http://www.hepmall.com.cn
印　　刷	上海叶大印务发展有限公司		http://www.hepmall.com
开　　本	787mm×1092mm 1/16		http://www.hepmall.cn
印　　张	18	版　　次	2007年7月第1版
字　　数	449千字		2023年4月第7版
购书热线	010-58581118	印　　次	2023年4月第1次印刷
咨询电话	400-810-0598	定　　价	40.00元

物 料 号 59470-00

第七版前言

“十二五”职业教育国家规划教材《税法学习指导、习题与项目实训》(第六版)作为《税法》(第六版)的配套用书,自2019年1月出版以来,承蒙读者的厚爱,取得了较好的效果。

党的“十九大”以来,围绕减税降费,我国实体税法的立法工作加快,最近两年,完成了资源税、城市维护建设税、契税、印花税的立法工作。全面修订了个人所得税法,开启了综合与分类相结合的个人所得税制。税收法规的变化,要求我们对教材内容进行全面更新。在《税法》(第六版)修订再版的同时,我们对其配套的辅助教材也进行了修订,以体现最新的法规变化。

本次修订,以最新的税收法规(截至2023年3月底)为依据,近三年完成立法的资源税法、城市维护建设税法、契税法、印花税法和全面修订的个人所得税法的内容全面体现在本书之中。

本书可与主教材一起配套使用,也可单独作为实训教材使用。适合高等职业院校大数据与会计、大数据与财务管理、财税大数据应用、财富管理、工商企业管理、市场营销、国际经济与贸易等财经大类专业使用,也可作为职业本科院校、成人高校、普通本科院校举办的二级职业学院财经类专业的教学用书和社会从业人员的业务学习用书。

本次修订工作由梁伟样教授负责,在修订过程中得到了有关部门、企业和任课老师的大力支持,在此,一并表示诚挚的谢意!

由于编者水平有限,书中难免存在不妥之处,恳请专家学者、使用本书的老师和同学们批评指正。

编　者

2023年4月

第一版前言

《税法学习指导、习题与实训》是与《税法》主教材相配套的辅助性教材，主要内容包括学习目的与要求、学习要点提示、重点难点问题、习题，其中习题分为名词解释题、判断题、单项选择题、多项选择题、问答题、业务题和模拟实训题，并附有企业纳税申报处理过程中的实际表单。编写本书的目的，是为了帮助学习者理解和掌握教材的内容，理清头绪，启迪思维，增加练习，模拟实训，以满足高职高专教学的需要。

在编写的同时，特为本书配套了立体化的教学资源库，主要内容包括教学课件、案例精析、习题答案、参考法规、相关知识、学生自测题、模拟试卷等，任课教师可向高等教育出版社索取。

本书编写人员有梁伟样（第一、六章）、林宗纯（第二、九章）、朱丹（第四、八章）、张冬云（第三、七章）、鳜孙艳（第五、十章）。梁伟样教授负责全书的修改、总纂与定稿。

由于编者水平有限，书中难免存在不妥之处，恳请读者批评指正。

编　者

2007 年 5 月

目 录

第一部分 学习指导与习题

第二部分 项目实训

第一部分

学习指导与习题

第一章 总 论

第一节 税 法 概 述

【学习指导】

一、税收的性质

税收又称“赋税”“租税”“捐税”等，是政府为了满足社会公共需要，凭借政治权力，按照法律规定，强制、无偿地参与社会剩余产品分配，以取得财政收入的一种规范形式。与其他财政收入形式相比，税收具有强制性、无偿性和固定性的特征，习惯上称为税收的“三性”。

国家的产生和存在是税收产生的前提条件，私有财产制的存在和发展是税收产生的经济条件。我国税收具有组织财政收入、调节经济和监督社会经济活动等职能。

二、税法与税收法律关系

税法是国家制定的，用于调整国家和纳税人之间在征纳税方面的权利与义务关系的法律规范的总称，是征税人(政府)与纳税人依法征税、依法纳税的行为准则，即国家有关征税的法律。税收法律关系如表 1－1 所示。

表 1－1 税收法律关系

项 目	内 容
构 成	主体：包括征税主体(各级征税机关)和纳税主体(纳税人) 客体：即主体的权利和义务共同指向的对象，表现为征税对象 内容：即主体所享有的权利和所承担的义务
产生、变更与消灭	法律关系的产生、变更和消灭必须有能够引起税收法律关系产生、变更或消灭的税收法律事实。税收法律事实可分为税收法律事件和税收法律行为
保 护	是指保障征纳税权利主体行使权利和监督义务主体履行义务的活动

三、税法的构成要素

税法的构成要素如表 1－2 所示。

1

表 1－2 税法的构成要素

要　素	构成要素内容
总　则	包括立法依据、立法目的、适用原则等
纳税人	是指税法规定直接负有纳税义务的单位和个人，也称纳税主体，它是税款的法律承担者。纳税人可以是自然人，也可以是法人
征税对象	又称课税对象，是征税的目的物，即对什么东西征税，它是一种税区别于另一种税的主要标志
税　目	是征税对象的具体化，反映各税种具体的征税项目，体现每个税种的征税广度
税　率	是指应纳税额与计税依据之间的法定比例，体现了征税的深度。税率是体现税收政策的中心环节，是构成税制的基本要素。税率可以分为以绝对量形式表示的定额税率和以百分比形式表示的比例税率和累进税率。累进税率还可分为全额累进税率、超额累进税率和超率累进税率
纳税环节	是指对处于不断运动中的纳税对象选定的应当缴纳税款的环节。有的纳税环节单一，称为“一次课征制”；有的需要在不同环节分别纳税，称为“两次课征制”或“多次课征制”
纳税期限	是指纳税人在发生纳税义务后，应向税务机关申报纳税并解缴税款的起止时间。不同税种由于其自身的特点，可分为按期纳税和按次纳税两种形式
纳税地点	是指按照税法规定向征税机关申报纳税的具体地点。它说明纳税人应向哪里的征税机关申报纳税，以及哪里的征税机关有权进行税收管辖的问题
税收减免	是减税和免税的合称，是指对某些纳税人或征税对象的鼓励或照顾措施。减税是对应纳税额少征一部分税款，而免税则是对应纳税额全部免征税款。具体可分为税基式减免、税率式减免和税额式减免三种形式
罚　则	是指对纳税人发生违反税法行为采取的惩罚措施，它是税收强制性的体现。违章处理的措施主要有加收滞纳金、处以罚款、税收保全措施、税收强制执行措施等
附　则	是指与该税法紧密相关的内容，比如，该税法的解释权、生效时间等

【习题训练】

一、判断题

1. 税收分配凭借政治权力为主，财产权力为辅。（　　）

2. 税收的“三性”是不同社会制度下税收的共性，是税收区别于其他财政收入形式的标志。（　　）

3. 累进税率的基本特点是税率等级与征税对象的数额等级同方向变动，所以，在级距临界点附近会出现税负增加超过征税对象数额增加的不合理现象。（　　）

4. 对同一征税对象，不论数额多少，均按同一比例征税的税率称为定额税率。（　　）

5. 我国的增值税实行的是一次课征制。（　　）

6. 税率是应纳税额占征税对象数额的比例，也是衡量税负轻重的重要标志。（　　）

7. 纳税期限是税收强制性和固定性在时间上的体现，因此，各种税在其税法中都应规定纳税人的纳税期限。（　　）

8. 起征点是指达到或超过的就其全部数额征税，达不到的不征税；而免征额是指达到

1

和超过的,可按扣除其该数额后的余额计税。 ( )

9. 税收法律关系中的征纳双方法律地位平等,但权利与义务不对等。 ( )

10. 税法与税收密不可分,税法是税收的法律表现形式,税收则是税法所确定的具体内容。 ( )

二、单项选择题

1. 税制构成要素中区分不同税种的标志是( )。

A. 纳税人　B. 征税对象　C. 税目　D. 税率

2. ( )是衡量税负轻重的重要标志,是税收制度的核心。

A. 征税对象　B. 税目　C. 计税依据　D. 税率

3. 税收是国家财政收入的重要组成部分,国家征税凭借的是( )。

A. 政治权力　B. 行政权力　C. 财产权力　D. 国家权力

4. 税法上规定的纳税人是指直接( )的单位和个人。

A. 负有纳税义务　B. 最终负担税款　C. 代收代缴税款　D. 承担纳税担保

5. ( )是对同一征税对象,不论数额的大小,均按相同比例征税的税率。

A. 比例税率　B. 累进税率　C. 定额税率　D. 累退税率

6. 定额税率的一个重要特点是( )。

A. 按税目确定税额　B. 与征税对象数量成正比

C. 不受价格的影响　D. 与课税数量成反比

7. 税收法律关系的主体是指( )。

A. 征税方　B. 征纳双方　C. 纳税方　D. 税务机关

8. 在税收法律关系中,纳税义务人享有的税收法律权利主要是( )。

A. 办理税务登记　B. 进行纳税申报

C. 申请延期纳税　D. 依法缴纳税款

9. 税收法律关系的内容是权利主体享有的权利和所承担的义务,其中,税务机关的权利包括( )。

A. 税法制定权　B. 税务处罚权　C. 行政复议权　D. 行政诉讼权

10. 某纳税人某月取得收入 250 元,税率为 10%,假定起征点和免征额均为 240 元,则按起征点和免征额办法计算,分别应纳税( )。

A. 25 元和 1 元　B. 25 元和 24 元　C. 24 元和 1 元　D. 1 元和 0 元

三、多项选择题

1. 税收职能是税收的一种长期固定的属性,我国社会主义税收的职能是( )。

A. 组织财政收入职能　B. 调控经济运行职能

C. 促进经济发展职能　D. 监督管理经济职能

2. 下列有关税收概念的说法中,正确的是( )。

A. 征税的主体是国家

B. 国家征税的依据是其政治权力

C. 税收分配的客体是所有社会产品

D. 税收具有强制性、无偿性、固定性的特征

1

3. 税收产生取决于相互制约的几个条件，包括有(　　)。
A. 国家的产生　B. 社会公共品　C. 私有财产制　D. 生产制度化
4. 我国现行税制中采用的累进税率有(　　)。
A. 全额累进税率　B. 超率累进税率
C. 超额累进税率　D. 超倍累进税率
5. 税收法律关系的终止是征纳税主体之间权利与义务的消失，包括下列行为(　　)。
A. 应税行为的变化　B. 税法内容的补充
C. 企业的破产与合并　D. 纳税个人的死亡

四、思考题

1. “税收”和“税法”是有关纳税的两个最基本的概念，你认为两者的关系是什么？

2. 有人说，纳税人是负有纳税义务的单位和个人，负税人是税款的最终负担者，纳税人缴纳了税款就负担了税款，纳税人和负税人是一致的。对此，你的看法怎样？

3. 当一个新税种颁布时，你特别需要理解它，那么你需要把握的最关键的几点是什么？

4. 一家中国公司到美国投资，取得了100万美元的所得，到底应由中国政府还是由美国政府对这项跨国所得征税？

5. 如果有人问这样的问题：政府征税不就是为了收钱吗？用一个税种把所有税款收上来不就行了，搞那么复杂的税制干什么？对此你如何应答？

第二节　税 收 立 法

【学习指导】

一、税收立法原则

税收立法原则是指税收立法活动中必须遵循的准则，我国的税收立法原则是根据社会性质和具体国情，立法机关根据社会经济活动、经济关系，特别是税收征纳双方的特点确定的。主要的原则有：① 从实际出发；② 公平合理；③ 民主决策；④ 原则性与灵活性相结合；⑤ 法律的稳定性、连续性与废、改、立相结合。

二、税收立法机关

我国的税收立法机关如表1-3所示。

表1-3　税收立法机关与所涉法规关系

立法机关	具体税法举例
全国人民代表大会和全国人民代表大会常务委员会	税收法律：《个人所得税法》《企业所得税法》《车船税法》《税收征收管理法》
全国人民代表大会或人民代表大会常委会授权立法	涉及税收规定与暂行条例：增值税、消费税、土地增值税等三个暂行条例都属于授权立法，“营改增”试点前还包括营业税

续 表

立法机关	具体税法举例
国务院	行政法规：如《个人所得税法实施条例》《企业所得税法实施条例》等
地方人民代表大会及其常务委员会	地方性法规：目前，海南省、民族自治地区在遵循宪法、法律和行政法规的基础上，可以制定有关税收的地方性法规
国务院主管部门	部门规章：如财政部颁发的《增值税暂行条例实施细则》，国家税务总局颁发的《税务代理试行办法》等
地方政府	地方规章：国务院颁布实施的房产税等地方性税种暂行条例，规定了省、市、自治区人民政府可根据条例制定实施细则

三、税收立法程序

税收立法程序是指国家权力机关及其授权机关，在制定、修改、补充、废止等税收立法活动中，必须遵循的法定步骤和方法。它主要包括：① 提议；② 审议；③ 通过；④ 公布。

四、税法的实施

税法的实施即税法的执行。它包括税收执法和守法两个方面：一是，要求税务机关和税务工作人员正确运用税收法律，并对违法者实施制裁；二是，要求税务机关、税务工作人员、公民、法人、社会团体及其他组织严格遵守税收法律。

【习题训练】

一、判断题

1. 尽管税收法律、法规和规章的制定机关不同，但它们的法律效率是相同的。（　　）

2. 我国现行税收实体法体系的各个税种，普遍适用于内外资企业和个人。（　　）

3. 地方人民代表大会及其常委会制定的地方税收法规、部门规章或地方规章不得与税收行政法规相抵触，否则无效。（　　）

4. 税收立法程序是指国家权力机关及其授权机关，在制定、修改、补充、废止等税收立法活动中，必须遵循的法定步骤和方法。（　　）

5. 现行税法中，《个人所得税法》《企业所得税法》《税收征收管理法》《车船税法》等都属于税收法律的范畴。（　　）

二、单项选择题

1. 税收法规是国家最高行政机关根据其职权或国家最高权力的授权，依据宪法和税收法律，通过一定法律程序制定的规范性税收文件。下列属于税收法规的是（　　）。

A. 个人所得税法律　　B. 增值税暂行条例

C. 税务行政复议规则　　D. 税务代理试行办法

2. 有权制定税收法律的机关是（　　）。

A. 全国人民代表大会及其常委会　　B. 财政部

C. 全国人民代表大会财经委员会　　D. 国家税务总局

3. 税收行政法规，一般由(　　)制定。

A. 全国人民代表大会及其常委会　　B. 国务院

C. 国家税务总局　　D. 财政部

4. 我国税收法律关系中征纳双方权利与义务及税目税率的确定，以及税种设置的权限，归属于(　　)。

A. 全国人民代表大会及其常委会　　B. 国务院

C. 国家税务总局　　D. 财政部

5. 下列税收法规中，属于部门规章的有(　　)。

A.《企业所得税法实施条例》　　B.《增值税暂行条例》

C.《消费税暂行条例实施细则》　　D.《车船税法》

三、多项选择题

1. 税收立法原则是指税收立法活动中应遵循的准则，一般包括(　　)原则。

A. 公平性　　B. 民主性

C. 均衡性　　D. 稳定性

2. 国务院制定的税收行政法规，包括(　　)实施细则等。

A. 增值税暂行条例　　B. 个人所得税法

C. 消费税暂行条例　　D. 税收征收管理法

3. 我国税收立法的一般程序是(　　)。

A. 提出税法草案　　B. 制定税法草案

C. 通过税法草案　　D. 公布实施税法

4. 下列各项中，有权制定税收规章的税务主管机关有(　　)。

A. 国家税务总局　　B. 财政部

C. 国务院办公厅　　D. 海关总署

5. 下列税种中，由全国人民代表大会立法确定的有(　　)。

A. 增值税　　B. 消费税

C. 个人所得税　　D. 企业所得税

第三节　税法体系

【学习指导】

中华人民共和国成立六十多年来，中国税收制度先后进行了五次重大改革。现行的税法体系主要是1994年税制改革所形成的。

一、税法分类

税法可按不同的标志进行分类，具体如表1-4所示。

表 1-4 税法分类

分类标志	各类内容
内容和职能	税收基本法：规定税收性质、立法、种类、体制和税务机构，以及征纳双方权利与义务等
	税收实体法：规定税种及其征税对象、纳税人、税目税率、计税依据、纳税地点等，如《个人所得税法》《增值税暂行条例》等
	税收程序法：规定税收管理工作的步骤和方法等方面的法律规范，如《税收征收管理法》《税务行政复议规则》等
征税对象	流转税法：以商品或劳务的流转额为征税对象的一类税的税法，主要有增值税、消费税、关税。“营改增”试点前还包括营业税
	所得税法：以所得额为征税对象的一类税的税法，主要有企业所得税、个人所得税的税法
	资源税法：对开发、利用和占有国有自然资源的单位和个人征收的一类税的税法，主要有资源税、土地增值税、城镇土地使用税的税法
	财产税法：以纳税人拥有或支配的财产为征税对象的一类税的税法，主要有房产税、车船税和契税的税法
	行为目的税法：以规定对某些特定行为及为实现国家特定政策目的征税的法律规范，主要有印花税、城市维护建设税、车辆购置税、耕地占用税的税法
管辖权限	国内税法：是指按照属人或属地原则，规定一个国家的内部税收法律制度
	国际税法：是指国家间形成的税收法律制度，主要包括双边或多边国家间的税收协议、条约和国际惯例等
	外国税法：是指世界各个国家制定的税收法律制度
收入归属和征管权限	中央税：是指管理权限归中央，及由其支配和使用的税种，如消费税、关税
	地方税：是指管理权限归地方，及由其支配和使用的税种，如房产税、车船税
	共享税：是指主要管理权限归中央，由中央政府和地方政府共同享有，按一定比例分成的税种，如增值税、企业所得税、个人所得税

二、税收实体法体系构成

我国目前开征的共有 18 个税种，根据分税制财政管理体制，税收收入分为中央收入、地方收入和中央地方共享收入，如表 1-5 所示。

表 1-5 我国现行税种征管

序号	税种	中央税	地方税	中央地方共享税	备注
1	增值税	√		√	海关代征的增值税为中央固定收入；其他为中央、地方共享，中央分享 75%，地方政府分享 25%。2016 年 5 月 1 日，全面推开“营改增”后，试点期间，分享比例调整为各占 50%
2	消费税	√			含海关代征的消费税
3	关税	√			

1

续 表

序号	税 种	中央税	地方税	中央地方共享税	备 注
4	企业所得税	√		√	2002年起,铁道运输、邮电、国有商业银行、开发行、农发行、进出口行以及海洋石油天然气企业缴纳的所得税为中央收入;其他由中央与地方共享,中央分享60%,地方政府分享40%
5	个人所得税			√	2002年起,调整为共享税,中央分享60%,地方政府分享40%
6	房产税		√		
7	契 税		√		
8	车船税		√		2007年1月1日起,由车船使用税改为车船税;2012年1月1日起,执行新的车船税法
9	印花税		√		从2016年1月1日起证券交易印花税收入归中央,其他印花税收入归地方政府
10	城市维护建设税	√	√		铁路部门、各银行总行、各保险总公司等集中缴纳的城市维护建设税为中央固定收入,其他为地方收入
11	耕地占用税		√		
12	车辆购置税	√			2001年1月1日起开征
13	资源税	√	√		按不同的资源品种划分,大部分资源税为地方税,海洋石油企业缴纳的资源税作为中央收入
14	城镇土地使用税		√		
15	土地增值税		√		
16	烟叶税		√		2006年4月1日起开征
17	船舶吨税	√			仅对境外港口进入境内港口的船舶征税
18	环境保护税		√		2018年1月1日起开征

【习题训练】

一、判断题

1. 我国从2008年1月1日起,开始在全国范围内实现增值税由生产型向消费型的转变。 ( )

2. 从2016年5月1日起,在全国范围内全面推开营业税改征增值税的试点工作。 ( )

3. 资源税法一般是针对利用自然资源、设备、资金、人才等资源所获得收益或级差收入的征税需要而制定的。 ( )

4. 按照税法的基本内容和职能作用的不同,税法可分为税收基本法、税收实体法、税收程序法三种。 ( )

5. 地方税属于各级地方政府的财政收入,如何征收由地方政府自行确定。 ( )

二、单项选择题

1. 行为目的税是指规定对某些特定行为及为实现特定目的的征税的法律规范。在下列税法中,属于行为目的税的是( )。

A. 消费税　B. 增值税　C. 印花税　D. 房产税

2. 我国现行税法体系中,采用多次课征的税种是( )。

A. 增值税　B. 消费税　C. 车船税　D. 资源税

3. 以商品或劳务的流转额为征税对象的税种是( )。

A. 流转税　B. 所得税　C. 财产税　D. 资源税

4. 全面推开“营改增”后,目前实际开征的税种共有( )种。

A. 17　B. 18　C. 24　D. 26

5. 构成我国税收程序法体系的核心和主体是( )。

A. 刑法　B. 税收征管法　C. 行政诉讼法　D. 行政处罚法

三、多项选择题

1. 以下属于中央税的有( )。

A. 消费税　B. 企业所得税　C. 关税　D. 增值税

2. 依据一般的税法适用原则,对于一项新税法公布实施之前发生的纳税义务在新税法公布实施之后进入税款征收程序的,下列说法中正确的有( )。

A. 实体法从旧　B. 实体法从新　C. 程序法从旧　D. 程序法从新

3. 我国税法生效方式包括的情况有( )。

A. 税法公布后由省税务机关决定生效日期

B. 税法通过一段时间后开始生效

C. 税法自通过发布之日起生效

D. 税法公布后授权地方政府自行确定实施日期

4. 下列属于税收实体法的有( )。

A. 企业所得税法　B. 消费税暂行条例

C. 税收征收管理法　D. 车船税法

5. 下列属于财产税的有( )。

A. 房产法　B. 车船税

C. 城市维护建设税　D. 印花税

第二章 增 值 税 法

第一节 增 值 税 概 述

【学习指导】

一、增值税的性质

增值税是指对在我国境内销售货物或者提供加工、修理修配劳务和销售服务、无形资产、不动产，以及进口货物的单位和个人，就其取得的货物、劳务或应税服务销售额，以及进口货物金额计算税款，并实行税款抵扣制的一种流转税。

根据税基和购进固定资产的进项税额是否扣除及如何扣除的不同，增值税可分为生产型增值税、收入型增值税和消费型增值税三类。

增值税具有以下特点：① 不重复征税，具有税收中性；② 税源广阔，具有普遍性；③ 实行税款抵扣制度，具有可操作性；④ 逐环节价外征收，具有转嫁性。

二、增值税的纳税人

增值税纳税人按其经营规模大小及会计核算健全与否，划分为小规模纳税人和一般纳税人，具体两类纳税人的划分规定如表 2－1 所示。

表 2－1　　增值税纳税人划分标准

纳　税　人	会计核算	年应征增值税销售额(万元)
小规模纳税人	不要求健全	500 万元及以下
一般纳税人	要求健全	500 万元以上

另外规定：

(1) 年应税销售额超过小规模纳税人标准的个人一律视同小规模纳税人，不经常发生应税行为的非企业性单位、企业和个体工商户可选择按小规模纳税人纳税。

(2) 年应税销售额未超过小规模纳税人标准以及新开业的纳税人，如果会计核算健全，能够提供准确税务资料的，可以向主管税务机关办理一般纳税人资格登记，成为一般纳税人。

(3) 下列纳税人不办理一般纳税人资格认定：个体工商户以外的其他个人；选择按照小规模纳税人纳税的非企业性单位；选择按照小规模纳税人纳税的不经常发生应税行为的

企业。

（4）纳税人兼有销售货物、加工修理修配劳务、服务、无形资产或者不动产的，应当分别核算适用不同税率或者征收率的销售额，未分别核算销售额的，从高适用税率或者征收率。

三、增值税的征税范围

我国现行增值税的征收范围包括在我国境内的销售货物、提供应税劳务和销售服务、无形资产、不动产及进口货物。具体征税范围如表 2-2 所示。

表 2-2　　增值税征税范围

征税范围		内　容
一般规定		销售货物：包括电力、热力、气体
一般规定		提供加工、修理修配劳务：加工是指受托加工货物并收取加工费的业务，修理修配是指受托对损伤和丧失功能的货物进行修复，使其恢复原状和功能的业务
一般规定		应税服务：是指提供交通运输服务、邮政服务、电信服务、建筑服务、金融服务、现代服务、生活服务
一般规定		销售无形资产：指转让无形资产所有权或者使用权的业务活动
一般规定		销售不动产：转让不动产所有权的业务活动
一般规定		进口货物：报关进口的应税货物(享受免税政策的货物除外)
特殊规定	特殊项目	货物期货(包括商品期货和贵金属期货)。在期货的实物交割环节纳税
特殊规定	特殊项目	银行销售金银的业务，应当征收增值税
特殊规定	特殊项目	典当业的死当物品销售业务和寄售业代委托人销售寄售物品的业务
特殊规定	特殊项目	集邮商品(如邮票、首日封、邮折等)的生产以及销售的邮品
特殊规定	特殊行为	视同销售行为：单位或者个体工商户的下列行为，视同销售货物，征增值税： ① 将货物交付其他单位或者个人代销； ② 销售代销货物； ③ 设有两个以上机构并实行统一核算的纳税人，将货物从一个机构移送至其他机构用于销售，但相关机构设在同一县(市)的除外； ④ 将自产、委托加工的货物用于免税项目、简易计税项目； ⑤ 将自产、委托加工的货物用于集体福利或者个人消费； ⑥ 将自产、委托加工或者购进的货物作为投资，提供给其他单位或者个体工商户； ⑦ 将自产、委托加工或者购进的货物分配给股东或者投资者； ⑧ 将自产、委托加工或者购进的货物无偿赠送其他单位或者个人； ⑨ 向其他单位或者个人无偿提供服务、转让无形资产或者不动产，但用于公益事业或者以社会公众为对象的除外
特殊规定	特殊行为	混合销售行为：一项销售行为如果既涉及货物又涉及服务，为混合销售。从事货物的生产、批发或者零售的单位和个体工商户的混合销售行为，按照销售货物缴纳增值税；其他单位和个体工商户的混合销售行为，按照销售服务缴纳增值税
特殊规定	特殊行为	兼营行为：纳税人销售货物、加工修理修配劳务、服务、无形资产或者不动产，适用不同税率或者征收率的，应当分别核算适用不同税率或者征收率的销售额，未分别核算销售额的，从高适用税率或者征收率

四、增值税的税率和征收率

增值税的税率和征收率具体如表 2－3 所示。

表 2－3　　增值税税率和征收率

纳税人	税率和征收率	适　用　范　围
一般纳税人	基本税率 13%	除适用低税率外的大部分货物；提供应税劳务；提供有形动产租赁服务
	低税率 9%	从 2019 年 4 月 1 日起，低税率为 9%：粮食等农产品、食用植物油、自来水、鲜奶；暖气、冷气、热水、煤气、石油液化气、天然气、二甲醚、沼气、居民用煤炭制品；图书、报纸、杂志、音像制品、电子出版物；饲料、化肥、农药、农机、农膜；国务院规定的其他货物；交通运输服务、邮政服务、基础电信服务、建筑服务、不动产租赁服务、销售不动产，转让土地使用权
	6%	除了 13% 和 9% 税率之外的其他服务业、无形资产应税行为
	零税率	出口货物或应税服务（另有规定除外）；注意：零税率不等于免税
	征收率 5%	下列特定行为可选择 5% 的简易计税方法：① 销售其 2016 年 4 月 30 日前取得或者自建的不动产；② 房地产开发企业销售自行开发的房地产老项目；③ 出租其 2016 年 4 月 30 日前取得的不动产；④ 向个人出租住房，按照 5% 征收率减按 1.5% 计算缴纳增值税
	征收率 3%	① 县级及县级以下小型水力发电单位生产的电力；② 建筑用和生产建筑材料所用的砂、土、石料或其他矿物连续生产的砖、瓦、石灰；③ 用微生物、微生物代谢产物、动物毒素、人或动物的血液或组织制成的生物制品；④ 自来水公司销售的自来水；⑤ 商品混凝土
	征收率 3%	① 寄售商店代销寄售物品；② 典当业销售死当物品；③ 经国务院或其授权机关批准认定的免税商店零售免税货物；④ 特定的应税服务行为
	征收率 3% 减按 2%	① 销售旧货；② 销售自己使用过的 2009 年 1 月 1 日或纳入营改增试点之日以前购入的固定资产
小规模纳税人	基本征收率 3%	销售货物、加工修理修配劳务、服务、无形资产
	征收率 2%	销售自己使用过的固定资产
	3% 减按 2%	销售旧货
	征收率 5%	① 销售不动产（不含个体工商户销售购买的住房和其他个人销售不动产）；② 房地产开发企业中的小规模纳税人，销售自行开发的房地产项目；③ 出租不动产（不含个人出租住房）；④ 向个人出租住房，按照 5% 征收率减按 1.5% 计算缴纳增值税

注意： ① 纳税人兼营不同税率的货物或应税劳务的应当分别核算其应税销售额，未分别核算的，从高税率；

② 抵扣率：一般纳税人购进农业生产者销售的免税农业产品和向小规模纳税人购买农业产品，按买价 9% 的抵扣率计算进项税额（纳税人购进用于生产销售或委托加工 13% 税率货物的农产品，按照 10% 的扣除率计算进项税额）

五、增值税的优惠政策

增值税的优惠政策具体如表 2－4 所示。

表 2-4　　增值税的优惠政策

类　别	具　体　内　容
条例规定的免税项目	① 农业生产者销售的自产农业产品；② 避孕药品和用具；③ 古旧图书；④ 直接用于科学研究、科学试验和教学的进口仪器、设备；⑤ 外国政府、国际组织无偿援助的进口物资和设备；⑥ 由残疾人组织直接进口供残疾人专用的物品；⑦ 个人销售自己使用过的物品
规章规定的免税项目	① 对资源综合利用方面的优惠政策；② 对再生资源利用实行即征即退方面的优惠政策；③ 对自行开发生产软件产品的优惠政策；④ 对农民专业合作社的优惠政策；⑤ 利用生物柴油实行先征后退的优惠政策；⑥ 营业税改征增值税试点过渡优惠政策（免征项目、不征收增值税项目、增值税即征即退政策、扣减增值税政策、其他减免规定）
起征点	销售货物的，为月销售额 5 000～20 000 元
	销售应税劳务的，为月销售额 5 000～20 000 元
	按次纳税的，为每次（日）销售额 300～500 元

注意：① 纳税人兼营减免税项目的，必须分别核算，否则不得享受减免税优惠；
② 起征点的规定仅适用于个人；
③ 增值税小规模纳税人中月销售额未达到 2 万元的企业或非企业性单位，免征增值税。2022 年 12 月 31 日前，对月销售额 15 万元以下（含本数）的增值税小规模纳税人，免征增值税

【习题训练】

一、判断题

1. 在实际工作中，凡是属于生产资料转移价值的因素，都应该作为扣除项目，从商品总价值中扣除。（　　）

2. 我国现行的增值税是对在我国境内销售货物、提供加工修理修配劳务以及销售服务、无形资产、不动产的单位和个人，就其取得的应税销售额计算税款，并实行税款抵扣制的一种流转税。（　　）

3. “生产型增值税”与“消费型增值税”的区别，在于是否允许企业购入固定资产所含的税金进行抵扣。（　　）

4. 纳税人出口货物，税率为零，因此一般纳税人的税率有两档，即基本税率和零税率。（　　）

5. 免征增值税的农业产品按照买价的 9% 的扣除率计算进项税额，准予抵扣。（　　）

6. 增值税的免税、减税项目由国务院规定，任何地区、部门均不得规定免税、减税项目。（　　）

7. 增值税专用发票只限于增值税的一般纳税人和小规模纳税人领购使用，非增值税纳税人不得领购使用。（　　）

8. 小规模纳税人一律按照销售额的 3% 的征收率计算应纳税款，不得抵扣进项税额。（　　）

9. 一般纳税人与小规模纳税人的计税依据相同，都是不含税的销售额。（　　）

10. 小规模纳税人如符合规定条件，需开具专用发票的，可以自愿使用增值税发票管理系统自行开具。（　　）

2

二、单项选择题

1. 生产型增值税的特点是(　　)。
A. 将当期购入固定资产价款一次性全部扣除
B. 不允许扣除任何外购固定资产的价款
C. 只允许扣除当期应计入产品价值的折旧部分
D. 只允许扣除当期应计入产品价值的流动资产和折旧费
2. 我国现行的增值税采用(　　)。
A. 价内税　B. 价外税　C. 定额税　D. 累进税
3. 下列货物适用13%增值税税率的是(　　)。
A. 生产销售啤酒　B. 生产销售煤炭
C. 生产销售石油液化气　D. 生产销售暖气
4. 下列各项中,不免征增值税的有(　　)。
A. 接受外国政府无偿捐赠的进口货物
B. 高校食堂为某公司提供外销快餐
C. 纳税人生产、销售、批发和零售滴灌管产品
D. 农业生产者销售自产农产品
5. 下列货物目前允许按9%抵扣进项税额的有(　　)。
A. 购进免税农产品　B. 购进废旧物资
C. 购进固定资产　D. 购进原材料支付运输费用
6. 纳税人销售的下列货物中,属于免征增值税的货物是(　　)。
A. 销售农业机械　B. 销售煤炭
C. 销售日用百货　D. 销售自产的农产品
7. 现行增值税纳税人中,所称中华人民共和国境内是指销售货物的(　　)在我国境内。
A. 起运地　B. 最终销售地
C. 货物支付地　D. 企业所在地
8. 以生产或提供劳务为主并兼营货物批发或零售的纳税人年应税销售额在(　　)的应办理增值税一般纳税人登记手续。
A. 500万元以下　B. 500万元以上
C. 80万元以下　D. 80万元以上
9. 下列各项中,不属于增值税视同销售行为的是(　　)。
A. 将自产的货物用于免税项目　B. 将外购的货物用于投资
C. 将购买的货物用于捐赠　D. 将购买的货物用于集体福利
10. 在增值税法规中,“出口货物零税率”具体是指(　　)。
A. 出口货物免税　B. 该货物的增值税率为零
C. 出口货物的整体税负为零　D. 以上都正确

三、多项选择题

1. 增值税的类型包括(　　　)。
A. 分配型增值税　B. 生产型增值税
C. 消费型增值税　D. 收入型增值税

2. 应交增值税的行业是(　　　)。

A. 商品流通行业　　B. 建筑业

C. 交通运输业　　D. 制造业

3. 划分一般纳税人和小规模纳税人的标准有(　　　)。

A. 销售额达到规定标准　　B. 经营效益好

C. 会计核算健全　　D. 有上级主管部门

4. 依据增值税的有关规定,不办理增值税一般纳税人资格登记的有(　　　)。

A. 个体经营者以外的其他个人

B. 选择按照小规模纳税人的非企业性单位

C. 从事货物生产业务的小规模企业

D. 选择按照小规模纳税人的不经常发生应税行为的企业

5. 我国现行增值税的征收范围包括(　　　)。

A. 在中国境内销售货物　　B. 在中国境内提供应税劳务

C. 进口货物　　D. 过境货物

6. 下列各项中,属于增值税征税范围的有(　　　)。

A. 销售钢材　　B. 销售自来水

C. 销售电力　　D. 销售房屋

7. 单位和个人提供的下列劳务,应征增值税的有(　　　)。

A. 汽车的修配　　B. 房屋的修理

C. 受托加工的白酒　　D. 房屋的装潢

8. 下列行为中,属于视同销售货物应征增值税的行为有(　　　)。

A. 委托他人代销货物　　B. 销售代销货物

C. 将自产的货物分给职工做福利　　D. 将外购的货物用于免征增值税项目

9. 下列项目,属于免征增值税的有(　　　)。

A. 农业生产者销售自产的粮食　　B. 药厂销售避孕药品

C. 个人销售自己使用过的物品　　D. 机械厂销售农业机具

10. 在哪几种情况下,只开具发票而不开具专用发票(　　　)。

A. 向消费者个人销售货物或者提供应税劳务的

B. 销售免征增值税货物的

C. 小规模纳税人向消费者个人销售不动产的

D. 向一般纳税人销售货物或者提供应税劳务的

四、思考题

1. 如何理解增值税的三种类型?它们的区别是什么?

2. 为什么税法把增值税的纳税人划分为两类——一般纳税人和小规模纳税人?划分标准是什么?

3. 对兼营行为和混合销售行为,应如何进行税务处理?

4. 货物销售出去以后,对方要求退货,但已经开出的增值税发票对方无法退回,此种情况应如何处理?

5. 如何理解增值税的“零”税率规定?

第二节 增值税税款的计算

【学习指导】

一、一般纳税人应纳税额的计算

计算方法及公式：实际工作中采用进项抵扣法，当期应纳税额＝当期销项税额－当期进项税额。

1. 销项税额的计算

销项税额＝不含税销售额×税率

不含税销售额的计算与销售方式及行为密切相关，具体如表2-5所示。

表2-5　计税销售额的确定

分类	具体的销售方式	税法规定的销售额
一般销售方式	① 销售货物； ② 提供加工修理修配劳务 ③ 销售服务、无形资产或者不动产	① 向购买方或接受方收取的全部价款和价外费用(注意价外费用的确认)； ② 若销售额含税，则计税销售额＝含税销售额÷(1＋税率或征收率)； ③ 凡是价外费用、逾期包装物押金，应视为含税收入，在计税时换算成不含税收入再并入销售额
特殊销售方式	折扣方式	① 销售额或价款和折扣额在同一张发票上分别注明的：按折扣后的销售额或价款计算增值税销项税额； ② 将折扣额另开发票：不论财务上如何处理，均不得从销售额或价款中减除折扣额
	以旧换新	按新货物的同期销售价格确定销售额，不得扣减旧货物的收购价格； 但是，对金银首饰以旧换新业务，可按销售方实际收取的不含税的全部价款征收增值税
	还本销售	以货物的销售价格作为销售额，不得从销售额中减除还本支出
	以物易物	双方都应作正常的购销处理，以各自发出的货物核算销售额并计算销项税额和进项税额
	包装物押金	① 除税法另有规定外，包装物押金单独记账核算的，且时间在1年以内，又未过期的，不并入销售额征税； ② 包装物押金超过1年或者已经逾期的，无论是否退还均并入销售额征税； ③ 对销售除啤酒、黄酒外的其他酒类产品而收取的包装物押金，无论是否返还以及会计上如何核算，均应并入当期销售额征税。 【提示】包装物押金在销货时，应作为价外费用并入销售额计算销售税额
其他销售情形	视同销售	按下列顺序确定其销售额： ① 按纳税人最近时期同类货物、劳务、服务、无形资产或者不动产的平均价格确定； ② 按其他纳税人最近时期同类货物、劳务、服务、无形资产或者不动产的平均价格确定； ③ 按组成计税价格确定：组成计税价格＝成本×(1＋成本利润率)
	销售额明显偏低且无正当理由	

2. 进项税额的计算

一般纳税人购进货物、加工修理修配劳务、服务、无形资产或者不动产所支付的进项税额。符合税法规定的，准予从销项税额中抵扣，准予抵扣进项税额的具体规定如表 2-6 所示。

表 2-6　　准予从销项税额中抵扣的进项税额

扣抵方法		具体内容
以票抵扣		① 从销售方取得的增值税专用发票上注明的增值税额； ② 从海关取得的海关进口增值税专用缴款书上注明的增值税额； ③ 从境外单位或者个人购进服务、无形资产或者不动产，自税务机关或者扣缴义务人取得的解缴税款的完税凭证上注明的增值税额； ④ 旅客运输服务的抵扣。自 2019 年 4 月 1 日起，纳税人购进国内旅客运输服务，其进项税额允许从销项税额中抵扣
计算抵扣	外购免税农产品	计算公式：进项税额＝买价×9% “买价”为收购发票上的货价，即纳税人购进农产品在农产品收购发票或者销售发票上注明的价款和按规定缴纳的烟叶税； 自 2019 年 4 月 1 日起，纳税人购进国内旅客运输服务，未取得增值税专用发票的，按规定计算确定进项税额
加计抵减		自 2019 年 4 月 1 日至 2022 年 12 月 31 日，允许生产、生活性服务业纳税人按照当期可抵扣进项税额加计 10%，抵减应纳税额(其中，自 2019 年 10 月 1 日至 2022 年 12 月 31 日，生活性服务业纳税人可加计 15%抵减应纳税额)。生产、生活性服务业纳税人，是指提供邮政服务、电信服务、现代服务、生活服务取得的销售额占全部销售额的比重超过 50%的纳税人

纳税人购进货物或者应税劳务，取得的扣税凭证不符合法律、行政法规或者国务院税务主管部门有关规定的，其进项税额不得从销项税额中抵扣。具体内容如表 2-7 所示。

表 2-7　　不得从销项税额中抵扣的进项税额

进项税额不得抵扣项目	法律解析	不得抵扣进项税额的税务处理
用于简易计税项目、免税项目、集体福利或者个人消费的购进货物、加工修理修配劳务、服务、无形资产和不动产		事项发生时即知不得抵扣的增值税，将其计入货物成本；已抵扣进项税额的货物改变用途而形成的不得抵扣事项，应在改变用途当期作进项税额转出处理，方法： ① 按原抵扣的进项税额转出； ② 按当期实际成本计算转出； ③ 按公式计算转出： 不得抵扣的进项税额＝当期无法划分的全部进项税额×(当期简易计税方法计税项目销售额＋免征增值税项目销售额)÷当期全部销售额 ④ 已抵扣进项税额的固定资产、无形资产或者不动产，发生不得抵扣进项税额的情形时，按下列公式计算转出： 不得抵扣的进项税额＝固定资产、无形资产或者不动产净值×适用税率
非正常损失的购进货物及相关的加工修理修配劳务和交通运输业服务	非正常损失是指因管理不善造成被盗、丢失、霉烂变质，以及因违反法律法规造成货物或者不动产被依法没收、销毁、拆除的情形。不包括自然灾害损失	
非正常损失的在产品、产成品所耗用的购进货物、加工修理修配劳务或者交通运输业服务		
非正常损失的不动产，以及该不动产所耗用的购进货物、设计服务和建筑服务		
非正常损失的不动产在建工程所耗用的购进货物、设计服务和建筑服务		
购进的贷款服务、餐饮服务、居民日常服务和娱乐服务		
纳税人接受贷款服务向贷款方支付的与该笔贷款直接相关的投融资顾问费、手续费、咨询费等费用		
上述各项规定的货物的运输费用和销售免税货物的运输费用	增值税专用发票应伴随货物进行	

2

二、小规模纳税人应纳税额的计算

小规模纳税人销售货物、劳务或者应税服务，实行按照销售额和征收率计算应纳税额的简易办法，并不得抵扣进项税额。其应纳税额的计算公式为：

应纳税额＝销售额×征收率

小规模纳税人因销售货物退回或者折让退还给购买方的销售额，应从发生销售货物退回或者折让当期的销售额中扣减。

三、进口货物应纳税额的计算

纳税人进口货物，按照组成计税价格和规定的税率计算应纳税额，不得扣除任何税额。组成计税价格和应纳税额的计算公式为：

组成计税价格＝关税完税价格＋关税＋消费税

＝(关税完税价格＋关税)÷(1－消费税率)

应纳税额＝组成计税价格×税率

进口货物的增值税由海关代征，并由海关向进口人开具进口增值税专用缴款书。纳税人取得的进口增值税专用缴款书，是计算增值税进项税额的唯一依据。

【习题训练】

一、判断题

1. 增值税的计税依据是不含增值税的价格，它的最终承担者是经营者。（　　）
2. 混合销售是指销售多种产品或提供多种劳务的行为。（　　）
3. 销项税额＝销售额×税率，由销售方自己承担。（　　）
4. 应纳税额等于当期销项税额减去当期进项税额，因此，所有的进项税额都可以抵扣，不足部分可以结转下期继续抵扣。（　　）
5. 进口货物按组成计税价格和规定的税率计税，不得抵扣任何税额。（　　）
6. 纳税人代收代垫的运费，应视为价外收费征收增值税。（　　）
7. 商业企业采取分期付款方式购进货物的，凡是发生销售方先全额开具专用发票，购货方再按规定分期付款情况的，应在每次支付款项以后申报抵扣进项税额。（　　）
8. 纳税人采取折扣方式销售货物，销售额和折扣额不在同一张发票上分别注明的，可按折扣后销售额征收增值税。（　　）
9. 增值税一般纳税人将外购货物作为职工集体福利，应视同销售计征增值税。（　　）
10. 以物易物交易事项应分别开具合法的票据，如收到的货物不能取得增值税专用发票或其他合法凭证，其进项税额不得抵扣。（　　）

二、单项选择题

1. 增值税一般纳税人销售货物或者应税劳务，采用销售额和销项税额合并定价方法的，其计算销售额的公式是(　　)。

A. 销售额＝含税销售额÷(1＋税率)　　B. 销售额＝不含税销售额÷(1＋税率)

C. 销售额＝含税销售额÷(1－税率)　　D. 销售额＝不含税销售额÷(1－税率)

2. 某零售企业为一般纳税人，月销售收入为 39 550 元，该企业当月计税销售额为(　　)元。

A. 35 000　　B. 39 759　　C. 38 632　　D. 47 911

3. 某服装厂将自产的服装作为福利发给本厂职工，该批产品制造成本共计 10 万元，利润率为 10%，按当月同类产品的平均售价计算为 18 万元，计征增值税的销售额为(　　)万元。

A. 10　　B. 9　　C. 11　　D. 18

4. 某单位采取折扣方式销售货物，折扣额单独开发票，增值税销售额的确定是(　　)。

A. 扣除折扣额的销售额　　B. 不扣除折扣额的销售额

C. 折扣额　　D. 加上折扣额的销售额

5. 某商场实行还本销售家具，家具现售价 16 500 元(不含增值税)，5 年后还本，该商场增值税的计税销售额是(　　)元。

A. 16 500　　B. 3 300　　C. 1 650　　D. 不征税

6. 某单位外购如下货物，按照增值税的有关规定，可以作为进项税额，从销项税额中抵扣的是(　　)。

A. 外购的低值易耗品　　B. 外购的材料用于专门的免征增值税项目

C. 外购的货物用于简易计税项目　　D. 外购的货物作为职工集体福利

7. 纳税人当期的进项税额大于当期的销项税额时，对不足抵扣部分的处理办法是(　　)。

A. 税务部门予以退税　　B. 不再给予抵扣

C. 可抵扣以前欠税　　D. 结转下期继续抵扣

8. 某商场为增值税一般纳税人，因管理不善发生火灾，库存外购冰箱 10 台损坏，每台零售价 1 440 元，每台进价 1 000 元(不含税)，不得抵扣的进项税额为(　　)元。

A. 1 300　　B. 14 400　　C. 12 307.69　　D. 8 547

9. 下列外购项目中的(　　)，不得抵扣进项税额。

A. 用于简易计税方法的计税项目　　B. 无偿赠送他人

C. 对外投资　　D. 用于换取生产资料

10. 现行增值税基本税率为 13%，其对应的计税价格为不含税价，若换算成价内税，13%的价外税税率相当于(　　)的价内税税率。

A. 14.329%　　B. 11.504%　　C. 20.48%　　D. 14%

三、多项选择题

1. 某单位外购如下货物，按增值税有关规定不能作为进项税额抵扣的有(　　　)。

A. 外购的生产性固定资产　　B. 外购货物用于免税项目

C. 外购货物用于集体福利　　D. 外购货物用于无偿赠送他人

2. 增值税一般纳税人销售货物或提供应税劳务向购买方收取的价款和价外费用都应并入销售额纳税，但税法规定价外费用不包括(　　　)。

A. 包装物租金收入

B. 向购买方收取的销项税额

C. 受托加工应征消费税的消费品所代收代缴的消费税

D. 承运部门将运费发票开给购买方并由销售方将该发票转交给购买方的代垫运费

3. 按现行增值税制度规定，下列行为应按“提供加工和修理修配劳务”征收增值税的是(　　)。

A. 商店服务部为顾客修理手表　　B. 企业受托为另一企业加工服装

C. 企业为另一企业修理锅炉　　D. 汽车修配厂为本厂修理汽车

4. 下列关于混合销售与兼营的表述中正确的有(　　)。

A. 同一纳税人既销售货物、加工修理修配劳务又销售服务、无形资产或者不动产的行为，称为兼营

B. 一项销售行为如果既涉及货物又涉及服务，称为混合销售

C. 从事货物的生产、批发或者零售的单位和个体工商户的混合销售行为，按销售货物缴纳增值税

D. 纳税人兼有不同税率的销售货物、加工修理修配劳务、服务、无形资产或者不动产，未分别核算销售额的，从高适用税率

5.《增值税法》规定，对销售除(　　)以外的其他酒类产品而收取的包装押金，无论是否返还、会计上如何核算，均应并入当期销售额计征增值税。

A. 啤酒　　B. 黄酒

C. 白酒　　D. 药酒

6. 增值税的计税依据销售额中，价外费用不包含的项目有(　　)。

A. 包装物租金

B. 委托加工应税消费品代收代缴的消费税

C. 增值税款

D. 包装费、装卸费

7. 纳税人视同销售的销售额按下列方法顺序确定(　　)。

A. 当月同类货物的最高销售价格

B. 纳税人最近时期同类货物的平均销售价格

C. 其他纳税人最近时期同类货物的平均销售价格

D. 组成计税价格

8. 下列各项中，允许从增值税计税销售额中扣除的有(　　)。

A. 销售额开在同一张发票上的折扣额　　B. 现金折扣额

C. 销售折让额　　D. 销售退货额

9. 甲厂用自产锅炉换取乙厂的钢材作为生产材料，双方互开了增值税发票，则下列说法正确的有(　　)。

A. 甲厂应计算销项税　　B. 甲厂应抵扣进项税

C. 乙厂应计算销项税　　D. 乙厂应抵扣进项税

10. A公司和B公司均为增值税一般纳税人，A公司本月外购一批货物5 000元，取得增值税专用发票，委托B公司加工，支付加工费1 000元，并取得B公司开具的增值税专用发票。货物加工好收回后，A公司将这批货物直接对外销售，开出的增值税专用发票上注明的价款为8 000元。根据以上所述，以下各种说法正确的有(　　)。

A. A公司对外销售时应纳增值税260元　　B. B公司受托加工业务应纳增值税130元

C. A应当缴纳增值税510元　　D. B无须缴纳增值税

四、思考题

1. 哪些进项税额不允许从销项税额中抵扣？什么情况下有进项税额需要转出？

2. 销售货物要缴纳增值税，支付资金进口货物为什么也要缴纳增值税？进口货物缴纳增值税的计税依据是什么？

五、业务题

1. 某商贸企业（为增值税一般纳税人）进口机器一台，关税完税价格为200万元，假设进口关税为40万元；本月将机器售出，取得不含税销售额350万元。

要求：请计算该商贸企业本月应纳增值税额。

2. 某化妆品生产厂（为增值税一般纳税人），本月销售高档化妆品取得不含税销售额600 000元。另将自产的高档化妆品一批赠送给某协作企业，生产成本总计为100 000元，无市场售价可供参考，该高档化妆品适用消费税税率为15%，成本利润率为5%。

要求：请计算本月的计税销售额。

3. 甲企业（为增值税一般纳税人）销售给乙公司5 000套服装，每套不含税价格为80元，由于乙公司购买数量多，甲企业按原价的8折优惠销售（与销售业务开具了一张发票），并提供1/10，n/20的销售折扣。乙公司于10日内付款。

要求：请计算甲企业此项业务的计税销售额。

4. 某家电生产企业（为增值税一般纳税人），本月向市职工活动中心赠送自产液晶电视10台，每台电视的成本价为3 000元，市场销售价格为5 000元（不含税）；赠送新研制的新型节能空调5台，每台成本价为8 000元，市场上尚无同类产品销售。家电产品的成本利润率为10%。

要求：请计算该家电企业本月的计税销售额。

5. 某电子企业（为增值税一般纳税人），2022年7月发生下列经济业务：

(1) 销售A产品50台，不含税单价为8 000元。货款收到后，向购买方开具了增值税专用发票，并将提货单交给了购买方。截至月底，购买方尚未提货。

(2) 将20台新试制的B产品分配给投资者，单位成本为6 000元。该产品尚未投放市场。

(3) 单位内部职工集体福利领用甲材料1 000千克，每千克单位成本为50元。

(4) 企业某项免征增值税项目领用甲材料200千克，每千克单位成本为50元，同时领用A产品5台。

(5) 当月丢失库存乙材料800千克，每千克单位成本为20元，作待处理财产损溢处理。

(6) 当月发生购进货物的全部进项税额为70 000元。

其他相关资料：上月进项税额已全部抵扣完毕，本月取得的进项税额抵扣凭证均已申报抵扣。购销货物增值税税率均为13%，税务局核定的B产品成本利润率为10%。

要求：

(1) 请计算当月销项税额；

(2) 请计算当月可抵扣进项税额；

(3) 请计算当月应缴增值税税额。

6. 某工业企业（为增值税一般纳税人），2022年7月购销业务情况如下：

(1) 购进生产原料一批,取得的增值税专用发票上注明的价、税款分别为 23 万元、2.99 万元,专用发票当月通过认证并申报抵扣。另支付运费取得增值税专用发票,注明运输费 3 万元,增值税 0.27 万元。

(2) 购进钢材 20 吨,已验收入库;取得的增值税专用发票上注明的价、税款分别为 8 万元、1.04 万元,专用发票当月通过认证并申报抵扣。

(3) 直接从农民收购用于生产加工的农产品一批,经税务机关批准的收购凭证上注明的价款为 42 万元。

(4) 以托收承付方式销售产品一批,货物已发出并办妥银行托收手续,但货款未到,向买方开具的增值税专用发票注明不含税销售额 42 万元。

(5) 期初留抵进项税额 0.5 万元。

要求:请计算该企业当期应纳增值税额。

7. 某商业企业(为增值税一般纳税人),2022 年 6 月末留抵税额 2 000 元,7 月发生下列业务:

(1) 购入商品一批,取得增值税专用发票,价款为 10 000 元,税款为 1 300 元。

(2) 3 个月前从农民手中收购的一批粮食损毁,账面成本为 5 220 元。

(3) 从农民手中收购大豆 1 吨,税务机关规定的收购凭证上注明收购款 1 500 元。

(4) 从小规模纳税人处购买商品一批,取得税务机关代开的发票,价款为 30 000 元,税款为 900 元,款已付,货物未入库,发票已认证。

(5) 购买建材一批用于修缮仓库,取得增值税专用发票,注明价款为 20 000 元,税款为 2 600元。

(6) 零售日用商品,取得含税收入 150 000 元。

(7) 将 2 个月前购入的一批布料捐赠受灾地区,账面成本为 20 000 元,同类商品不含税销售价格为 30 000 元。

(8) 外购电脑 20 台,取得增值税专用发票,每台不含税单价为 6 000 元,购入后 5 台办公使用,5 台捐赠希望小学,另 10 台全部零售,零售价每台为 8 000 元。

假定相关可抵扣进项税额的发票均通过认证并申报抵扣。

要求:

(1) 请计算当期全部可从销项税额中抵扣的增值税进项税合计数(考虑转出的进项税额);

(2) 请计算当期增值税销项税额;

(3) 请计算当期应纳增值税税额。

第三节 增值税纳税申报

【学习指导】

一、纳税义务发生时间

销售货物、劳务或者应税服务,纳税义务发生时间为收讫销售款项或者取得索取销售款项凭据的当天;先开具发票的,为开具发票的当天,具体如表 2-8 所示。

表 2-8　纳税义务发生时间

具体情形	纳税义务时间	备　　注
采取直接收款方式销售货物	为收到销售款或者索取销售款凭据的当天	不论货物是否发出
采取托收承付和委托银行收款方式销售货物	为发出货物并办妥托收手续的当天	
采取赊销和分期收款方式销售货物	为书面合同约定的收款日期的当天	无书面合同的或者书面合同没有约定收款日期的，为货物发出的当天
采取预收货款方式销售货物	为货物发出的当天	但生产销售生产工期超过 12 个月的大型机械设备、船舶、飞机等货物，为收到预收款或者书面合同约定的收款日期的当天
委托其他纳税人代销货物	为收到代销单位的代销清单或者收到全部或者部分货款的当天	未收到代销清单及货款的，为发出代销货物满 180 天的当天
销售应税劳务、提供应税服务	为提供劳务、应税服务并收讫销售款或者取得索取销售款的凭据的当天	先开具发票的，为开具发票的当天
转让金融商品	金融商品所有权转移的当天	
纳税人发生视同销售行为	货物移送、服务及无形资产转让完成的当天或者不动产权属变更的当天	委托他人代销、销售代销货物的除外
进口货物	报关进口的当天	
采用预收款的方式提供建筑服务、租赁服务	为收到预收款的当天	

二、纳税期限

增值税的纳税期限分别为 1 日、3 日、5 日、10 日、15 日、1 个月或者 1 个季度。以 1 个季度为纳税期限的规定仅适用于小规模纳税人、银行、财务公司、信托投资公司、信用社以及财政部和国家税务总局规定的其他纳税人。

纳税人以 1 个月或者 1 个季度为 1 个纳税期的，自期满之日起 15 日内申报纳税；以 1 日、3 日、5 日、10 日或者 15 日为 1 个纳税期的，自期满之日起 5 日内预缴税款，于次月 1 日起 15 日内申报纳税并结清上月应纳税款。

扣缴义务人解缴税款的期限，依照前两款规定执行。

纳税人进口货物，应当自海关填发进口增值税专用缴纳书之日起 15 日内缴纳税款。

三、纳税地点

一般情况下，增值税实行“就地纳税”原则。具体规定如下：

(1) 固定业户：机构所在地；

(2) 非固定业户：应税行为发生地；

(3) 其他个人提供建筑服务，销售或者租赁不动产，转让自然资源使用权：建筑服务发生地、不动产所在地、自然资源所在地；

(4) 进口货物：报关地海关；

(5) 扣缴义务人：机构所在地或者居住地。

四、纳税申报

1. 提供纳税申报资料

一般纳税人纳税申报时，应提供《增值税及附加税费申报表》(增值税一般纳税人适用)及其五个附列资料和增值税减免税申报明细表及其他税务机关要求报送的资料。

小规模纳税人纳税申报时，应提供《增值税及附加税费申报表》(小规模纳税人适用)及其两个附列资料、普通发票领用存月报表、企业财务会计报表及其他税务机关要求报送的资料。

2. 纳税申报程序

一般纳税人办理纳税申报，需要经过专用发票认证、抄税、报税、办理申报、税款缴纳等工作。

【习题训练】

一、判断题

1. 进口货物纳税义务发生的时间为报关进口后15天。 ( )

2. 总机构和分支机构不在同一县(市)的，应当分别向各自所在地主管税务机关申报纳税。 ( )

3. 委托其他纳税人代销货物，为收到代销单位的代销清单或者收到全部或者部分货款的当天。未收到代销清单及货款的，为发出代销货物满180天的当天。 ( )

4. 非固定业户销售货物或应税劳务，应向销售地或劳务发生地主管税务机关申报纳税。 ( )

5. 纳税人销售货物或者应税劳务，先开具发票的，其增值税纳税义务发生时间为实际收到款项的当天。 ( )

二、单项选择题

1. 以1个月为一期的增值税纳税人，于期满后( )日内申报纳税。

A. 1 B. 5 C. 10 D. 15

2. 总机构和分支机构不在同一县(市)的纳税人经( )的税务机关批准，其分支机构应纳税款也可以由总机构汇总向总机构所在地主管税务机关申报纳税。

A. 国家税务总局或其授权 B. 省级以上

C. 总机构所在地 D. 分支机构所在地

3. 进口货物的增值税由( )征收。

A. 进口地税务机关　　B. 海关

C. 交货地税务机关　　D. 进口方所在地税务机关

4. 下列结算方式中，以货物发出当天为增值税纳税义务发生时间的是（　　）。

A. 预收货款　　B. 赊销

C. 分期收款　　D. 将货物交付他人代销

5. 增值税的纳税期限为（　　）。

A. 5日、10日、15日、1个月

B. 1日、5日、10日、15日、1个月

C. 1日、3日、5日、10日、15日、1个月

D. 1日、3日、5日、10日、15日、1个月或1个季度

三、多项选择题

1. 下列纳税义务发生时间，正确的是（　　）。

A. 采取赊销方式销售货物的，为货物发出的当天

B. 采取预收货款方式销售货物的，为货物发出的当天

C. 采取托收承付方式销售货物的，为发出货物并办妥托收手续的当天

D. 采取直接收款方式销售货物的，为收到销售款或者取得索取销售款凭据的当天

2. 下列关于纳税义务发生时间的表述中，正确的有（　　）。

A. 委托其他纳税人代销货物，其纳税义务发生时间为收到代销款的当天

B. 销售应税劳务的，其纳税义务发生时间为提供劳务同时收讫销售额或取得索取销售额的凭据的当天

C. 企业采取分期收款方式销售货物的，其纳税义务的发生时间为书面合同规定的收款日期

D. 先开具发票的，其纳税义务的发生时间为开具发票的当天

3. 下列关于增值税纳税地点的陈述中，正确的有（　　）。

A. 进口货物应当由进口人或者代理人向报送地海关申报纳税

B. 固定业户应当向其机构所在地主管税务机关申报纳税

C. 固定业户跨县（市）提供建筑服务或者销售取得的不动产，应按规定在建筑服务发生或不动产所在地预缴税款后，向机构所在地主管税务机关进行纳税申报。

D. 非固定业户销售货物或者应税劳务，应当向销售地或应税劳务地主管税务机关申请纳税

第四节　增值税出口退税

【学习指导】

一、出口货物退（免）税的基本内容

按照现行税法规定，增值税出口货物退（免）税的方式主要有出口免税并退税、出口免税不退税和出口不免税也不退税三种方式。

出口货物的退税率，是出口货物的实际退税额与退税计税依据的比例。现行出口货物的增值税退税率在5%～13%之间。出口应税服务和无形资产的退税率为13%、9%、6%三档。

二、出口货物退(免)税的计算

2

出口货物只有在适用既免税又退税的政策时，才会涉及如何计算退税的问题。具体有以下两种方法：一是"免、抵、退"办法，主要适用于自营和委托出口自产货物的生产企业和提供适用零税率的应税服务和无形资产企业；二是"先征后退"办法，目前主要用于收购货物出口的外(工)贸企业。具体如表2-9、表2-10所示。

表2-9 出口货物"免、抵、退"方法

步 骤	计算公式及说明
第一步：免	出口货物不计销项税额
第二步：剔	当期免抵退税不得免征和抵扣税额＝当期出口货物离岸价×外汇人民币牌价×(当期出口货物征税率－出口货物退税率)－当期免抵退税不得免征和抵扣税额抵减额 其中：当期免抵退税不得免征和抵扣税额抵减额＝当期免税购进原材料价格×(出口货物征税率－出口货物退税率)
第三步：抵	当期应纳税额＝当期内销货物的销项税额－(当期进项税额－当期免抵退不得免征和抵扣税额)－上期期末留抵税额 说明：若计算结果为正数，说明企业应缴纳增值税，不涉及退税(但涉及免、抵)；若计算结果是负数，则进入下一步对比大小计算应退税额
第四步：退	① 计算当期免抵退税额： 当期免抵退税额＝出口货物离岸价×外汇人民币牌价×出口货物退税率－免抵退税额抵减额 其中：免抵退税额抵减额＝免税购进原材料价格×出口货物退税率 ② 计算当期应退税额和免抵税额 a：如当期期末留抵税额≤当期免抵退税额，则： 当期应退税额＝当期期末留抵税额； 当期免抵税额＝当期免抵退税额－当期应退税额 b：如当期期末留抵税额＞当期免抵退税额，则： 当期应退税额＝当期免抵退税额 当期免抵税额＝0 当期期末留抵税额根据当期《增值税及附加税费申报表》中"期末留抵税额"确定

应税服务、无形资产出口"免、抵、退"税的计算方法

(1) 计算零税率应税服务(含无形资产)当期免抵退税额

当期零税率应税服务免抵退税额＝当期零税率应税服务免抵退税计税价格×外汇人民币牌价×零税率应税服务退税率

零税率应税服务免抵退税计税价格为提供零税率应税服务取得的全部价款，扣除支付给非试点纳税人价款后的余额。

(2) 计算当期应退税额和当期免抵税额

① 当期期末留抵税额≤当期免抵退税额时，

当期应退税额＝当期期末留抵税额

当期免抵税额＝当期免抵退税额－当期应退税额

② 当期期末留抵税额＞当期免抵退税额时，

当期应退税额＝当期免抵退税额

当期免抵税额＝0

“当期期末留抵税额”为当期《增值税及附加税费申报表》的“期末留抵税额”。零税率应税服务提供者如同时有货物出口的，可结合现行出口货物免抵退税公式一并计算免抵退税。

表 2－10　出口货物“先征后退”方法

出口货物来源	计算公式及说明
从一般纳税人购进货物直接出口	应退税额＝外贸收购不含增值税购进金额×退税率 或＝出口货物数量×加权平均单价×退税率
从小规模纳税人购进货物出口	从小规模纳税人购进由税务机关代开增值税专用发票的出口货物： 应退税额＝增值税专用发票上注明的销售额×退税率

【习题训练】

一、判断题

1. 出口企业应将不同退税率的货物分开核算和申报，凡划分不清适用税率的，一律从低适用税率计算退税。（　）

2. 未按照“免、抵、退”办法办理出口退税的生产企业，对出口货物一律先按增值税条例的规定征税。（　）

3. 对出口不免税也不退税的出口货物视同内销处理。（　）

4. 外贸企业与工业企业出口退税的计算方法相同。（　）

5. 外贸企业从小规模纳税人购进并持有普通发票的货物出口，一律免税但不予退税。（　）

二、单项选择题

1. 在“免、抵、退”办法中，当期应退税额应根据（　）原则确定。

A. “期末留抵税额”与“当期免抵退税额”孰小

B. “期末留抵税额”与“当期免抵退税额”孰大

C. “当期应纳税额”与“当期免抵退税额”孰小

D. “当期应纳税额”与“当期免抵退税额”孰大

2. 出口企业代理其他企业出口后，应在货物报关出口之日起（　）内凭出口货物报关单、代理出口协议，向主管国家税务机关申请开具《代理出口货物证明》，并及时转给委托出口企业。

A. 30 日　　B. 60 日

C. 90 日　　D. 180 日

3. 按照现行增值税规定，生产企业委托外贸企业代理出口货物，其增值税的退（免）税环节和方法是（　　）。

A. 对生产企业实行退税，采取“先征后退”方法

B. 对外贸企业实行退税，采取“即征即退”方法

C. 对生产企业和外贸企业分别实行退税，采取“先征后退”方法

D. 对生产企业实行退税，采取“免、抵、退”方法

4. 某电器生产企业自营出口自产货物，2022 年 6 月末计算出的期末留抵税款为 8 万元，当期免抵退税额为 12 万元，则当期免抵税额为（　　）万元。

A. 8　　B. 12　　C. 4　　D. 15

5. 下列货物不免税也不退税的是（　　）。

A. 来料加工复出口的货物　　B. 进料加工复出口的货物

C. 援外出口货物　　D. 外贸企业直接购进免税货物出口

三、多项选择题

1. 我国的出口退（免）税有下列几种方法（　　）。

A. 出口不免税也不退税　　B. 出口免税不退税

C. 出口不免税退税　　D. 出口免税并退税

2. 下列货物的出口，享受增值税出口免税不退税政策的有（　　）。

A. 汽车生产企业委托外贸企业出口汽车

B. 小规模生产企业委托外贸企业代理出口的自产货物

C. 外贸企业出口避孕药品

D. 从农业生产者直接购进的免税农产品出口

3. 可以退（免）增值税的出口货物应具备的条件有（　　）。

A. 属于增值税的征税范围　　B. 报关离境

C. 财务上做销售处理　　D. 用于宣传而对外赠送的产品

4. 根据增值税现行规定，下列企业可享受出口货物退（免）税政策的有（　　）。

A. 经国家商务主管部门及其授权单位批准的有进出口经营权的外贸企业

B. 经国家商务主管部门及其授权单位批准的有进出口经营权的自营生产企业

C. 委托外贸企业代理出口的生产企业

D. 借出口经营权、挂靠出口货物的企业

5. 办理出口退税时，应提供以下凭证（　　）。

A. 购进出口货物的增值税专用发票　　B. 购进内销货物的增值税专用发票

C. 出口货物销售明细账　　D. 盖有海关验讫章的出口货物报关单

四、思考题

1. 根据出口企业的不同形式和出口产品的不同种类，我国的出口退（免）税有哪三种方法？它们的含义分别是什么？

2. 按照“免、抵、退”办法办理出口退税的具体做法是什么？

3. 按照“先征、后退”办法办理出口退税的具体做法是什么？

五、业务题

1. 某自营出口生产企业本季度出口日用工业品 48 000 美元，报关出口当天美元与人民币汇率为 1∶6.55，该季度内销产品为 800 000 元人民币，增值税税率为 13%，出口退税率为 11%。当期购进原材料进项税额为 152 000 元人民币。

要求：请根据上述业务计算应纳（退）税额（该企业实行“免、抵、退”办法）。

2. 某生产企业（为增值税一般纳税人），2022 年 6 月外购原材料取得防伪税控系统开具的增值税专用发票，注明进项税额为 137.7 万元人民币并通过主管税务机关认证。当月内销货物取得不含税销售额为 150 万元人民币，外销货物取得收入 115 万美元（当时，美元与人民币汇率为 1∶6.55），该企业适用增值税税率 13%，出口退税率 9%。

要求：请计算该企业 6 月“免、抵、退”税额。

第三章　消费税法

第一节　消费税概述

【学习指导】

一、消费税的性质

消费税是指对我国境内从事生产、委托加工和进口应税消费品的单位和个人，就其销售额或销售数量，在特定环节征收的一种税。它具有以下特点：① 征税项目具有选择性；② 征税环节具有单一性；③ 征税方法具有多样性；④ 税收调节具有特殊性；⑤ 税收负担具有转嫁性。

二、消费税的纳税人

消费税的纳税人为在中华人民共和国境内生产、批发、委托加工和进口应税消费品的单位和个人。自 2009 年 1 月 1 日起，增加了国务院确定的销售应税消费品的其他单位和个人，具体如表 3－1 所示。

表 3－1　　**关于消费税纳税人的规定**

基本概念	具体规定
在我国境内生产、委托加工和进口应税消费品的单位和个人为消费税的纳税人。其中： “单位”是指企业、行政单位、事业单位、军事单位、社会团体和其他单位； “个人”是指个体工商户及其他个人	从事应税消费品生产并销售业务的单位或个人
	从事应税消费品生产并自用的生产单位或个人
	进口应税消费品的进口报关单位或个人
	委托加工应税消费品的委托单位或个人
	零售金银首饰和钻石、钻石饰品的单位或个人 （仅指金基、银基合金首饰以及金、银和金基、银基合金的镶嵌首饰）
	从事批发卷烟业务的单位或个人（自 2009 年 5 月 1 日起）
注意：一般情况下，消费税的纳税人同时也是增值税的纳税人，并且增值税税率为 13%	

三、消费税的征税范围

消费税的征税范围包括烟、酒、高档化妆品、贵重首饰及珠宝玉石、鞭炮焰火、成品油、摩托车、小汽车、高尔夫球及球具、高档手表、游艇、木制一次性筷子、实木地板、电池、涂料等15个税目，有的税目还可进一步划分为若干子目，具体情况如表3－2所示。

表3－2　　消费税征税范围

税目		说明
一、烟	1. 卷烟	甲类卷烟：每标准条(200支)调拨价≥70元(不含增值税)； 乙类卷烟：每标准条调拨价＜70元； 1标准箱＝250条＝50 000支
一、烟	2. 雪茄烟	包括各种规格、型号的雪茄烟
一、烟	3. 烟丝	包括以烟叶为原料加工生产的不经卷制的散装烟
二、酒	1. 粮食白酒	以高粱、玉米、大米、糯米、大麦、小麦、青稞等各种粮食为原料
二、酒	2. 薯类白酒	以白薯、木薯、马铃薯、芋头、山药等各种干鲜薯类为原料；用甜菜酿制的白酒，比照薯类白酒征税
二、酒	3. 啤酒(含果啤)	① 甲类啤酒：每吨出厂价(含包装物及押金)≥3 000元(不含增值税)；乙类啤酒：每吨出厂价＜3 000元； ② 饮食业、商业、娱乐业举办的啤酒屋利用啤酒生产设备生产的啤酒一律按甲类啤酒征税
二、酒	4. 黄酒	包括各种原料酿制的黄酒和酒精度超过12度(含12度)的土甜酒
二、酒	5. 其他酒	包括糠麸白酒、其他原料白酒、土甜酒、复制酒、果木酒、汽酒、药酒等
三、高档化妆品		包括高档美容、修饰类化妆品、高档护肤类化妆品和成套化妆品；不含舞台、戏剧、影视演员化妆用的上妆油、卸妆油、油彩、发胶和头发漂白剂等
四、贵重首饰及珠宝玉石		包括各种金、银、珠宝首饰及珠宝玉石
五、鞭炮焰火		不含体育上用的发令纸、鞭炮引线
六、成品油	1. 汽油	① 以汽油、汽油组分调和生产的甲醇汽油、乙醇汽油属于汽油税目征收范围； ② 以柴油、汽、柴油组分调和生产的生物柴油也属于柴油税目征收范围
六、成品油	2. 柴油	
六、成品油	3. 石脑油	
六、成品油	4. 溶剂油	
六、成品油	5. 润滑油	
六、成品油	6. 燃料油	
六、成品油	7. 航空煤油	
七、摩托车		按气缸容量分两档征税
八、小汽车	1. 乘用车	① 按气缸容量(排气量)分七档征税； ② 车身长度大于7米(含)，并且座位在10至23座(含)的，不属于中轻型商用客车，不征消费税； ③ 电动汽车、沙滩车、雪地车、卡丁车、高尔夫车，不征税
八、小汽车	2. 中轻型商用客车	
八、小汽车	3. 超豪华小汽车	

续 表

税　　目	说　　　　明
九、高尔夫球及球具	包括高尔夫球、高尔夫球杆及高尔夫球包(袋)等
十、高档手表	指每只销售价格(不含增值税)在 10 000 元(含)以上的手表
十一、游艇	只涉及机动艇
十二、木制一次性筷子	以木材为原料经过锯段、浸泡、旋切、刨切、烘干、筛选、打磨、倒角、包装等环节加工而成的各类一次性使用的筷子
十三、实木地板	各类规格的实木地板、实木指接地板、实木复合地板及用于装饰墙壁、天棚的侧端面为榫、槽的实木装饰板以及未经涂饰的素板
十四、电池	包括原电池、蓄电池、燃料电池、太阳能电池和其他电池
十五、涂料	指涂于物体表面能形成具有保护、装饰或特殊性能的固态涂膜的一类液体或固体材料

四、消费税的税率

消费税实行定额税率、比例税率和从量定额与从价定率相结合的复合计税三种形式，共设置了 20 余档不同的税率(税额)。具体如表 3－3 所示。

表 3－3　消费税税率

项　　目		适　用　范　围
税率一般规定	定额税率	啤酒；黄酒；成品油
	从量定额与从价定率相结合的复合计税	白酒；生产、批发、进口、委托加工的卷烟
	比例税率	除啤酒、黄酒、成品油、卷烟、白酒以外的其他各项应税消费品：1%～36%
特殊情况下的税率规定	按最高税率征税的特殊情况	① 纳税人兼营不同税率的应税消费品未分别核算的； ② 将不同税率的应税消费品组成套装销售的
	关于贵重首饰及珠宝玉石的税率	金、银和金基、银基合金首饰以及金、银和金基、银基合金的镶嵌首饰和钻石、钻石饰品在零售环节征税，税率为 5%；其他首饰在生产、进口、委托加工环节征税，税率为 10%

【习题训练】

一、判断题

1. 消费税属于流转税、中央税、价内税。 (　　)

2. 石化厂销售汽油应征收消费税不征收增值税。 (　　)

3. 纳税人兼营不同税率的应税消费品(即生产销售两种税率以上的应税消费品时)应当分别核算不同税率应税消费品的销售额或销售数量，未分别核算的，按最高税率征税。 (　　)

4. 委托加工应税消费品的纳税义务人是受托方。 (　　)

5. 纳税人将自产、委托加工收回和进口的应税消费品发放给本企业职工，均应视同销售征收消费税和增值税。 (　　)

6. 税法规定对于自产自用的应税消费品，用于连续生产应税消费品的不征税，体现了税不重征和计税简便的原则。 ( )

7. 凡征收消费税的应税消费品一般需征收增值税。 ( )

8. 消费税的税率呈现单一税率形式。 ( )

9. 影视演员化妆用的上妆油不属于应税消费品。 ( )

10. 农用拖拉机的专用轮胎属于应税消费品。 ( )

二、单项选择题

1. 我国除另有规定外，只是对所有货物普遍征收增值税的基础上选择一部分消费品征收( )。

A. 消费税 B. 车船税 C. 关税 D. 资源税

2. 消费税属于( )。

A. 价内税 B. 价外税转价内税

C. 价外税 D. 价内税转价外税

3. 下列情形不征收消费税的有( )。

A. 用于广告宣传的样品白酒

B. 用于本企业招待的卷烟

C. 委托加工收回后以不高于委托方计税价格销售的粮食白酒

D. 抵偿债务的小汽车

4. 下列货物应当缴纳消费税的有( )。

A. 汽车厂生产的小汽车移送至改装分厂改装加长型豪华小轿车

B. 汽车厂生产的小轿车用于本厂研究所作碰撞实验

C. 汽车制造商赞助汽车拉力赛的越野车

D. 汽车轮胎厂生产的子午线轮胎

5. 下列情况中应征消费税的有( )。

A. 外购零部件组装电视机销售

B. 商业零售企业外购已税珠宝玉石加工成金银首饰后销售

C. 委托加工的粮食白酒收回后用于职工福利

D. 委托加工的粮食白酒收回后以不高于委托方计税价格出售

6. 依据消费税的有关规定，下列行为中应缴纳消费税的是( )。

A. 进口卷烟 B. 进口服装 C. 零售化妆品 D. 零售白酒

7. 依据消费税的有关规定，下列消费品中属于消费税征税范围的是( )。

A. 高尔夫球包 B. 竹制筷子 C. 护肤护发品 D. 电动汽车

8. 纳税人将应税消费品与非应税消费品以及适用税率不同的应税消费品组成成套消费品销售的，应按( )。

A. 应税消费品的平均税率计征 B. 应税消费品的最高税率计征

C. 应税消费品的不同税率，分别计征 D. 应税消费品的最低税率计征

9. 下列各项中，应同时征收增值税和消费税的是( )。

A. 批发的白酒 B. 零售的金银首饰

C. 生产环节销售的普通护肤护发品 D. 零售的卷烟

10. 依据消费税的有关规定，下列消费品中属于消费税征税范围的是（　　）。

A. 木制一次性筷子　　B. 电动汽车

C. 演员化妆用的上妆油　　D. 体育上用的鞭炮引线

三、多项选择题

1. 下列各项中，符合消费税有关征收规定的有（　　）。

A. 以外购的不同品种白酒勾兑的白酒，一律按照粮食白酒的税率征税

B. 对用薯类和粮食以外的其他原料混合生产的白酒，一律按照薯类白酒的税率征税

C. 对用粮食和薯类、糠麸等多种原料混合生产的白酒，一律按照薯类白酒的税率征税

D. 外购酒精生产的白酒，凡酒精所用原料无法确定的，一律按照粮食白酒的税率征税

2. 下列各项中，应当交消费税的有（　　）。

A. 用于本企业连续生产的应税消费品

B. 用于奖励代理商销售业绩的应税消费品

C. 用于本企业生产基建工程的应税消费品

D. 用于捐助国家指定的慈善机构的应税消费品

3. 视同销售计征消费税的消费品有（　　）。

A. 纳税人用于连续生产的应税消费品　　B. 用于职工福利的应税消费品

C. 用于奖励的应税消费品　　D. 委托加工的应税消费品

4. 我国现行的消费税税率主要有（　　）。

A. 比例税率　　B. 平均税率

C. 定额税率　　D. 累进税率

5. 应征收消费税的产品有（　　）。

A. 将自产的应税消费品用来奖励职工　　B. 将出厂前的化妆品进行化学检验

C. 自行车轮胎　　D. 作为展销品的高档化妆品

6. 下列属于零售环节征收消费税的货物是（　　）。

A. 珠宝玉石　　B. 金银首饰　　C. 钻石饰品　　D. 钻石

7. 下列关于目前消费税的税率陈述，正确的是（　　）。

A. 卷烟生产环节：每标准箱 150 元定额税，按每标准条的售价分别适用 56%和 36%的税率

B. 粮食白酒：每斤 0.5 元定额税，从价税税率 20%

C. 薯类白酒：每斤 0.5 元定额税，从价税税率 20%

D. 高档化妆品的税率是 15%

8. 依据消费税的有关规定，下列消费品中，属于高档化妆品税目的有（　　）。

A. 香水、香精　　B. 高档护肤类化妆品

C. 指甲油、蓝眼油　　D. 演员化妆用的上妆油、卸妆油

9. 下列消费品中，属于消费税征税范围的有（　　）。

A. 未经涂饰的素板　　B. 汽油

C. 卸妆油　　D. 沙丁车

10. 以下属于消费税的纳税义务人的有（　　）。

A. 生产应税消费品的单位和个人　　B. 进口应税消费品的单位和个人

C. 委托加工应税消费品的单位和个人　　D. 金银首饰的零售单位和个人

四、思考题

1. 消费税的征税范围是如何规定的？为什么？
2. 消费税和增值税在纳税环节的规定上有何不同？

第二节 消费税税款的计算

【学习指导】

消费税应纳税额的计算有三种方法，从价定率计征法、从量定额计征法以及从价定率和从量定额复合计征法，具体如表3-4所示。

3

表3-4 消费税应纳税额的计算

计税方法	计税依据	适用范围	公式
从价定率	销售额	除列举项目外的应税消费品	应纳税额＝销售额×比例税率
从量定额	销售数量	啤酒、黄酒、成品油	应纳税额＝销售数量×单位税额
复合计征	销售额、销售数量	粮食白酒、薯类白酒、卷烟	应纳税额＝销售数量×单位税额＋销售额×比例税率

一、计税依据确定的一般原则

消费税计税销售额、销售数量确定的一般原则，如表3-5所示。

表3-5 消费税计税销售额、销售数量的确定

计税依据	具体规定	备注
销售额	① 包括向购买方收取的全部价款和价外费用； ② 价外费用是指，价外收取的手续费、补贴、基金、集资费、返还利润、奖励费、违约金、滞纳金、延期付款利息、赔偿金、代收款项、代垫款项、包装费、包装物租金、储备费、优质费、运输装卸费以及其他各种性质的价外收费。但不包括：符合规定的运费和符合规定的代收政府性基金，行政事业性收费； ③ 不包括向购货方收取的增值税税额	① 连同包装物销售的，均并入销售额中征收消费税； ② 不作价随同产品销售，而是收取押金的，则不应并入销售额征税。但对押金超过1年或者已经逾期的，无论是否退还均并入销售额征税； ③ 对销售除啤酒、黄酒外的其他酒类产品而收取的包装物押金，无论是否返还以及会计上如何核算，均应并入当期销售额征税
销售数量	① 销售应税消费品的，为应税消费品的销售数量； ② 自产自用应税消费品的，为应税消费品的移送使用数量； ③ 委托加工应税消费品的，为纳税人收回的应税消费品数量； ④ 进口的应税消费品，为海关核定的应税消费品进口征税数量	

二、计税依据确定的特殊规定

1. 不同情形的特殊规定

不同情形的特殊规定如表 3-6 所示。

表 3-6　消费税不同情形的计税依据

不同情形	具体规定	组成计税公式
自产自用应税消费品	按照纳税人生产的同类消费品的销售价格计税	组成计税价格=(成本+利润)÷(1-比例税率) 组成计税价格=(成本+利润+自产自用数量×定额税率)÷(1-比例税率)
	没有同类消费品销售价格的,按组成计税价格计税	
委托加工应税消费品	按照受托方同类消费品的销售价格计税	组成计税价格=(材料成本+加工费)÷(1-比例税率) 组成计税价格=(材料成本+加工费+委托加工数量×定额税率)÷(1-比例税率)
	没有同类消费品销售价格的,按组成计税价格计税	
进口应税消费品	按照组成计税价格计税	组成计税价格=(关税完税价格+关税)÷(1-比例税率) 组成计税价格=(关税完税价格+关税+进口数量×定额税率)÷(1-比例税率)

2. 其他特殊规定

(1) 纳税人通过自设非独立核算门市部销售的自产应税消费品,应当按照门市部对外销售额或者销售数量计算征收消费税。

(2) 纳税人自产的应税消费品用于换取生产资料和消费资料、投资入股和抵偿债务等方面,应当按纳税人同类应税消费品的"最高销售价格"作为计税依据。而计算增值税的依据则为"平均价格"。

(3) 白酒生产企业销售给销售单位的白酒,生产企业消费税计税价格低于销售单位对外销售价格(不含增值税,下同)70%以下的,税务机关应核定消费税最低计税价格;已核定最低计税价格的白酒,销售单位对外销售价格持续上涨或下降时间达到 3 个月以上、累计上涨或下降幅度在 20%(含)以上的白酒,税务机关重新核定最低计税价格。

三、已纳消费税的抵扣规定

因消费税实行单一环节征收,用外购或委托加工收回的特定已税消费品连续生产应税消费品,销售时,可按当期生产领用数量计算准予扣除外购、委托加工收回已纳消费税。具体如表 3-7 所示。

表 3-7 已纳消费税的扣除

内 容	规 定
扣除范围	① 以外购或委托加工已税烟丝为原料生产的卷烟； ② 以外购或委托加工已税高档化妆品为原料生产的高档化妆品； ③ 以外购或委托加工已税珠宝玉石为原料生产的贵重首饰及珠宝玉石； ④ 以外购或委托加工已税鞭炮、焰火为原料生产的鞭炮、焰火； ⑤ 以外购或委托加工已税摩托车为原料生产的摩托车； ⑥ 以外购或委托加工已税杆头、杆身和握把为原料生产的高尔夫球杆； ⑦ 以外购或委托加工已税木制一次性筷子为原料生产的木制一次性筷子； ⑧ 以外购已税实木地板为原料生产的实木地板； ⑨ 外购或委托加工已税石脑油为原料生产的应税消费品； ⑩ 外购或委托加工已税润滑油为原料生产的润滑油，已税汽油、柴油为原料生产的汽油、柴油
计算公式	① 外购或委托加工应税消费品： 当期准予扣除的已纳税额＝期初库存的应税消费品已纳税额＋当期外购或收回的委托加工应税消费品已纳税额－期末库存的应税消费品已纳税额 ② 进口应税消费品： 当期准予扣除的进口应税消费品已纳税额＝期初库存进口应税消费品已纳税额＋当期进口应税消费品已纳税额－期末库存进口应税消费品已纳税额

3

【习题训练】

一、判断题

1. 受托方以委托方名义购买原材料生产应税消费品的，可作为委托加工的应税消费品，由受托方向委托方交货时代收代缴消费税。（ ）

2. 生产企业销售酒类产品而收取的包装物押金，无论押金是否返还及会计上如何核算，均不需并入酒类产品销售额计征消费税。（ ）

3. 应税消费品的销售额包括向购买方收取的全部价款和价外费用，但承运部门的运费发票直接开具给购货方的除外。（ ）

4. 纳税人用外购的已税珠宝玉石生产的改在零售环节征收消费税的金银首饰（含镶嵌首饰），在计税时一律不得扣除外购珠宝玉石的已纳消费税税款。（ ）

5. 企业在没有同类产品售价的情况下，可以按企业的实际成本利润率推算计税价格来计算该类产品的应纳消费税。（ ）

6. 用外购已税酒精生产的白酒，其消费税的计税依据为销售额扣除外购已税酒精进价后的余额。（ ）

7. 纳税人用于换取生产资料和消费资料、投资入股、抵偿债务的应税消费品，应以纳税人同类消费品的平均销售价格为依据计算消费税。（ ）

8. 委托加工的应税消费品，应按受托方的同类消费品的销售价格征收消费税。（ ）

9. 包装物连同应税消费品销售单独计价的，包装物不征收消费税。（ ）

10. 纳税人将自己生产的应税消费品无偿赠送给他人时，按近期同类产品的平均售价征收消费税。（ ）

二、单项选择题

1. 一位客户向某汽车制造厂(增值税一般纳税人)订购自用汽车一辆,支付货款(含税)241 200 元,另付设计、改装费 30 000 元。该辆汽车计征消费税的销售额为(　　)元。

A. 214 359　　B. 240 000　　C. 250 800　　D. 280 800

2. 下列各项中,应按当期生产领用数量计算准予扣除外购的应税消费品已纳消费税税款规定的是(　　)。

A. 外购已税白酒生产的药酒　　B. 外购已税化妆品生产的化妆品

C. 外购已税白酒生产的巧克力　　D. 外购已税珠宝玉石生产的金银镶嵌首饰

3. 某烟厂 4 月外购烟丝,取得增值税专用发票上注明税款为 6.5 万元,本月生产领用 80%,期初尚有库存的外购烟丝 2 万元,期末库存烟丝 5 万元,该企业本月应纳消费税中可扣除的消费税是(　　)万元。

3

A. 6.8　　B. 9.6　　C. 12　　D. 40

4. 甲企业委托乙企业加工应税消费品,是指(　　)。

A. 甲发料,乙加工

B. 甲委托乙购买原材料,由乙加工

C. 甲发订单,乙按甲的要求加工

D. 甲先将资金划给乙,乙以甲的名义购料并加工

5. 某企业委托酒厂加工药酒 10 箱,该药酒无同类产品销售价格,已知委托方提供的原料成本 2 万元,受托方垫付辅料成本 0.15 万元,另收取加工费 0.4 万元,则该酒厂代收的消费税为(　　)元。

A. 2 550　　B. 2 833　　C. 4 817　　D. 8 500

6. 进口应税消费品应按组成计税价格计算纳税,组成计税价格公式为(　　)。

A. (成本+利润)/(1-消费税税率)

B. (材料成本+加工费)/(1-消费税税率)

C. (关税完税价格+关税)/(1-消费税税率)

D. 销售额 /(1+征收率)

7. 应税消费品的全国平均成本利润率由(　　)确定。

A. 国家税务总局　　B. 国务院

C. 财政部　　D. 各省、自治区、直辖市税务局

8. 星果酒厂本月销售果啤 10 吨,售价 2 500 元/吨(不含增值税),同时包装物收押金 6 000元,则下列陈述中正确的是(　　)。

A. 该厂应纳消费税税额 2 200 元　　B. 该厂的应纳消费税金 2 500 元

C. 确定税率时押金不作考虑　　D. 果啤押金并入计税价格一同计税

9. 某酒厂研发生产一种新型粮食白酒,第一批 1 000 千克,成本为 17 万元,作为礼品赠送品尝,没有同类售价。已知粮食白酒的成本利润率为 10%,则该批就应纳消费税金为(　　)万元。

A. 4.8　　B. 6.55　　C. 7.91　　D. 8.20

10. 某销售公司 2022 年 6 月份销售高档化妆品的含税收入额为 40 000 元,该公司 6 月份高档化妆品销售收入应纳消费税额为(　　)元。

A. 20 000　　B. 17 094　　C. 5 310　　D. 14 872

三、多项选择题

1. 纳税人销售应税消费品向购买方收取的价外费用不包括(　　)。

A. 手续费

B. 承运部门的运费发票开具给购货方的

C. 违约金

D. 委托方代收代缴的消费税

2. 下列情形的应税消费品,以同期应税消费品最高销售价格作为计税依据的有(　　)。

A. 用于抵偿债务的应税消费品　　B. 用于馈赠的应税消费品

C. 换取生产资料的应税消费品　　D. 换取消费资料的应税消费品

3. 如果出现下列情形中的(　　),无论纳税人在财务上如何处理,都不得作为委托加工应税消费品,而应按销售自制应税消费品缴纳消费税。

A. 受托方提供原材料生产的应税消费品

B. 受托方先将原材料卖给委托方,然后再接受加工的应税消费品

C. 受托方以委托方名义购进原材料生产的应税消费品

D. 受托方将代垫敷料另行收费卖给委托方生产的应税消费品

4. 下列应税消费品,销售时可以扣除外购已税消费品已纳税额的有(　　)。

A. 外购已税烟丝生产的卷烟　　B. 外购已税小汽车改装生产的小汽车

C. 外购已税白酒生产的酒　　D. 外购已税化妆品生产的化妆品

5. 纳税人销售的应税消费品,以外汇结算销售额的,其销售额的人民币折合率可以选择(　　)的国家外汇牌价(原则上为中间价)。

A. 结算的当天　　B. 结算的次日

C. 结算的当月1日　　D. 结算的当月的月末

四、思考题

1. 消费税和增值税的计税依据有何异同?

2. 什么是委托加工?如何核定消费税委托加工应税消费品的计税价格?

3. 在什么情况下允许抵扣上一环节已纳的消费税税款?为什么会有这一规定?

五、业务题

1. 某化妆品公司为庆祝"三八"妇女节,特别生产精美套装高档化妆品,向全公司600名职工每人发一套,此套化妆品没有供应市场,每套生产成本为100元,若国家税务总局确定高档化妆品全国平均成本利润率为5%,成套高档化妆品消费税税率为15%。

要求:请计算该公司应纳消费税税额。

2. 某卷烟厂向农业生产者收购烟叶30吨,收购凭证上注明支付收购货款42万元,另支付运输费用取得货物运输业增值税专用发票,注明运费3万元,税款0.27万元;烟叶验收入库后,又将其运往烟丝厂加工成烟丝,取得烟丝厂开具的增值税专用发票,注明支付加工费8万元、增值税1.04万元,卷烟厂收回烟丝时烟丝厂没有代收代缴消费税。

要求:请计算卷烟厂应补缴的消费税税额。

3. 甲企业为增值税一般纳税人,4月接受某烟厂委托加工烟丝,甲企业自行提供烟叶的

成本为 35 000 元，代垫辅助材料为 2 000 元，发生加工支出为 4 000 元。

要求：计算甲企业应代收代缴的消费税税额。

4. 甲酒厂为增值税一般纳税人，7 月发生以下业务：

(1) 从农业生产者手中收购粮食 30 吨，每吨收购价为 2 000 元，共计支付收购价款 60 000元。

(2) 甲酒厂将收购的粮食从收购地直接运往异地的乙酒厂生产加工白酒，白酒加工完毕，企业收回白酒 8 吨，取得乙酒厂开具防伪税控的增值税专用发票，注明加工费 25 000 元，代垫辅料价值 15 000 元，加工的白酒当地无同类产品市场价格。

(3) 本月内甲酒厂将收回的白酒批发售出 7 吨，每吨不含税销售额为 16 000 元。

(4) 另外支付给运输单位的销货运输费用取得增值税专用发票，注明运输费 10 000 元，税款 900 元。

(白酒的消费税固定税额为每斤 0.5 元，比例税率为 20%)

要求：

(1) 请计算乙酒厂应代收代缴的消费税和应纳增值税税款；

(2) 请计算甲酒厂应纳消费税和增值税税款。

5. 某烟草进出口公司从国外进口卷烟 8 万条(每条 200 支)，支付买价 200 万元，支付到达我国海关前的运输费用 12 万元、保险费用 8 万元。关税完税价格为 220 万元。假定进口卷烟关税税率为 20%。

要求：请计算进口卷烟消费税税额、增值税税额。

第三节 消费税纳税申报

【学习指导】

一、纳税义务发生时间

消费税纳税义务发生时间与增值税原理一致，内容基本相同，但委托加工应税消费品纳税义务发生时间为委托方提货当天，这是消费税的特有规定，具体如表 3-8 所示。

表 3-8 消费税纳税义务发生时间

具体情形	纳税义务时间
托收承付和委托银行收款方式	发出应税消费品并办妥托收手续的当天
赊销和分期收款方式	销售合同约定的收款日期的当天
预收货款方式	发出应税消费品的当天
其他结算方式	收讫销售款或者索取销售款凭据的当天
自产自用应税消费品	移送使用的当天
委托加工应税消费品	纳税人提货的当天
进口应税消费品	报关进口的当天

二、纳税期限

消费税的纳税期限分别为1日、3日、5日、10日、15日、1个月或者一个季度，以1个月一期纳税的，自期满之日起15日内申报纳税；以其他期限纳税的，自期满之日起5日内预缴税款，于次月1日起15日内申报纳税并结清上月税款。

纳税人进口应税消费品，应当自海关填发税款缴款书之日起15日内缴纳税款。

三、纳税地点

消费税纳税地点与增值税基本相同，具体如表3-9所示。

表3-9 消费税纳税地点

应税行为	纳税地点
自产自销和自产自用行为	纳税人机构所在地或居住地
委托加工行为	由受托方向所在地主管税务机关代收代缴消费税
	委托个人加工，由委托方向其机构所在地或居住地主管税务机关缴纳
进口行为	由进口人或者其代理人向报关地海关申报
到外地（外县、市）销售或委托外地代销	纳税人机构所在地或居住地
总机构和分支机构不在同一县（市）的	各自机构所在地或总机构所在地

3

【习题训练】

一、判断题

1. 委托加工应税消费税品的，消费税应由委托方向受托方所在地主管税务机关申报纳税。 （ ）

2. 纳税人销售的应税消费品，如因质量等原因由购买者退回时，经所在地税务机关审核批准后，可自行抵减应纳税款，也可以退还已征收的消费税税款。 （ ）

3. 纳税人直接出口的应税消费品办理免税后发生退关或国外退货，进口时已予以免税的，报关出口者必须及时向所在地主管税务机关申报补缴已退的消费税税款。 （ ）

4. 金银首饰消费税的纳税义务发生时间为收讫销货款或取得索取销售款的凭据的当天。 （ ）

5. 纳税人进口应税消费品，应当自海关填发税款缴款书次日起15日内缴纳税款。 （ ）

二、单项选择题

1. 下列各项中，符合消费税纳税义务发生时间规定的是（ ）。

A. 进口的应税消费品，为取得进口货物的当天

B. 自产自用的应税消费品，为移送使用的当天

C. 委托加工的应税消费品，为支付加工费的当天

D. 采取预收货款结算方式的，为收到预收款的当天

2. 下列各项中，符合消费税有关规定的是（　　）。

A. 纳税人的总、分支机构不在同一县（市）的，一律在总机构所在地缴纳消费税

B. 纳税人销售的应税消费品，除另有规定外，应向纳税人核算地税务机关申报纳税

C. 纳税人委托加工应税消费品，其纳税义务发生时间，为纳税人支付加工费的当天

D. 因质量原因由购买者退回的消费品，可退已征的消费税，也可直接抵减应纳税额

3. 纳税人进口的应税消费品，其纳税义务的发生时间为（　　）的当天。

A. 纳税人办完入关手续　　　　B. 消费品报关进口

C. 纳税人提货　　　　D. 纳税人接到通知

4. 某消费税纳税人销售应税消费品，其纳税义务发生时间为（　　）。

3

A. 采取预收货款结算方式的，应为收到货款的当天

B. 采取托收承付结算方式的，为货物发出的当天

C. 采取赊销方式的，以双方约定的任一时间

D. 采取分期收款结算方式的，为销售合同规定的收款日期的当天

5. 进口消费品的消费税，由（　　）代征。

A. 海关　　B. 税务机关　　C. 工商管理机关　　D. 邮政部门

三、多项选择题

1. 关于消费税纳税义务发生时间的说法，正确的有（　　）。

A. 某酒厂销售葡萄酒 20 箱并收取价款 4 800 元，其纳税义务发生时间为收款的当天

B. 某汽车厂自产自用 3 台小汽车，其纳税义务发生时间为移送使用的当天

C. 某烟花企业采用托收承付结算方式销售焰火，其纳税义务发生时间为发出焰火并办妥托收手续的当天

D. 某化妆品厂采用赊销方式销售化妆品，合同约定收款日期为 6 月 30 日，实际收到货款为 7 月 30 日，纳税义务发生时间为 6 月 30 日

2. 下列消费税的纳税地点，表述正确的有（　　）。

A. 纳税人销售的应税消费品和自产自用的应税消费品，除国家另有规定外，应向纳税人机构所在地的税务机关申报缴纳消费税

B. 纳税人到外县（市）销售或者委托外县（市）代销自产应税消费品，应事先向其所在地主管税务机关提出申请，在应税消费品销售以后回纳税人机构所在地缴纳消费税

C. 纳税人的总机构与分支机构不在同一县（市）的，应当在生产应税消费品的分支机构所在地缴纳消费税

D. 委托加工的应税消费品，一般由受托方和委托方本着方便缴纳的原则就近向税务机关解缴消费税税款

3. 关于自产自用消费品的业务，以下说法中，正确的有（　　）。

A. 某企业将自产的杆头用于本企业高尔夫球杆的生产，应该在杆头移送时，将杆头应纳的消费税计入高尔夫球杆成本

B. 某企业将自产的化妆品用于企业经销点的试用产品，应该在化妆品移送时，将化妆品的消费税计入销售费用

C. 某企业将自产的白酒用于巧克力的生产中，应该在白酒移送时，将白酒的消费税计

入巧克力的成本

D. 某企业将自产的烟丝用于卷烟的生产中，应该在烟丝移送时，将烟丝的消费税计入卷烟的成本

第四节 消费税出口退税

【学习指导】

一、出口应税消费品退(免)税政策

出口应税消费品退(免)消费税，在政策上包括出口免税并退税、出口免税但不退税、出口不免税也不退税三种。

二、出口应税消费品的退税率

出口应税消费品应退消费税的税率或单位税额，依据《中华人民共和国消费税暂行条例》所附《消费税税目税率(税额)表》执行。这是退(免)消费税与退(免)增值税的一个重要区别：当出口的货物是应税消费品时，其退还增值税要按规定的退税率计算，其退还消费税则按该应税消费品所适用的消费税税率计算。

企业应将不同消费税税率的出口应税消费品分开核算和申报，凡划分不清适用税率的，一律从低适用税率计算应退消费税税额。

三、出口应税消费品退税额的计算

1. 从价定率计征消费税的应税消费品

应退消费税税额＝出口货物的工厂销售额×消费税税率

2. 从量定率计征消费税的应税消费品

应退消费税税额＝出口数量×单位税额

3. 复合计征消费税的应税消费品

应退消费税税额＝出口货物的工厂销售额×消费税税率＋出口数量×单位税额

【习题训练】

一、判断题

1. 企业应将不同消费税税率的出口应税消费品分开核算和申报，凡划分不清适用税率的，不得退税。 (　　)

2. 除规定不退税的应税消费品以外，对生产企业委托外贸企业代理出口的应税消费品，一律免征消费税。 (　　)

3. 某酒厂(有自营出口权)出口外销一批白酒，离岸价格折合人民币为60万元，因该酒

厂直接出口，可申请出口退还消费税。（ ）

4. 有出口经营权的外贸企业将购进的应税消费品直接出口的适用出口免税但并不退税。（ ）

5. 有出口经营权的生产性企业自营出口的适用出口免税但不退税。（ ）

二、单项选择题

1. 出口应税消费品的免税办法由（ ）规定。

A. 国家税务总局　　B. 国务院

C. 全国人大及其常委会　　D. 税务机关

2. 某外贸公司 2022 年 6 月从生产企业购入高档化妆品一批，取得增值税专用发票注明价款 25 万元，增值税 3.25 万元，支付购买高档化妆品的运费取得增值税专用发票，注明运输费 30 000 元，税款 2 700 元。当月将该批化妆品全部出口取得销售收入 35 万元。该外贸公司出口高档化妆品应退的消费税为（ ）万元。

A. 3.75　　B. 4.2　　C. 4.85　　D. 5.25

3. 下列说法不符合消费税法规规定的是（ ）。

A. 外贸企业受其他外贸企业的委托代理出口应税消费品，可享受“出口免税并退税”的政策

B. 有出口经营权的外贸企业购进应税消费品直接出口，不征税但可退税

C. 有出口经营权的生产性企业自营出口应税消费品的，可以依据其实际出口量免征消费税

D. 有出口经营权的生产性企业委托外贸企业代理出口自产应税消费品，不征税但可退税

三、多项选择题

1. 下列各项中，属于我国消费税现行政策的是（ ）。

A. 免税但不退税　　B. 不免税但退税

C. 免税并退税　　D. 不免税也不退税

2. 下列企业出口应税消费品时，既退（免）增值税又退（免）消费税的有（ ）。

A. 酒厂出口白酒　　B. 烟厂出口卷烟、雪茄烟

C. 外贸企业收购烟、酒后出口　　D. 外贸企业委托外贸代理出口烟、酒

3. 生产自产产品自营出口或委托外贸企业代理出口自产的应税消费品，其出口退税政策是（ ）。

A. 增值税采用免抵退税政策　　B. 消费税采用免税并退税政策

C. 增值税采用先征后退政策　　D. 消费税采用免税但不退税政策

四、业务题

1. 美净化妆品公司（一般纳税人）经营出口兼内销。产品为高档化妆品。2022 年 6 月发生以下业务：

（1）委托欧雅日用品化工厂（以下简称欧雅厂）加工某种高档化妆品，收回后以其为原

料，继续生产高档化妆品销售。欧雅厂本月收到美净化妆品公司价值 30 万元的委托加工材料，并按合同约定代垫辅助材料 1 万元，应收加工费 3 万元（不含增值税）；欧雅厂本月外购高档化妆品半成品一批，取得增值税专用发票注明销售额 20 万元，开具增值税专用发票注明价款 24 万元，销售给美净化妆品公司，货款已收妥。

（2）本月美净化妆品公司将委托加工收回的高档化妆品用于生产；本月销售高档化妆品 565 万元（含增值税）给博美外贸企业，期初库存的委托加工的高档化妆品 12 万元；月末库存委托加工化妆品 12 万元；本月外购高档化妆品半成品 50%用于生产。该外贸企业将购入的该批高档化妆品全部出口。

要求：请计算 6 月欧雅日用品化工厂、美净化妆品公司销售高档化妆品应缴纳的消费税，以及博美外贸企业出口高档化妆品应退还的消费税。

2. 外贸公司 2022 年 6 月从生产企业购进一批高档化妆品，取得增值税专用发票注明销售额 300 000 元、增值税 39 000 元；支付收购高档化妆品运输费取得增值税专用发票，注明运输费 30 000 元，税款 2 700 元。当月该批高档化妆品全部出口实现销售额 400 000 元，增值税出口退税率为 12%。

要求：请计算该公司出口高档化妆品应退的增值税额、消费税额。

第四章 关税法

第一节 关税概述

【学习指导】

一、关税性质

关税是世界各国普遍征收的一个税种，是指一国海关对进出境的货物或者物品征收的一种税。进出境指的是进出我国关境，即我国海关法适用的范围。关税具有以下特点：① 纳税上的统一性和一次性；② 征收上的过"关"性；③ 税率上的复式性；④ 征管上的权威性；⑤ 对进出口贸易的调节性。

关税可以按不同标志进行分类，具体如表 4-1 所示。

表 4-1 关税的分类

分类标志	具体内容
进出关境的货物或物品的流向	进口税：是指海关对进口货物或物品征收的关税
	出口税：是指海关对出口货物或物品征收的关税
货物的国别来源	加重关税：也称歧视性关税，是指为了达到某种特别目的而征收的关税
	优惠关税：是指对某些国家进口的货物使用低于普通税率的优惠税率所征收的关税
计征关税的标准	从价税：是指以进出口货物的完税价格为计税标准而计算征收的关税
	从量税：是指以进出口货物的数量、重量、体积、容积等计量单位为计税标准而计算征收的关税
	复合税：是指对同一种进出口货物同时采用从价和从量标准计算征收的关税
	滑准税：是指根据货物的不同价格适用不同税率的一类特殊的从价关税
征收关税的目的	财政关税：又称收入关税，是指以增加财政收入为主要目的而课征的关税
	保护关税：是指以保护本国经济发展为主要目的而课征的关税

二、关税的征税对象和纳税人

关税是海关对进出境货物、物品征收的一种税。其征税对象和纳税人具体如表 4-2 所示。

表 4-2 关税征税对象和纳税人

征税对象	纳税人
准许进出境的货物,即贸易性商品	进出口货物收发货人
准许进出境的物品,即非贸易性商品,包括入境旅客随身携带的行李物品、个人邮递物品、各种运输工具上的服务人员携带进口的自用物品、馈赠物品以及以其他方式进境的个人物品	进出境物品的所有人

三、关税的税率

关税税率是整个关税制度的核心要素,具体如表 4-3 所示。

表 4-3 关税税率

税率类别		适用范围
进口税率	最惠国税率	适用原产于与我国共同适用最惠国待遇条款的世界贸易组织成员国或地区的进口货物;或原产于与我国签订有相互给予最惠国待遇条款的双边贸易协定的国家或地区的进口货物
	协定税率	适用原产于我国参加的含有关税优惠条款的区域性贸易协定的有关缔约方的进口货物
	特惠税率	适用原产于与我国签订有特殊优惠关税协定的国家或地区的进口货物
	普通税率	适用原产于上述国家或地区以外的国家或地区的进口货物
	配额税率	对部分实行关税配额的货物,按低于配额外税率的进口税率征收关税时使用的税率
	暂定税率	是对某些税号中的部分货物在适用最惠国税率的前提下,通过法律程序暂时实施的进口税率,具有非全税目的特点,低于最惠国税率
出口税率		出口货物税率没有普通税率和优惠税率之分

四、关税的优惠政策

关税减免是指对某些纳税人和征税对象给予鼓励和照顾的一种特殊调节手段,分为法定减免、特定减免和临时减免三种,具体如表 4-4 所示。

表 4-4 关税的减免政策

减免类型	具体内容
法定减免	① 关税税额在人民币 50 元以下的一票货物; ② 无商业价值的广告品和货样; ③ 外国政府、国际组织无偿赠送的物资; ④ 进出境运输工具装载的途中必需的燃料、物料和饮食用品; ⑤ 其他符合法律规定免税条件的进出口货物
特定减免	也称政策性减免税,是指由国务院或国务院授权的机关颁布法规、规章特别规定的减免,如教科用品、残疾人专用品、扶贫慈善性捐赠物资等
临时减免	在法定和特定减免税以外的其他减免税,一案一批,专文下达的减免税,一般不能比照执行

【习题训练】

一、判断题

1. 我国关税属于流转税。（ ）

2. 关税是海关依法对进出关境的货物和物品征收的一种流转税。（ ）

3. 关税税额在人民币20元以下的一票货物可以免征关税。（ ）

4. 当国境内设有自由贸易区时,关境就大于国境。（ ）

5. 我国的关税按照统一的关税税则征收一次关税后,就可以在整个关境内流通,不再征收关税。（ ）

6. 贸易性商品的关税纳税义务人是经营进出口货物的收发货人。（ ）

7. 外国政府、国际组织无偿赠送的物资,依照关税基本法的规定,可实行特定减免。（ ）

8. 鉴于各国关税税率的复式性特点,我国关税税率采用最惠国税率、协定税率、特惠税率和普通税率。（ ）

9. 关税减免分为法定减免、特定减免和临时减免。除法定减免外,特定减免和临时减免均由国务院决定。（ ）

10.《进出口关税条例》规定,外国政府、国际组织、国际友人和港、澳、台同胞无偿赠送的物资,经海关审查无讹,可以免征关税。（ ）

二、单项选择题

1. 我国关税由（ ）征收。

A. 税务机关　　B. 海关

C. 工商行政管理部门　　D. 人民政府

2. 根据进出口商品价格的变动而税率相应增减的进出口关税属于（ ）。

A. 从价税　　B. 从量税　　C. 滑准税　　D. 复合税

3.《进出口关税条例》规定,关税税额在人民币（ ）元以下的一票货物,经海关审查无误,可以免税。

A. 50　　B. 100　　C. 1 000　　D. 10 000

4. 关税的纳税义务人不可能是（ ）。

A. 进口货物的收货人　　B. 进口货物的发货人

C. 入境物品的所有人　　D. 出口货物的发货人

5. 下列各项中,符合关税法定免税规定的是（ ）。

A. 保税区进出口的基建物资

B. 边境贸易进出口的基建物资

C. 关税税额在人民币10元以下的一票货物

D. 经海关核准进口的无商业价值的广告品和货样

三、多项选择题

1. 我国《海关法》规定,减免进出口关税的权限属中央政府,关税的减免形式有（ ）。

A. 法定减免　　B. 特定减免　　C. 临时减免　　D. 困难减免

2. 非贸易性物品的关税纳税人是(　　)。

A. 入境旅客随身携带的行李、物品的持有人　　B. 进口个人邮件的收件人

C. 外贸进出口公司　　D. 有进出口经营权的企业

3. 下列各项中,属于关税法定纳税义务人的有(　　)。

A. 进口货物的收货人　　B. 进口货物的代理人

C. 出口货物的发货人　　D. 出口货物的代理人

4. 关于关税的减免税,下列表述正确的有(　　)。

A. 无商业价值的广告品视同货物进口征收关税

B. 外国企业赠送的物资免征关税

C. 保税区内加工运输出境的产品免征进口关税和进口环节税

D. 关税税额在人民币50元以下的货物免征关税

5. 下列各项中,属于关税征税对象的有(　　)。

A. 贸易性商品

B. 个人邮寄物品

C. 馈赠物品或以其他方式进入国境的个人物品

D. 入境旅客随身携带的行李和物品

4

四、思考题

1. 关境和国境有什么联系和区别?

2. 为什么要确定进出境货物的原产地?

第二节　关税税款的计算

【学习指导】

一、关税完税价格的确定

关税完税价格是海关计征关税所依据的价格,由海关以该货物的成交价格为基础审查确定,成交价格不能确定时,由海关依法估定,具体如表4-5、表4-6、表4-7所示。

表4-5　　一般进口货物关税完税价格的确定

确定方式	具　体　内　容
以成交价格为基础	**原则:** 完税价格=货价+货物抵达我国境内输入地点起卸前的运费、保险费等相关费用,即正常的CIF
	下列费用或价值未包含在进口货物的成交价格中,应一并计入完税价格:① 特许权使用费;② 除购货佣金以外的佣金和经纪费;③ 货物运抵我国关境内输入地点起卸前由买方支付的包装费、运费、保险费和其他劳务费用;④ 由买方负担的与进口货物视为一体的容器费用;⑤ 由买方负担的包装材料和包装劳务的费用;⑥ 卖方直接或间接从买方对该货物进口后转售(含处置和使用)所得中获得的收益

续 表

确定方式	具体内容
以成交价格为基础	下列费用，如在货物的成交价格中单独列明的，应从完税价格中扣除：① 工业设施、机械设备类货物进口后发生的基建、安装、调试、技术指导等费用；② 货物运抵境内输入地点起卸后的运输费用、保险费用和其他相关费用；③ 进口关税及其他国内税收；④ 为在境内复制进口货物而支付的费用；⑤ 境内外技术培训及境外考察费用
	进口货物完税价格中的运费和保险费按下列规定确定：① 进口货物的运费，应当按照实际支付的费用计算；② 进口货物的保险费，应当按照实际支付的费用计算；③ 邮运进口的货物，应当以邮费作为运输及其相关费用、保险费；④ 以境外边境口岸价格条件成交的铁路或者公路运输进口货物，海关应当按照境外边境口岸价格的1%计算运输及其相关费用、保险费
海关估价	适用条件：进口成交价格不符合成交价格条件，或者成交价格不能确定的
	估价方法：相同或类似货物成交价格估价法、倒扣价格或计算价格估价法及其他合理方法

表 4－6　特殊进口货物关税完税价格的确定

进口货物类型	具体内容
运往境外加工的货物	运往境外加工的货物，出境时已向海关报明，并在海关规定期限内复运进境的，应当以境外加工费和料件费以及该货物复运进境的运输及其相关费用、保险费为基础，审查确定完税价格
运往境外修理的货物	运往境外修理的机械器具、运输工具或其他货物，出境时已向海关报明，并在海关规定期限内复运进境的，应当以境外修理费和料件费为基础审查确定完税价格
以租赁方式进口的货物	① 以租金方式对外支付的租赁货物，在租赁期间以海关审查确定的租金作为完税价格，利息应当予以计入；② 留购的租赁货物以海关审查确定的留购价格作为完税价格；③ 纳税义务人申请一次性缴纳税款的，可以选择申请按照进口货物海关估价的方法确定完税价格，或者按照海关审查确定的租金总额作为完税价格
暂时进境货物	经海关批准的暂时进境的货物，应按照一般进口货物估价办法的规定，估定完税价格
留购的进口货样等货物	国内单位留购的进口货样、展览品及广告陈列品，以海关审定的留购价格为完税价格

表 4－7　出口货物关税完税价格的确定

确定方式	具体内容
以成交价格为基础	由海关以该货物的成交价格为基础审查确定，并应当包括货物运至我国境内输出地点装载前的运输及其相关费用、保险费。不包括出口关税税额
海关估价	对出口货物的成交价格不能确定时，由海关依次按下列方法予以估定： ① 同时或大约同时向同一国家或地区销售出口相同货物的成交价格； ② 同时或大约同时向同一国家或地区销售出口类似货物的成交价格； ③ 根据境内生产相同或类似货物的成本、利润和一般费用、境内发生的运输及其相关费用、保险费计算所得的价格； ④ 按照其他合理方法估定的价格

二、关税应纳税额的计算

关税应纳税额的计算如表 4－8 所示。

表 4－8　关税应纳税额的计算

计税方式	计税依据		计算公式
从价税	进口关税完税价格	以我国口岸到岸价格(CIF)成交的： 完税价格＝到岸价格(CIF)	应纳关税税额＝关税完税价格×关税比例税率
		以国外口岸离岸价格(FOB)成交的： 完税价格＝离岸价格(FOB)＋运杂费＋保险费 ＝(离岸价格(FOB)＋运杂费)×(1＋保险费率)	
		以国外口岸离岸价格加运费(CFR)成交的： 完税价格＝离岸价格加运费(CFR)＋保险费 ＝离岸价格加运费(CFR)×(1＋保险费率)	
	出口关税完税价格	以我国口岸离岸价格(FOB)成交的： 完税价格＝离岸价格(FOB)÷(1＋关税税率)	
		以国外口岸到岸价格(CIF)成交的： 完税价格＝(到岸价格(CIF)－保险费－运费)÷(1＋关税税率)	
		以国外口岸到岸价格加运费(CFR)成交的： 完税价格＝(到岸价格加运费(CFR)－运费)÷(1＋关税税率)	
从量税	应税进出口货物数量		关税税额＝应税进出口货物数量×定额税额
复合税	应税进出口货物数量和关税完税价格		关税税额＝应税进出口货物数量×定额税额＋关税完税价格×比例税率

【习题训练】

一、判断题

1. 进口货物以海关审定的成交价格为基础的到岸价格作为完税价格，到岸价格就是货价。（　　）

2. 运往境外加工的货物，出境时已向海关报明，并在海关规定期限内复运进境的，应当以加工后的货物进境时的到岸价格作为完税价格。（　　）

3. 以租赁方式进口的货物，应以海关审定的货物的租金作为完税价格，但对租赁期限超过 5 年的，则应以货物的到岸价格作为完税价格。（　　）

4. 出口货物的完税价格，是由海关以该货物向境外销售的成交价格为基础审查确定，包括货物运至我国境内输出地点装卸前的运输费、保险费，但不包括出口关税。（　　）

5. 进口货物的价款中列明的进口货物运抵境内输入地点起卸后的运输费、保险费及相

关费用，不计入该货物的完税价格。 （ ）

二、单项选择题

1. 在进口货物正常成交价格中若含以下费用，（ ）可以从中扣除。

A. 包装费 B. 运输费 C. 卖方付的回扣 D. 保险费

2. 出口货物的完税价格不应该包括（ ）。

A. 向境外销售的成交价格

B. 货物运至我国境内输出地点装载前的运输及其相关费用

C. 货物运至我国境内输出地点装载前的保险费用

D. 离境口岸至境外口岸之间的运输及保管费

3. 出口货物以海关审定的成交价格为基础售予境外的离岸价格，扣除出口关税后作为完税价格。其计算公式为（ ）。

A. 完税价格＝离岸价格÷(1＋出口税率)

B. 完税价格＝离岸价格÷(1－出口税率)

C. 完税价格＝离岸价格×(1＋出口税率)

D. 完税价格＝离岸价格×(1－出口税率)

4

4. 到岸价格包括的内容是（ ）。

A. 买方佣金 B. 卖方佣金

C. 卖方付给买方的正常价格回扣 D. 因延期付款而支付的利息罚款

5. 进口货物到岸价格的组成公式是（ ）。

A. 到岸价格＝货价

B. 到岸价格＝货价＋其他劳务费

C. 到岸价格＝货价＋包装、运输、保险费＋其他劳务费

D. 到岸价格＝货价＋进口关税＋其他劳务费

三、多项选择题

1. 下列出口货物完税价格确定方法中，符合关税法规定的有（ ）。

A. 海关依法估价确定的完税价格

B. 以成交价格为基础确定的完税价格

C. 根据境内生产类似货物的成本、利润和费用计算出的价格

D. 按照合理方法估定的完税价格

2. 下列费用中，如能与该货物实付价格区分，不得列入完税价格的是（ ）。

A. 进口关税及其他国内税

B. 货物运抵境内输入地点之后的运输费用

C. 买方为购进货物向代表双方利益的经纪人支付的劳务费

D. 工业设施、机械设备类货物进口后发生的基建、安装、调试、技术指导等费用

3. 下列未包含在进口货物价格中的项目，应计入进口货物完税价格的有（ ）。

A. 买方负担除购货佣金以外的佣金及经纪费

B. 卖方负担的佣金

C. 由买方负担的与该货物视为一体的容器费用

D. 由买方负担的包装劳务费

4. 进口货物的成交价格不符合规定或者成交价格不能确定的，海关经了解有关情况，并与纳税人进行价格磋商后，可以按顺序采用一定方法审查确定该货物的完税价格。下列属于海关可以采用的方法有(　　)。

A. 相同货物成交价格估价方法　　B. 类似货物成交价格估价方法

C. 倒扣价格估价方法　　D. 最大销售总量估价方法

5. 关于完税价格，下列说法正确的有(　　)。

A. 加工贸易进口料件及制成品反内销需补税的，要按一般进口货物的完税价格规定来审定完税价格

B. 以租赁方式进口的留购货物，应以该同类货物进口时到岸价格作为完税价格

C. 接受捐赠进口的货物如有类似货物成交价格的，应按该类似货物成交价格作为完税价格

D. 出口的货物一般以境外买方向卖方实付或应付的货价作为完税价格

四、思考题

1. 一般进口货物的关税完税价格怎样计算？完税价格中通常包含哪些内容？

2. 出口货物关税完税价格的计算方法与进口货物关税完税价格的计算方法有什么不同？

五、业务题

1. 某公司进口一批应缴消费税的消费品，货价为 500 万元；该公司另外向境外支付的特许权使用费 25 万元；此外，该批货物运抵我国关境需支付运费和保险费 25 万元。假设该货物适用关税税率为 8%、增值税税率为 13%、消费税税率为 20%。

要求：请分别计算该公司应纳的关税、消费税和增值税税额。

2. 某企业从日本进口一批电子零件，成交价格为 550 万元，而日本出口方出售该批货物的国际市场价格为 700 万元。另外，该企业承担了该批零件的包装材料费 50 万元，同时，该企业支付给出口方零件进口后的技术服务费用 150 万元。已知电子零件的进口关税税率为 10%。

要求：请计算该企业进口电子零件应缴纳的关税税额。

3. 某公司进口货物一批，到岸价格(CIF)成交价格为人民币 600 万元，含单独计价并经海关审核属实的进口后装配调试费用 30 万元，该货物进口关税税率为 10%，海关填发税款缴纳证日期为 2022 年 1 月 10 日，该公司于 1 月 25 日缴纳税款。

要求：请计算其应纳关税税额及滞纳金。

4. 某进出口公司进口一批机器设备，经海关审定的成交价为 200 万美元。货物运抵我国境内输入地点起卸前的运输费为 10 万美元，保险费为 20 万美元，由买方负担的购货佣金为 5 万美元，包装劳务费为 3 万美元。

已知市场汇率为 1 美元＝6.60 元人民币，该机器设备适用关税税率为 12%。

要求：(1) 请回答：进出口公司在进口该批机器设备过程中发生的哪些费用应计入货物的完税价格？

(2) 请计算进口该批货物应缴纳的关税税额。

第三节 关税征收管理

【学习指导】

关税的征收管理有其特殊性，由海关负责征收，具体要求如表 4－9 所示。

表 4－9 关税征收管理

项　目	具　体　内　容
关税申报	进口货物自运输工具申报进境之日起 14 日内； 出口货物在运抵海关监管区装货的 24 小时以前
纳税地点	关税可以在关境地缴纳，也可在主管地缴纳
纳税期限	自海关填发税款缴款书之日起 15 日内，向指定银行缴纳税款；不能按期缴纳税款的，经海关总署批准，可以延期缴纳税款，但最长不得超过 6 个月
强制执行	(1) **征收滞纳金**：自关税缴纳期限届满滞纳之日起，至纳税人缴纳关税之日止，按滞纳税款万分之五的比例按日征收，周末或法定节假日不予扣除； (2) **强制征收**：自海关填发缴款书之日起 3 个月仍未缴纳税款的，经海关关长批准，海关可以采取强制措施扣缴。强制措施主要有强制扣缴和变价抵缴两种
关税退还	(1) 有下列情形之一的，纳税人可以自缴纳税款之日起 1 年内，书面声明理由，连同原纳税收据向海关申请退还税款并加算银行同期活期存款利息，逾期不予受理：① 因海关误征，多纳税款的；② 海关核准免验进口的货物，在完税后发现有短缺情况，经海关审查认可的；③ 已征出口关税的货物，因故未装运出口，申报退关，经海关查明属实的； (2) 对已征出口关税的出口货物和已征进口关税的进口货物，因货物品种或规格原因（非其他原因）原状复运进境或出境的，经海关查验属实，应退还已征关税，海关应当在受理退税申请之日起 30 日内作出书面答复，并通知退税申请人
关税的补征与追征	(1) 关税的补征是非因纳税人违反海关规定造成少征关税。应当自缴纳税款或者货物、物品放行之日起 1 年内，向纳税人补征； (2) 关税的追征是由于纳税人违反海关规定造成少征关税。应在缴纳税款之日起 3 年内可以追征，并从缴纳税款之日起按日加收少征或者漏征税款万分之五的滞纳金

【习题训练】

一、判断题

1. 按照关税有关规定，进出口货物完税后，如因纳税人违反规定造成少征或漏征的税款，海关可以自缴纳税款或者货物放行之日起 1 年内向纳税人补征。（　　）

2. 纳税义务人应当自海关填发税款缴款书之日起 7 日内向指定银行缴纳税款。如关税缴纳期限的最后一日是周末或法定节假日，则关税缴纳期限顺延至周末或法定节假日的第一个工作日。（　　）

3. 已征出口关税的货物，因故未装运出口，申报退关，经海关查明属实的，纳税人可以自缴纳税款之日起1年内申请退还税款。 ( )

4. 出口货物的发货人应当在运抵海关监管区装货的24小时以前，向海关填报出口货物报关单。 ( )

5. 关税纳税人因不可抗力或者在国家税收政策调整的情形下，不能按期缴纳税款的，经海关总署批准，可以延期缴纳税款，但最长不得超过6个月。 ( )

二、单项选择题

1. 关税纳税义务人向指定银行缴纳税款的期限是( )。

A. 自报关进口之日起7日内

B. 自报关进口之日起15日内

C. 自海关填发税款缴款书之日起7日内

D. 自海关填发税款缴款书之日起15日内

2. 已征出口关税的货物，因故未装运出口，申报退关，经海关查验属实的，纳税人可自缴纳税款之日起( )年内申请退还税款。

A. 半　　B. 1　　C. 2　　D. 3

3. 关税滞纳金自( )起，至纳税义务人缴纳关税之日止，按滞纳税款万分之五的比例按日征收，周末或法定节假日不予扣除。

A. 商品报关之日　　B. 商品进出关境之日

C. 关税缴纳期限届满之日　　D. 自海关填发税款缴款书之日

4. 海关对逾期未交的关税，按日加收( )滞纳金。

A. 2‰　　B. 0.5‰　　C. 2%　　D. 1%

5. 某公司进口一批货物，海关于2022年3月1日填发税款缴款书，但公司迟至3月27日才缴纳500万元的关税。海关应征收关税滞纳金( )万元。

A. 2.75　　B. 3　　C. 6.5　　D. 6

三、多项选择题

1. 关税的征收管理规定中，关于补征和追征的期限为( )。

A. 补征期为1年内　　B. 追征期为1年内

C. 补征期为3年内　　D. 追征期为3年内

2. 根据《进出口关税条例》的规定，下列情形中，纳税人或其代理人可以向海关申请退税的有( )。

A. 进口货物起卸后海关放行前，因不可抗力遭受损坏或损失的

B. 因海关误征，多纳税款的

C. 已征出口关税的货物，因故未装运出口，申报退税，经海关查验属实的

D. 海关核准免验进口的货物，在完税后，发现有短缺情况，经海关审查认可的

3. 下列各项中，符合关税减免规定的有( )。

A. 因故退还的国内出口货物，经海关审查属实，可予免征进口关税，已征收的出口关税准予退还

B. 因故退还的国内出口货物，经海关审查属实，可予免征进口关税，但已征收的出口关

税不予退还

C. 因故退还的境外进口货物，经海关审查属实，可予免征出口关税，已征收的进口关税准予退还

D. 因故退还的境外进口货物，经海关审查属实，可予免征出口关税，但已征收的进口关税不予退还

四、思考题

办理通关手续，通常要做好哪些准备工作？

第五章　企业所得税法

第一节　企业所得税概述

【学习指导】

一、企业所得税的性质

企业所得税，是指国家对境内企业生产、经营所得和其他所得依法征收的一种税。它是国家参与企业利润分配的重要手段。

以课征方式为标准，企业所得税可分为以下四种类型：① 分类所得税制；② 综合所得税制；③ 分类综合所得税制；④ 地方所得税制。

企业所得税具有以下特点：① 征税对象是所得额；② 符合税收公平的原则；③ 计征比较复杂；④ 税收负担不易转嫁。

二、纳税人和征税对象

企业所得税的纳税人为在中华人民共和国境内，企业和其他取得收入的组织（以下统称企业）。除个人独资企业、合伙企业不征收企业所得税外，其他企业均为企业所得税的纳税人，分为居民企业和非居民企业，具体如表 5－1 所示。

表 5－1　　企业所得税纳税人和征税对象

纳税人	判定标准	举例	征收对象
居民企业	依照中国法律、法规在中国境内成立的企业	普通企业、外商投资企业等	来源于中国境内、境外的所得
	依照外国（地区）法律成立但实际管理机构在中国境内的企业	在英国、百慕大群岛等国家和地区注册的公司，但实际管理机构在中国境内	
非居民企业	依照外国（地区）法律、法规成立且实际管理机构不在中国境内，但在中国境内设立机构、场所的企业	在中国设立有代表处及其他分支机构的外国企业	来源于中国境内的所得，以及发生在中国境外但与其机构场、所有实际联系的所得
	在中国境内未设立机构、场所，但有来源于中国境内所得的企业		来源于中国境内的所得

三、税率

我国企业所得税实行的是比例税率，具体如表 5－2 所示。

表 5－2 企业所得税税率

种　类	税　率
基本税率	25%
低税率 （非居民企业）	20%（实际征收时适用 10%的税率）
两档优惠税率	（1）符合条件的小型微利企业：自 2021 年 1 月 1 日至 2024 年 12 月 31 日，对小型微利企业年应纳税所得额不超过 100 万元的部分，减按 12.5%计入应纳税所得额，按 20%的税率缴纳企业所得税；对年应纳税所得额超过 100 万元但不超过 300 万元的部分，减按 25%计入应纳税所得额，按 20%的税率缴纳企业所得税； （2）国家重点扶持的高新技术企业：减按 15%
10%的 优惠税率	（1）在中国境内未设立机构、场所，或者虽设立机构、场所但取得的所得与其所设机构、场所没有实际联系的非居民企业的中国境内所得，减按 10%的税率征收企业所得税； （2）中国居民企业向境外 H 股非居民企业股东派发年度股息时，统一按 10%的税率代扣代缴企业所得税； （3）合格境外机构投资者取得来源于中国境内的股息、红利和利息收入，缴纳 10%的企业所得税

四、税收优惠政策

企业所得税的优惠政策很多，可分为基本税收优惠政策、专项税收优惠政策和过渡性税收优惠政策，如表 5－3 所示。

表 5－3 企业所得税的税收优惠

优惠措施	具　体　项　目
免征与减征	（1）从事农、林、牧、渔业项目的所得：除花卉、茶以及其他饮料作物、香料作物的种植，海水养殖、内陆养殖所得实行减半征收外，其他所得免税； （2）从事国家重点扶持的公共基础设施项目投资经营的所得，自项目取得第一笔生产经营收入所属纳税年度起，“三免三减半”； （3）从事符合条件的环境保护、节能节水项目的所得，自项目取得第一笔生产经营收入所属纳税年度起，“三免三减半”； （4）符合条件的技术转让所得，居民企业转让技术所有权不超过 500 万元的部分，免征企业所得税；超过 500 万元的部分，减半征收企业所得税
加计扣除	（1）开发新技术、新产品、新工艺发生的研究开发费用：在按照规定据实扣除的基础上，按照研究开发费用的 75%（制造业、科技型企业按 100%）加计扣除；形成无形资产的，按照无形资产成本的 175%（制造业、科技型中小企业按 200%）摊销； （2）安置残疾人员及国家鼓励安置的其他就业人员所支付的工资：100%加计扣除
抵扣应纳税所得额	创业投资企业从事国家需重点扶持和鼓励的创业投资，可以按照其投资额的 70%在股权持有满 2 年的当年抵扣该创业投资企业的应纳税所得额；当年不足抵扣的，可以在以后纳税年度结转抵扣；在京津冀、上海、广东、安徽、四川、武汉、西安、沈阳 8 个全面创新改革试验地区和苏州工业园区开展试点，从 2017 年 1 月 1 日起，对创投企业投资种子期、初创期科技型企业满 2 年的，可享受按投资额 70%抵扣应纳税所得额的优惠政策；自 2018 年 1 月 1 日起有关优惠政策推广到全国
减计收入	企业综合利用资源，生产符合国家产业政策规定的产品所取得的收入，减按 90%计入收入总额

续 表

优惠措施	具　体　项　目
加速折旧	缩短折旧年限法、加速折旧法： (1) 由于技术进步，产品更新换代较快的固定资产； (2) 常年处于强震动、高腐蚀状态的固定资产。 **注意**：采取缩短折旧年限方法的，最低折旧年限不得低于法定折旧年限的60%；采取加速折旧方法的，可以采取双倍余额递减法或者年数总和法
税额抵免	企业购置用于环境保护、节能节水、安全生产等专用设备的投资额的10%从企业当年的应纳税额中抵免，当年不足抵免的，可以在以后5个纳税年度结转抵免
非居民企业优惠	(1) 减按10%的税率征收企业所得税； (2) 下列所得免征企业所得税：① 外国政府向中国政府提供贷款取得的利息所得；② 国际金融组织向中国政府和居民企业提供优惠贷款取得的利息所得；③ 经国务院批准的其他所得
其他政策	(1) 西部大开发税收优惠； (2) 民族自治地方的税收优惠

【习题训练】

一、判断题

1. 企业所得税的纳税人仅指企业，不包括社会团体。（　　）

2. 企业所得税法也适用于个人独资企业、合伙企业。（　　）

3. 在中国境内设立的外商企业，应就来源于中国境内、境外的所得缴纳所得税。（　　）

4. 外国企业在中国境内未设有机构、场所，但有来源于中国境内的所得时，应按中国税法规定缴纳所得税。（　　）

5. 企业所得税法中的居民纳税义务人负有全面纳税义务，应就其来源于境内、境外所得申报缴纳企业所得税。（　　）

6. 企业取得的所有技术服务收入均可暂免征企业所得税。（　　）

7. 综合利用资源，生产国家非限制和禁止并符合国家和行业相关标准的产品取得的收入，减按90%计入收入总额。（　　）

8. 利息收入和股息收入一样，都表现为全额增加企业所得税的应纳税所得额。（　　）

9. 符合条件的小型微利企业，减按20%的税率征收企业所得税，国家需要重点扶持的高新技术企业，减按15%的税率征收企业所得税。（　　）

10. 居民企业在中国境内设立的不具有法人资格的营业机构，应由其营业机构计算并缴纳该营业机构的企业所得税。（　　）

5

二、单项选择题

1. 下列利息收入中，不计入企业所得税应纳税所得额的是（　　）。

A. 企业债券利息　　B. 外单位欠款付给的利息收入

C. 购买国库券的利息收入　　D. 银行存款利息收入

2. 在一个纳税年度内，居民企业技术转让所得不超过（　　）万元的部分，免征企业所得税，超过部分，减半征收企业所得税。

A. 5　　B. 10　　C. 20　　D. 500

3.《企业所得税法》中所称的小型微利工业企业，必须符合如下规定：年度应纳税所得额不超过(　　)万元，从业人数不超过(　　)人，资产总额不超过(　　)万元。

A. 30,80,3 000　　B. 100,80,1 000　　C. 20,100,3 000　　D. 300,300,5 000

4. 下面所得项目中，按《企业所得税法》规定，不可以减免所得税额的有(　　)。

A. 从事农、林、牧、渔项目的所得

B. 从事国家重点扶持的公共基础设施项目投资的所得

C. 从事高新技术、新产品、新工艺的项目的所得

D. 从事符合条件的环境保护、节能节水项目的所得

5. 按照企业所得税法及其实施条例的规定，下列各项中属于非居民企业的有(　　)。

A. 在浙江省工商登记注册的企业

B. 在美国注册，但实际管理机构在杭州的外商独资企业

C. 在美国注册的企业设在苏州的办理处

D. 在浙江省注册，但在中东开展工程承包的企业

三、多项选择题

1. 企业所得税的征税对象包括(　　)。

A. 个人承包所得　　B. 其他所得　　C. 生产经营所得　　D. 清算所得

5

2. 企业从事(　　)项目的所得，减半征收企业所得税。

A. 中药材的种植

B. 花卉、茶以及其他饮料作物和香料作物的种植

C. 海水养殖、内陆养殖

D. 牲畜、家禽的饲养

3. 按照企业所得税法及实施条例规定，工业企业要享受企业所得税法规定的小型微利企业的优惠税率，必须同时符合的条件有(　　)。

A. 年度应纳税所得额不超过 300 万元　　B. 从事加工业

C. 从业人数不超过 300 人　　D. 资产总额不超过 5 000 万元

4. 下列叙述中，正确的是(　　)。

A. 企业从事国家重点扶持的公共基础设施项目的投资经营的所得，自项目取得第一笔生产经营收入所属纳税年度起，第一年至第三年免征企业所得税，第四年至第六年减半征收企业所得税(简称“三免三减半”)

B. 企业从事符合条件的环境保护、节能节水项目的所得，自项目取得第一笔生产经营收入所属纳税年度起，实行“三免三减半”

C. 企业从事以《资源综合利用企业所得税优惠目录》规定的资源作为主要原材料，生产国家非限制和禁止并符合国家和行业相关标准的产品取得的收入，减按 90%计入收入总额

D. 企业从事开发新技术、新产品、新工艺发生的研究开发费用，未形成无形资产的计入当期损益，在按照规定据实扣除的基础上，按照研究开发费用的 75%(制造业、科技型企业按 100%)加计扣除；形成无形资产的，按照无形资产成本的 175%(制造业、科技型企业按 200%)摊销

5.《企业所得税法》规定的税收优惠政策，下面说法中正确的有(　　)。

A. 采取缩短折旧年限方法加速折旧的，最低折旧年限不得低于实施条例规定折旧年限的60%

B. 安置残疾人员的企业，支付给残疾职工的工资在计算应纳税所得额时按100%加计扣除

C. 创业投资企业从事国家鼓励的创业投资，可按投资额的70%在股权持有满2年的当年抵免应纳税额

D. 符合条件的非营利组织从事营利性活动取得的收入，可作为免税收入，不并入应纳税所得额征税

四、思考题

1. 什么是企业所得税纳税人？如何确定居民企业和非居民企业？两者的纳税义务有何不同？

2. 企业所得税优惠政策有哪些？如何利用这些政策？

第二节　企业所得税税款的计算

【学习指导】

一、应纳税所得额的确定

会计利润总额＝营业收入－营业成本－税金及附加－期间费用
－资产减值损失＋公允价值变动收益＋投资收益
＋营业外收入－营业外支出

应纳税所得额＝利润总额－境外所得＋纳税调整增加额－纳税调整减少额
－免税、减计收入及加计扣除＋境外应税所得抵减境内亏损
－所得减免－抵扣应纳税所得额－弥补以前年度亏损

(一) 会计利润总额的计算

(1) 营业收入：是指纳税人当期发生的，以货币形式和非货币形式从各种来源取得的收入，包括会计核算中的主营业务收入和其他业务收入。

(2) 营业成本：是指纳税人经营主要业务和其他业务发生的实际成本总额。包括会计核算中的主营业务成本和其他业务成本。

(3) 税金及附加：是指企业发生的除企业所得税和允许抵扣的增值税以外的各项税金及其附加。

(4) 期间费用：是指企业在生产经营活动中发生的销售费用、管理费用和财务费用，已经计入成本的有关费用除外。

(5) 资产减值损失：是指纳税人计提的各项资产减值准备所形成的损失。

(6) 公允价值变动收益：是指纳税人以各种方式对外投资所取得的收益或投资损失。

(7) 投资收益：是指纳税人以各种方式对外投资所取得的收益或投资损失。

(8) 营业外收入：是指纳税人发生的与其经营活动无直接关系的各项收入。

5

(9) 营业外支出：是指纳税人发生的与其经营活动无直接关系的各项支出。

(二) 应纳税所得额的计算

1. 计算纳税调整额

(1) 收入类调整项目。

① 收入类纳税调整增加的项目：视同销售收入、接受捐赠收入、不符合税收规定的销售折扣和折让、不允许扣除的境外投资损失；

② 收入类纳税调整减少的项目：权益法核算长期股权投资对初始投资成本调整确认的收益、境外应税所得、不征税收入、免税收入、减计收入、减免税项目所得和抵扣应纳税所得；

③ 收入类纳税调整视情况增减的项目：未按权责发生制原则确认的收入、按权益法核算的长期股权投资持有期间的投资损益、特殊重组和一般重组、公允价值变动净收益、确认为递延收益的政府补助。

注意：不征税收入是指从性质和根源上不属于企业营利性活动带来的经济利益、不负有纳税义务并不作为应纳税所得额组成部分的收入；免税收入是指属于企业的应税所得但按照税法规定免予征收企业所得税的收入。具体如表 5-4 所示。

表 5-4　不征税收入与免税收入

收入类别	具体项目
不征税收入	财政拨款
	依法收取并纳入财政管理的行政事业性收费、政府性基金
	国务院规定的其他不征税收入
免税收入	国债利息收入
	符合条件的居民企业之间的股息、红利等权益性投资收益
	在中国境内设立机构、场所的非居民企业从居民企业取得与该机构、场所有实际联系的股息、红利等权益性投资收益
	符合条件的非营利组织的收入

5

(2) 扣除类调整项目。

① 扣除类纳税调整增加的项目：工资薪金支出、工会经费支出、职工福利费支出、职工教育经费支出、业务招待费、广告宣传费、捐赠支出、利息支出、住房公积金、罚金、罚款和被没收财物的损失、各类保险基金、统筹基金和经济补偿、与未实现融资收益相关在当期确认的财务费用、与收入无关的支出、不征税收入用于支出所形成的费用及其他调增项目；

② 扣除类纳税调整减少的项目：视同销售成本、本年扣除的以前年度结转额、未列入当期费用的各类保险基金、统筹基金、加计扣除及其他调减项目。

注意：税前不得扣除项目如表 5-5 所示。

表 5-5　不得扣除项目

不得扣除项目	备注
向投资者支付的股息、红利等权益性投资收益款项	

续　表

不得扣除项目	备　　注
企业所得税税款	
税收滞纳金	
罚金、罚款和被没收财物的损失	不包括纳税人按照经济合同规定支付的违约金、银行罚息、罚款和诉讼费
年度会计利润12%以外的公益性捐赠支出	
赞助支出	是指企业发生的与生产经营活动无关的各种非广告性质的支出
未经核实的准备金支出	是指不符合国务院财政、税务主管部门规定的各项资产减值准备、风险准备等准备金支出
与取得收入无关的其他支出	企业之间支付的管理费、企业内营业机构之间支付的租金和特许权使用费，以及非银行企业内营业机构之间支付的利息，不得扣除

（3）资产类调整项目。

① 财产损失的纳税调整如表5－6所示。

表5－6　　财产损失的税务处理

项　目	税　务　处　理
企业自行计算扣除的资产损失	① 企业在正常经营管理活动中因销售、转让、变卖固定资产、生产性生物资产、存货发生的资产损失； ② 企业各项存货发生的正常损耗； ③ 企业固定资产达到或超过使用年限而正常报废清理的损失； ④ 企业生产性生物资产达到或超过使用年限而正常死亡发生的资产损失； ⑤ 企业按照有关规定通过证券交易场所、银行间市场买卖债券、股票、基金以及金融衍生产品等发生的损失； ⑥ 其他经国家税务总局确认不需经税务机关审批的其他资产损失

注意：

① 此外的资产损失，属于需经税务机关审批后才能扣除的资产损失；

② 企业发生的资产损失，凡无法准确辨别是否属于自行计算扣除的资产损失，可向税务机关提出审批申请

② 固定资产的纳税调整如表5－7所示。

表5－7　　固定资产的税务处理

项　目	税　务　处　理
计税基础	外购的固定资产，以购买价款和支付的相关税费以及直接归属于使该资产达到预定用途发生的其他支出为计税基础
	自行建造的固定资产，以竣工结算前发生的支出为计税基础

续 表

项 目	税 务 处 理
计税基础	融资租入的固定资产,以租赁合同约定的付款总额和承租人在签订租赁合同过程中发生的相关费用为计税基础,租赁合同未约定付款总额的,以该资产的公允价值和承租人在签订租赁合同过程中发生的相关费用为计税基础
	盘盈的固定资产,以同类固定资产的重置完全价值为计税基础
	通过捐赠、投资、非货币性资产交换、债务重组等方式取得的固定资产,以该资产的公允价值和支付的相关税费为计税基础
	改建的固定资产除已足额提取折旧的固定资产和租入的固定资产以外的其他固定资产,以改建过程中发生的改建支出增加计税基础
折 旧	固定资产按照直线法计算的折旧,准予扣除。企业应当自固定资产投入使用月份的次月起计算折旧;停止使用的固定资产,应当自停止使用月份的次月起停止计算折旧 **注意**:企业应当根据固定资产的性质和使用情况,合理确定固定资产的预计残值,一经确定,不得变更
不得计提折旧范围	① 房屋、建筑物以外未投入使用的固定资产; ② 以经营租赁方式租入的固定资产; ③ 以融资租赁方式租出的固定资产; ④ 已足额提取折旧仍继续使用的固定资产; ⑤ 与经营活动无关的固定资产; ⑥ 单独估价作为固定资产入账的土地
最低折旧年限	① 房屋、建筑物:20 年; ② 飞机、火车、轮船、机器、机械和其他生产设备:10 年; ③ 与生产经营活动有关的器具、工具、家具等:5 年; ④ 飞机、火车、轮船以外的运输工具:4 年; ⑤ 电子设备:3 年

5

③ 生产性生物资产的纳税调整如表 5-8 所示。

表 5-8 生产性生物资产的税务处理

项 目	税 务 处 理
计税基础	外购的生产性生物资产,以购买价款和支付的相关税费为计税基础
	通过捐赠、投资、非货币性资产交换、债务重组等方式取得的生产性生物资产,以该资产的公允价值和支付的相关税费为计税基础
折旧方法	按照直线法计算的折旧,准予扣除。企业应当自生产性生物资产投入使用月份的次月起计提折旧;停止使用的生产性生物资产,应当自停止使用月份的次月起停止计提折旧。 **注意**:企业应当根据生产性生物资产的性质和使用情况,合理确定生产性生物资产的预计净残值,预计净残值一经确定,不得变更
最低折旧年限	林木类生产性生物资产:10 年; 畜类生产性生物资产:3 年

④ 长期待摊费用的纳税调整如表 5-9 所示。

表 5-9 长期待摊费用的税务处理

项目	税务处理
已足额提取折旧的固定资产的改建支出	按照固定资产预计尚可使用年限分期摊销
租入固定资产的改建支出	按照合同约定的剩余租赁期限分期摊销
固定资产的大修理支出	按照固定资产预计尚可使用年限分期摊销
其他应当作为长期待摊费用的支出	支出发生月份的次月起，分期摊销，摊销年限不得低于 3 年

⑤ 无形资产的纳税调整如表 5-10 所示。

表 5-10 无形资产的税务处理

项目	税务处理
计税基础	① 外购的无形资产，以购买价款和支付的相关税费以及直接归属于使该资产达到预定用途发生的其他支出为计税基础； ② 自行开发的无形资产，以开发过程中该资产符合资本化条件后至达到预定用途前发生的支出为计税基础； ③ 通过捐赠、投资、非货币性资产交换、债务重组等方式取得的无形资产，以该资产的公允价值和支付的相关税费为计税基础
不得计提摊销费用扣除范围	① 自行开发的支出已在计算应纳税所得额时扣除的无形资产； ② 自创商誉； ③ 与经营活动无关的无形资产； ④ 其他不得计算摊销费用扣除的无形资产
摊销方法	按照直线法计算摊销费用，准予扣除 **注意：**外购商誉的支出，在企业整体转让或者清偿时，准予扣除
最低折旧年限	不得低于 10 年

⑥ 投资转让、处置损益的纳税调整。企业对外投资期间，投资资产的成本在计算应纳税所得额时不得扣除，企业在转让或者处置投资资产时，投资资产的成本，准予扣除。

⑦ 其他项目的调整。

(4) 准备金调整项目。

(5) 房地产企业预售收入计算的预计利润的调整项目。

(6) 特别纳税调整所得项目。

2. 计算弥补企业亏损金额

(1) 计算境外应税所得弥补境内亏损金额。

(2) 计算弥补以前年度亏损金额。

二、应纳所得税额的计算

企业所得税实行按年计征、分月(季)预缴、年终汇算清缴、多退少补的办法：

(一) 平时预缴所得税额的计算

平时预缴有两种方法，即据实预缴或按照上一纳税年度应纳税额的平均数预缴：

1. 据实预缴

$$本月(季)应缴所得税额=实际利润累计额\times税率-减免所得税额-已累计预缴的所得税额$$

平时预缴时，实际利润累计额按会计制度核算的利润总额计算，暂不作纳税调整，待会计年度终了再作纳税调整。

税率统一按照《企业所得税法》规定的25%计算应纳所得税额。

减免所得税额是指纳税人当期实际享受的减免所得税额，包括享受减免税优惠过渡期的税收优惠、小型微利企业的税率优惠、高新技术企业的税率优惠及经税务机关审批或备案的其他减免税优惠。

2. 按照上一纳税年度应纳税所得额的平均额预缴

$$本月(季)应缴所得税额=\frac{上一纳税年度应纳税所得额}{12(或4)}\times税率$$

按上一纳税年度应纳税所得额实际数除以12(或4)得出每月(或季)纳税所得额，上一纳税年度所得额中不包括纳税人的境外所得。税率统一按照25%计算。

除了以上两种方法计算预缴所得税外，还可以由税务机关确定的其他方法进行。

(二) 汇算清缴年度应纳所得税额

在分月(季)预缴的基础上，实行年终汇算清缴，多退少补的办法。计算公式如下：

5

$$实际应纳所得税额=应纳税所得额\times税率-减免所得税额-抵免所得税额+境外所得应纳所得税额-境外所得抵免所得税额$$

$$本年应补(退)的所得税额=实际应纳所得税额-本年累计实际已预缴的所得税额$$

应纳税所得额是指在企业会计利润总额的基础上，加减纳税调整额后计算得出，税率按25%计算。

1. 计算减免所得税额

减免所得税额主要有：

(1) 小型微利企业的减征税额。

(2) 高新技术企业的减征税额。

(3) 民族自治地方企业的减征额。

(4) 过渡期税收优惠的减征额。

2. 计算抵免所得税额

抵免所得税额是指纳税人购置并实际使用环境保护、节能节水、安全生产等专用设备的，该专用设备的投资额的10%可以从企业当年的应纳税额中抵免；当年不足抵免的，可以在以后5个纳税年度结转抵免。

3. 计算境外所得应补税额

居民纳税人应就其来源于境内外所得纳税，对来源于境外的所得已在境外缴纳的所得税税额，可以从其当期应纳税额中抵免，具体规定如表5-11所示。其计算步骤如下：

$$境外所得应补税额=境外所得应纳所得税额-境外所得抵免所得税额$$

境外所得应纳所得税额＝（境外所得换算成含税收入的所得－弥补以前年度境外亏损－境外免税所得－境外所得弥补境内亏损）×税率

境外所得抵免所得税额＝本年可抵免的境外所得税款＋本年可抵免以前年度所得税额

表 5-11　　境外所得抵免限额的相关规定

项　目	内　容
可抵免税额	居民企业从其直接或者间接控制的外国企业分得的来源于中国境外的股息、红利等权益性投资收益，外国企业在境外实际缴纳的所得税税额中属于该项所得负担的部分，可以作为该居民企业的可抵免境外所得税税额，在规定的抵免限额内抵免
抵免方法——限额抵免	纳税人来源于境外的所得，并入当年应税所得计算所得税时，允许从汇总纳税的应纳税额中扣除已经在境外缴纳的所得税款，但是扣除额不得超过其境外所得依我国税法规定计算的所得税额
抵免限额——分国不分项方法	抵免限额＝中国境内境外所得依照我国企业所得税法规定计算的应纳税总额×来源于某国（地区）的应纳税所得额÷中国境内境外应纳税所得总额 **注意：**企业按照规定计算的当期境内、境外应纳税所得总额小于零的，应以零计算当期境内、境外应纳税所得总额，其当期境外所得税的抵免限额也为零
抵免应用	超过抵免限额的部分，可以在以后 5 个年度内，用每年度抵免限额抵免当年应抵税额后的余额进行抵补

5

【习题训练】

一、判断题

1. 企业销售啤酒、黄酒以外的酒类产品收取的包装物押金，无论是否退回均应计征增值税和消费税，同时也要计征企业所得税。（　　）

2. 纳税人缴纳的增值税不得在企业所得税前扣除，但按当期缴纳的增值税计算的城建税和教育费附加，准予在所得税前扣除。（　　）

3. 纳税人在生产、经营期间的借款利息支出作为费用，在计算应纳税所得时，可以按实际发生数扣除。（　　）

4. 企业发生的年度亏损，可用以后 5 个盈利年度的利润弥补。（　　）

5. 确定应纳税所得额时，对企业生产、经营期间，向经中国人民银行批准从事金融业务的非银行金融机构的借款利息支出，可按照实际发生额从税前扣除。（　　）

6. 纳税人来源于境外的所得在境外实际缴纳的所得税税款，准予在汇总纳税时从其应纳税额中扣除；其在境外发生的亏损也可用境内的利润弥补。（　　）

7. 纳税人有应提未提折旧、应计未计费用，导致年度应纳税额减少的，应于下年发现时补扣，相应调减应纳税所得额。（　　）

8. 在计征企业所得税时，非广告性质的赞助费不允许税前扣除，广告宣传费可以在税前正常列支。（　　）

9. 提取坏账准备金的企业，在计算企业所得税应纳税所得额时，实际发生的坏账损失大于已提取的坏账准备金的部分，不能在发生当期直接扣除。 （ ）

10. 因债权人缘故确实无法支付的应付款项，应该纳入收入总额，计算缴纳企业所得税。 （ ）

二、单项选择题

1. 企业缴纳的下列税种，在计算企业所得税应纳税所得额时，不准从收入总额中扣除的是（ ）。

A. 增值税 B. 消费税 C. 城市维护建设税 D. 土地增值税

2. 下列项目中，准予在计算企业所得税应纳税所得额时从收入总额中扣除的项目是（ ）。

A. 资本性支出 B. 无形资产开发未形成资产的部分

C. 违法经营的罚款支出 D. 各项税收滞纳金、罚金、罚款支出

3. 2022 年，某工业生产企业，从业人员 85 人，资产总额 2 800 万元，全年销售额 1 520 万元，成本 600 万元，销售税金及附加 460 万元，按规定列支各种费用 400 万元。已知上述成本费用中包括新产品开发费 80 万元。该企业当年应纳企业所得税（ ）万元。

A. 15 B. 2 C. 4 D. 0

4. 下列各项中，可以不计入企业所得税应纳税所得额的有（ ）。

A. 纳税人按国家统一规定进行清产核资时发生的固定资产评估净增值

B. 企业取得国家财政性补贴收入

C. 纳税人购买国家重点建设债券的利息收入

D. 纳税人接受捐赠的实物资产

5

5. 纳税人通过国内非营利的社会团体、国家机关的公益、救济性捐赠，在年度（ ）12%以内的部分准予扣除。

A. 收入总额 B. 利润总额 C. 应纳税所得额 D. 应纳所得税额

6. 除国务院财政、税务主管部门另有规定外，企业所得税法等规定：固定资产计算折旧的最低年限为（ ）。

A. 房屋、建筑物，为 25 年

B. 与生产经营活动有关的器具、工具、家具、电子设备等，为 5 年

C. 飞机、火车、轮船、机器、机械和其他生产设备，为 10 年

D. 飞机、火车、轮船以外的运输工具，为 6 年

7. 某小型微利企业经主管税务机关核定，2022 年度应纳税所得额为 50 万元，上一年度所得亏损 42 万元，则本年度该企业应纳所得税额为（ ）万元。

A. 0.4 B. 0.2 C. 2.16 D. 0.8

8. 企业来源于境外所得，已在境外实际缴纳的所得税税款，在汇总纳税并按规定计算扣除限额时，如果境外实际缴纳的税款超过扣除限额，对超过部分的处理方法是（ ）。

A. 列为当年费用支出

B. 从本年的应纳所得税额中扣除

C. 用以后年度税额扣除的余额补扣，补扣期限最长不得超过 5 年

D. 从以后年度境外所得中扣除

9. 已知某外商投资生产性企业全年销售净额在 2 000 万元，实际支付业务招待费为 15 万元，准予税前列支的业务招待费为(　　)万元。

A. 9　　B. 6　　C. 10　　D. 12

10. 某外商投资企业某年实现利润 200 万元，通过境内民政局向灾区捐赠 20 万元，若无其他调整项目，该企业的应税所得额为(　　)万元。

A. 180　　B. 176　　C. 200　　D. 220

三、多项选择题

1. 在下列支出项目中，准予在计算应纳税所得额时从收入总额中直接扣除的有(　　)。

A. 企业缴纳的增值税

B. 转让固定资产发生的费用

C. 以经营租赁方式租入的固定资产发生的租赁费

D. 以融资租赁方式租入的固定资产发生的租赁费

2. 下列项目中，在会计利润的基础上应调整增加应纳税所得额的项目有(　　)。

A. 职工教育经费支出超标准　　B. 利息费用支出超标准

C. 公益救济性捐赠超标准　　D. 查补的消费税

3. 下列项目中，在会计利润的基础上应调整减少应纳税所得额的项目有(　　)。

A. 查补的消费税　　B. 多提的职工福利费

C. 国库券利息收入　　D. 多列的无形资产摊销费

4. 在计算企业应纳税所得额时，不得从收入总额中扣除的有(　　)。

A. 企业为他人提供贷款担保，因被担保方无力还清贷款，而由该担保企业承担的贷款本息

B. 所得税前依法缴纳的增值税

C. 所得税前依法缴纳的土地增值税

D. 来源于境外的所得，在境外实际缴纳的未超过扣除限额的所得税税款

5. 下列支出项目不得列为成本、费用和损失的有(　　)。

A. 无形资产的受让、开发支出　　B. 资本的利息

C. 对外投资所发生的投资费用或损失　　D. 违法经营的罚款和被没收财物的损失

四、思考题

1. 企业所得税的应纳税所得额与企业的会计利润存在哪些不一致之处？应该如何进行纳税调整？哪些项目允许在税前全额扣除？哪些项目允许在税前限额扣除？哪些项目不能在税前扣除？

2. 不征税收入与免税收入有何异同？哪些收入属于不征税收入？哪些收入属于免税收入？

五、业务题

1. 2022 年度，某企业产品销售收入 800 万元，劳务收入 40 万元，出租固定资产租金收

入 5 万元。该企业全年发生的产品销售成本 430 万元，销售费用 80 万元，管理费用 20 万元，财务费用 10 万元，营业外支出 3 万元（其中，缴纳税收滞纳金 1 万元），按税法规定缴纳增值税 90 万元，其他税金 7.2 万元。按照税法规定，在计算该企业应纳税所得额时，其他准予扣除项目金额为 23 万元，已知该企业适用所得税税率为 25%。

要求：

（1）请计算该企业 2022 年度应纳税所得额，并列出计算过程。

（2）请计算该企业 2022 年度应纳所得税税额，并列出计算过程。

2. 某企业 2022 年度境内总机构的应纳税所得额为 440 万元。其设在 A 国分支机构应税所得 240 万元，其中生产经营所得 200 万元，该国规定的税率为 40%；利息和特许权使用费所得 40 万元，税率为 20%。其设在 B 国分支机构应税所得 120 万元，其中，生产经营所得 80 万元，该国税率为 30%；财产转让所得 40 万元，税率为 10%。假设境外应税所得与我国税法规定计算的应纳税所得额相一致；境外所得均已分别按该国规定的税率缴纳了所得税。该企业选择“不分国不分项”的方式抵免境外所得税税额。

要求：请计算该企业本年度应纳企业所得税额。

3. 假如某生产企业 2022 年度生产经营情况如下：产品销售收入 500 万元，产品销售成本 300 万元，产品销售费用 40 万元，发生管理费用 35 万元（其中业务招待费 5 万元），当年出租固定资产取得收入 40 万元，购买国家公债取得利息收入 10 万元，准许税前扣除的有关税费 30 万元，经批准向企业职工集资 100 万元，支付年息 15 万元，同期银行贷款利率为 10%，通过县级人民政府向南方遭受雪灾地区捐款 20 万元。

要求：请计算该企业 2022 年度应缴的企业所得税额。

4. 某内资企业 2022 年度会计账面利润 80 000 元，自行向其主管税务机关申报的应纳税所得额 80 000 元，申报缴纳所得税 20 000 元（企业所得税税率为 25%）。经某注册会计师年终审查，发现与应纳税所得额有关的业务内容如下：

（1）企业全年实发工资总额 2 116 400 元，并按规定的 2%、14% 和 2.5% 的比例分别计算提取了职工工会经费、职工福利费、职工教育经费。

（2）自行申报应纳税所得额中含本年度的国库券利息收入 12 000 元。

（3）营业外支出账户列支有税收滞纳金 1 000 元，向其关联企业赞助支出 30 000 元。

（4）管理费用账户中实际列支了全年的与生产经营有关的业务招待费 265 000 元，经核定企业全年的主营业务收入总额为 6 500 万元。

要求：请根据上述资料，计算该企业本年度应缴纳的企业所得税额及应补缴的企业所得税额。

5. 假定某企业为居民企业，2022 年经营业务如下：

（1）取得销售收入 2 500 万元。

（2）销售成本 1 100 万元。

（3）发生销售费用 670 万元（其中广告费 450 万元）、管理费用 480 万元（其中业务招待费 15 万元）、财务费用 60 万元。

（4）销售税金 160 万元（含增值税 120 万元）。

（5）营业外收入 70 万元，营业外支出 50 万元（含通过公益性社会团体向贫困山区捐款 30 万元，支付税收滞纳金 6 万元）。

（6）计入成本、费用中的实发工资总额 150 万元，拨缴职工工会经费 3 万元，支出职工福利费 25.3 万元和职工教育经费 3.7 万元。

要求：请计算该企业 2022 年度实际应纳的企业所得税额。

6. 某运输企业 2022 年资产总额 700 万元，从业人员 15 人，年度营业收入为 100 万元，各项成本支出为 95 万元，全年发生亏损 9 万元。经主管税务机关核查，该企业支出项目不能准确核算，需要采用核定应税所得率征收方式计算所得税。主管税务机关核定该企业的应税所得率为 10%。

要求：请计算该企业年度应纳所得税额。

第三节　企业所得税纳税申报

【学习指导】

一、企业所得税的征收管理

企业所得税征税方式、纳税期限和纳税地点如表 5－12 所示。

表 5－12　企业所得税的征收管理

项　目	具　体　内　容
征税方式	企业在每年第一季度应填列《企业所得税征收方式鉴定表》确定适用的征税方式，征收方式一经确定，在一个纳税年度内不得变更
纳税期限	**一般规定：**① 企业所得税实行按年计算，按月或季预缴，年终汇算清缴，多退少补的征收办法。纳税年度一般为公历年度，即公历 1 月 1 日至 12 月 31 日为一个纳税年度。② 纳税人应当在月份或季度终了后 15 日内，向其所在地主管税务机关报送预缴所得税申报表，预缴税款。企业应当自年度终了之日起 5 个月内，办理汇算清缴，结清应缴应退税款。 **特殊规定：**① 纳税人在一个纳税年度的中间开业，或由于合并、关闭等原因使该纳税年度的实际经营期不足 12 个月的，以其实际经营期为一个纳税年度；纳税人破产清算时，以清算期为一个纳税年度。② 企业在年度中间终止经营活动的，应当自实际经营终止之日起 60 日内，向税务机关办理当期企业所得税汇算清缴
纳税地点	① 居民企业以企业登记注册地为纳税地点；但登记注册地在境外的，以实际管理机构所在地为纳税地点。 ② 非居民企业在中国境内设立机构、场所的，取得的所得以及发生在中国境外但与其所设机构、场所有实际联系的所得，应当以机构、场所所在地为纳税地点。 ③ 非居民企业在中国境内未设立机构、场所，或者虽设立机构、场所但取得的所得与其所设机构、场所没有实际联系的，以扣缴义务人所在地为纳税地点；非居民企业在中国境内设立两个或者两个以上机构、场所的，经税务机关审核批准，可以选择由其主要机构、场所汇总缴纳企业所得税

二、企业所得税年度纳税申报

2018 年 12 月修订后施行的企业所得税年度纳税申报表共有 37 张，除了 1 张基础信息表和 1 张主表外，还有附表 35 张，即 6 张收入费用明细表、13 张纳税调整表、1 张亏损弥补表、9 张税收优惠表、4 张境外所得抵免表、2 张汇总纳税表。其中作为主表的附表 15 张，作为附表的附表 20 张。

5

企业所得税纳税申报主表遵循间接计算法的原理设计样式，具体包括利润总额计算、应纳税所得额计算、应纳税额计算和附例资料四个部分，在编制时，以利润表为起点，具体按下列步骤进行。

第一步：营业收入－营业成本－税金及附加－期间费用－资产减值损失＋公允价值变动收益＋投资收益＋营业外收入－营业外支出＝利润总额

第二步：利润总额－境外所得＋纳税调整增加额－纳税调整减少额－免税、减计收入及加计扣除＋境外应税所得抵减境内亏损－所得减免－抵扣应纳税所得额－弥补以前年度亏损＝应纳税所得额

第三步：应纳税所得额×税率＝应纳所得税额

第四步：应纳所得税额－减免所得税额－抵免所得税额＝应纳税额

第五步：应纳税额＋境外所得应纳所得税额－境外所得抵免所得税额＝实际应纳所得税额

第六步：实际应纳所得税额－本年累计实际已预缴的所得税额＝本年应补（退）的所得税额

【习题训练】

一、判断题

1. 我国企业所得税法规定，企业缴纳所得税，按年计算，分月或分季预缴。纳税人应于月份或季度终了后 15 天内预缴，年度终了后 3 个月内汇算清缴，多退少补。（　　）

2. 纳税人在一个纳税年度的中间开业，或由于合并、关闭等原因使该纳税年度的实际经营期不足 12 个月的，按其实际经营期为一个纳税年度。（　　）

3. 企业在年度中间终止经营活动的，应当自实际经营终止之日起 30 日内，向税务机关办理当期企业所得税汇算清缴。（　　）

4. 居民企业以企业登记注册地为纳税地点，但登记注册地点在境外的，以实际管理机构所在地为纳税地点。（　　）

5. 企业的成本费用核算和收入总额核算两项中，凡其中一项不合格者，就要采用定额征收企业所得税。（　　）

二、单项选择题

1. 境内居民企业注册地与实际经营管理地不一致时，其纳税地点按税法规定应该是（　　）。

A. 注册地　　B. 实际经营管理地

C. 由税务机关决定　　D. 由纳税人自行决定

2. 非居民企业在中国境内未设立机构、场所的，以（　　）为企业所得税纳税地点。

A. 收入发生地　　B. 业务发生地

C. 扣缴义务人所在地　　D. 机构、场所所在地

3. 缴纳企业所得税，月份或季度终了后要在规定的期限内预缴，年度终了后要在规定的期限内汇算清缴，其预缴、汇算清缴的规定期限分别是（　　）。

A. 7 日、45 日　　B. 15 日、45 日　　C. 15 日、5 个月　　D. 15 日、4 个月

4. 企业进行清算时，应当在(　　)，向当地主管税务机关办理所得税申报，并就其清算终了后的清算所得，缴纳企业所得税。

A. 清算终结之日　　B. 办理工商注销登记的同时

C. 办理工商注销登记之前　　D. 办理工商注销登记之后

5. 纳税人进行破产清算时，应当以(　　)作为一个企业所得税的纳税年度计算清算所得。

A. 当年 1 月 1 日至清算开始日期　　B. 当年 1 月 1 日至清算结束日期

C. 当年 1 月 1 日至 12 月 31 日　　D. 清算期间

三、多项选择题

1. 下列各种情形中，应对纳税人采取核定征收企业所得税的有(　　)。

A. 能正确核算成本费用支出，收入总额不能准确核算的

B. 收入和费用均不能正确核算的

C. 没有按规定保存有关账簿、凭证资料的

D. 不按税法规定的期限办理纳税申报的

2. 关于企业所得税的纳税地点，下列表述正确的是(　　)。

A. 非居民企业在中国未设立机构、场所的，以扣缴义务人所在地为纳税地点

B. 非居民企业在中国境内设立两个机构、场所的，应分别申报缴纳企业所得税

C. 居民企业登记注册地在境外的，以实际管理机构所在地为纳税地点。

D. 居民企业一般以企业登记注册地为纳税地点

3. 关于所得税纳税申报正确说法有(　　)。

A. 企业应当自月份或者季度终了之日起 15 日内，向税务机关报送预缴企业所得税纳税申报表，预缴税款

B. 企业应当自年度终了之日起 4 个月内，向税务机关报送年度企业所得税纳税申报表，并汇算清缴，结清应缴应退税款

C. 年度中间终止经营活动的，应当自实际经营终止之日起 30 日内，向税务机关办理当期企业所得税汇算清缴

D. 在办理注销登记前，就其清算所得向税务机关申报并依法缴纳企业所得税

4. 分月预缴或分季预缴，由税务机关根据纳税人应纳税额的大小具体核定，预缴所得税时，应当按纳税期限的实际数预缴，如按实际数预缴有困难的，可以按(　　)预缴。

A. 上一年度应纳税所得额的 1/12　　B. 上一年度应纳税所得额的 1/4

C. 自行确定的方法　　D. 税务机关承认的其他方法

5. 下列关于企业所得税纳税年度表述正确的有(　　)。

A. 纳税年度自公历 1 月 1 日起至 12 月 31 日止

B. 在一个纳税年度中间开业，使实际经营期不足 12 个月的，应当以其实际经营期为一个纳税年度

C. 依法清算时，应当以清算期间作为一个纳税年度

D. 终止经营活动，实际经营期和依法清算在同一年度的，应当将两者合并为一个纳税年度

第六章　个人所得税法

第一节　个人所得税概述

【学习指导】

一、个人所得税的性质

个人所得税是以个人(自然人)取得的各项应税所得为征税对象所征收的一种税。具有以下特点:① 实行综合与分类相结合课征;② 多种税率形式并用;③ 实行不同的费用扣除方式;④ 运用源泉课征和申报课征两种征税方法。

二、个人所得税的纳税人

个人所得税的纳税人为符合税法规定的个人,包括中国公民、个体工商户、外籍个人及我国香港、澳门、台湾同胞等。按照住所和居住时间两个标准划分为居民个人和非居民个人。具体如表 6-1 所示。

表 6-1　　个人所得税的纳税人

纳　税　人	判　定　标　准	征　收　范　围
居民个人	① 在中国境内有住所的个人 ② 在中国境内无住所,而在中国境内居住累计满 183 天的个人	来源于中国境内和境外的全部所得纳税
非居民个人	① 在中国境内无住所且不居住的个人 ② 在中国境内无住所且居住不满 183 天的个人	仅就其来源于中国境内的所得,在我国纳税

注:①“住所”,是指因户籍、家庭、经济利益关系而在中国境内的习惯性住所。

②“居住累计满 183 天”,是指一个纳税年度(即公历 1 月 1 日起至 12 月 31 日止,下同)内,在中国境内居住累计满 183 天。

对在中国境内无住所人员,工资薪金所得的征税有其具体规定,如表 6-2 所示。

我国个人所得税实行代扣代缴和个人申报纳税相结合的征收管理制度,凡支付应纳税所得的单位和个人,都是个人所得税的扣缴义务人。扣缴义务人在向纳税人支付各项应纳税所得(经营所得除外)时,必须履行代(预)扣代(预)缴税款的义务。

表 6-2　　中国境内无住所人员，工资薪金所得征税规定

居住时间	纳税人性质	境内所得		境外所得	
		境内支付	境外支付	境内支付	境外支付
90 天以内	非居民	✓	免税	×	×
90 天～183 天	非居民	✓	✓	×	×
居住满 183 天的年度连续不满 6 年的（在中国境内居住累计满 183 天的任一年度中有一次离境超过 30 天的，其在中国境内居住累计满 183 天的年度的连续年限重新起算）	居民	✓	✓	✓	免税
居住满 183 天的年度连续满 6 年且在 6 年内未发生单次离境超过 30 天情形的，从第 7 年开始	居民	✓	✓	✓	✓

注：✓代表属于征税范围，要征税；×代表不属于征税范围，不征税。

三、个人所得税征税对象

1. 征税对象的形式和范围

（1）个人所得的形式：包括现金、实物、有价证券和其他形式的经济利益。

（2）居民个人应就来源于中国境内和境外的全部所得征税；非居民个人则只就来源于中国境内所得部分征税，境外所得部分不属于我国征税范围。

2. 所得来源的确定

（1）工资、薪金所得，以纳税人任职、受雇的公司、企业、事业单位、机关、团体、部队、学校等单位的所在地作为所得来源地。

（2）经营所得，以生产、经营活动实现地作为所得来源地。

（3）劳务报酬所得，以纳税人实际提供劳务的地点，作为所得来源地。

（4）不动产转让所得，以不动产坐落地为所得来源地；动产转让所得，以实现转让的地点为所得来源地。

（5）财产租赁所得，以被租赁财产的使用地作为所得来源地。

（6）利息、股息、红利所得，以支付利息、股息、红利的企业、机构、组织的所在地作为所得来源地。

（7）特许权使用费所得，以特许权的使用地作为所得来源地。

3. 个人所得税的税目

税目即征税对象的具体化，对纳税人的不同所得要区分不同应税项目，以便正确计算应纳税额，我国现行的个人所得税税目共有 9 项，具体如表 6-3 所示。

表 6－3　　个人所得税税目

应税所得项目		注意事项
综合所得	工资、薪金所得	注意结合免税工资、薪金所得。 下列项目不予征收个人所得税：独生子女补贴、执行公务员工资制度未纳入基本工资总额的补贴、津贴差额和家属成员的副食品补贴；托儿补助费；差旅费津贴、误餐补助
综合所得	劳务报酬所得	指个人独立从事非雇佣的各种劳务所得，共 29 项； 如：设计、讲学、翻译、审稿、演出等
综合所得	稿酬所得	个人作品以图书、报刊形式出版、发表而取得的所得
综合所得	特许权使用费所得	个人提供专利权等特许权的使用权取得的所得
经营所得		个体工商户、个人独资企业、合伙企业从事生产、经营活动取得的所得；个人承包、承租、转包、转租以及从事其他生产、经营活动取得的所得
利息、股息、红利所得		国债和国家发行的金融债券利息免税；个人储蓄存款利息暂免个人所得税
财产租赁所得		个人取得的财产转租收入，属于“财产租赁所得”的征税范围
财产转让所得		目前股票转让所得暂不征收个人所得税
偶然所得		得奖、中奖、中彩等所得

注：居民个人取得前面第一项至第四项所得（简称综合所得），按纳税年度合并计算个人所得税；非居民个人取得前面第一项至第四项所得，按月或者按次分项计算个人所得税。纳税人取得前面第五项至第九项所得，分项计算个人所得税。

四、个人所得税税率

个人所得税依照所得项目的不同，分别确定了超额累进税率和比例税率，具体如表 6－4 所示。

表 6－4　　个人所得税税率

税率	适用的税目
七级超额累进税率	综合所得
五级超额累进税率	经营所得
比例税率 20%（4 个税目）	① 利息、股息、红利所得；② 财产租赁所得；③ 财产转让所得；④ 偶然所得

五、个人所得税的税收优惠

个人所得税的税收优惠政策分为免税项目、减税项目和暂免征税项目，具体如表 6－5 所示。

表 6－5　　个人所得税的税收优惠

优惠措施	具体内容
免征项目	① 省级人民政府、国务院部委和中国人民解放军军以上单位，以及外国组织、国际组织颁发的科学、教育、技术、文化、卫生、体育、环境保护等方面的奖金； ② 国债和国家发行的金融债券利息；

续　表

优惠措施	具　体　内　容
免征项目	③ 按照国务院规定发给的政府特殊津贴、院士津贴、资深院士津贴和国务院规定免纳个人所得税的补贴、津贴； ④ 福利费、抚恤金、救济金； ⑤ 保险赔款； ⑥ 军人的转业费、复员费、退役金； ⑦ 按照国家统一规定发给干部、职工的安家费、退职费、基本养老金或者退休费、离休费、离休生活补助费； ⑧ 依照我国有关法律规定应予免税的各国驻华使馆、领事馆的外交代表、领事官员和其他人员的所得； ⑨ 中国政府参加的国际公约、签订的协议中规定免税的所得； ⑩ 国务院规定的其他免税所得，由国务院报全国人民代表大会常务委员会备案
减税项目	有下列情形之一的，经批准可以减征个人所得税： ① 残疾、孤老人员和烈属的所得； ② 因自然灾害遭受重大损失的
暂时免征项目	① 外籍个人以非现金形式或实报实销形式取得的住房补贴、伙食补贴、搬迁费、洗衣费； ② 外籍个人按合理标准取得的境内、境外出差补贴； ③ 外籍个人取得的语言训练费、子女教育费等，经当地税务机关审核批准为合理的部分； ④ 外籍个人从外商投资企业取得的股息、红利所得； ⑤ 个人举报、协查各种违法、犯罪行为而获得的奖金； ⑥ 个人办理代扣代缴税款手续，按规定取得的扣缴手续费； ⑦ 个人转让自用达 5 年以上，并且是唯一的家庭生活用房取得的所得； ⑧ 对个人购买福利彩票、体育彩票，一次中奖收入在 1 万元以下的（含 1 万元）暂免征收个人所得税，超过 1 万元的全额征收个人所得税； ⑨ 达到离、退休年龄，但确因工作需要，适当延长离、退休年龄的高级专家（指享受国家发放的政府特殊津贴的专家、学者），其在延长离、退休期间的工资、薪金所得，视同离、退休工资免征个人所得税； ⑩ 对个人转让上市公司股票的所得，暂免征收个人所得税； ⑪ 企业和个人按规定比例提取并缴付的住房公积金、医疗保险金、基本养老保险金和失业保险基金（简称“三险一金”），免征个人所得税；个人领取“三险一金”免征个人所得税；按规定比例缴付的“三险一金”存入银行个人账户所取得的利息收入，免征个人所得税； ⑫ 对乡镇以上政府或县以上政府主管部门批准成立的见义勇为基金会或者类似组织，奖励见义勇为者的奖金或奖品，经主管税务机关批准，免征个人所得税； ⑬ 从 2015 年 9 月 8 日起对个人投资应从上市公司取得的股息红利所得，按持股期限长短，其红利所得分别减按 0%～100%计入应纳税所得额； ⑭ 自 2008 年 10 月 9 日起，对储蓄存款利息所得暂免征收个人所得税

【习题训练】

一、判断题

1. 个人所得税中，“境内居住满 183 天”是指在中国境内居住满 183 天。在计算居住天数时，按照在中国境内停留的时间计算。（　　）

2. 某墨西哥公民于 2021 年 8 月 1 日至 2022 年 5 月 30 日在中国境内工作，该墨西哥公民不是我国个人所得税的居民纳税义务人。（　　）

3. 某荷兰公民曾于2021年1月2日至2022年10月31日来中国工作。2021年2月10日至28日，2021年6月6日至22日，2021年11月5日至30日离开中国回荷兰休假，该荷兰公民在2021年度、2022年度均不是我国个人所得税的居民纳税义务人。（ ）

4. 个人从单位取得的年终加薪、劳动分红，应视同股息、红利征税。（ ）

5. 居民个人，从中国境内和境外取得的所得，依法缴纳个人所得税；非居民个人，从中国境内取得的所得，依法缴纳个人所得税。（ ）

6. 对非居民个人来源于中国境内但支付地点在国外的所得，免征个人所得税。（ ）

7. 在中国境内无住所而在一个纳税年度中在中国境内连续或累计居住不超过90天的个人，由中国境外雇主支付并且不是由该雇主的中国境内机构负担的工资薪金，免于申报缴纳个人所得税。（ ）

8. 按税法规定，一般性的奖金应按20%的税率缴纳个人所得税。（ ）

9. 工资、薪金所得适用超额累进税率，特许权使用费所得与财产转让所得适用比例税率。（ ）

10. 劳务报酬收入适用20%的比例税率，其应纳税所得额超过5万元的部分，加征十成。（ ）

二、单项选择题

1. 某人2020年2月10日来中国境内工作，2021年3月17日离开中国，2021年4月14日又来中国，2021年9月26日离开中国，2021年10月9日又来中国，2022年5月离开中国回国。则该纳税人（ ）。

A. 2020年度为居民个人，2021年度为非居民个人

B. 2022年度为居民个人，2020年度为非居民个人

C. 2020、2022年度均为非居民个人

D. 2020、2022年度均为居民个人

6

2. 我国现行个人所得税采用综合与分类相结合的所得税制，在税法中列举的应税项目有（ ）项。

A. 9　　B. 10　　C. 11　　D. 12

3. 个人不在公司任职，仅在公司担任董事职务而取得的董事费收入，属于（ ）。

A. 劳务报酬所得　　B. 特许权使用费所得

C. 工资薪金所得　　D. 其他所得

4. 下列项目中，可以免征个人所得税的是（ ）。

A. 民间借贷利息

B. 个人举报、协查各种违法、犯罪行为而获得的奖金

C. 在超市购物中获得的中奖收入

D. 本单位自行规定发给的补贴、津贴

5. 经营所得适用（ ）的超额累进税率。

A. 5%～55%　　B. 3%～45%　　C. 5%～35%　　D. 20%～40%

6. 对纳税人所得按次征税的是（ ）。

A. 工资薪金所得　　B. 个体工商户的生产经营所得

C. 财产转让所得　　D. 承包承租经营所得

7. 下列个人所得不应免征个人所得税的是(　　)。

A. 某体育明星在奥运会上获得一块金牌,回国后国家体育总局奖励 20 万元人民币

B. 某科学家获得国务院特殊津贴每月 200 元人民币

C. 某高校教师取得一项发明专利,学校奖励 5 万元人民币

D. 李某新买的宝马车在某风景区停靠时,被山上落下的石头砸坏,保险公司赔付李某的 6 万元保险金

8. 根据个人所得税法律制度的规定,下列个人所得中,应缴纳个人所得税的是(　　)。

A. 财产租赁所得　B. 退休工资　C. 抚恤金、救济金　D. 国债利息

9. 根据个人所得税法律制度的规定,下列各项中,属于工资薪金所得项目的是(　　)。

A. 年终加薪　B. 托儿补助费　C. 独生子女补贴　D. 差旅费津贴

10. 下列所得中应作为综合所得的是(　　)。

A. 财产租赁所得　B. 利息、股息、红利所得

C. 劳务报酬所得　D. 偶然所得

三、多项选择题

1. 下列有关居民个人的表述中,错误的有(　　)。

A. 在我国境内拥有住所的个人

B. 无住所但在我国境内居住满 183 天的个人

C. 在我国境内无住所又不居住的个人

D. 在我国境内无住所且居住不满 183 天的个人

2. 将个人所得税的纳税义务人区分为居民个人和非居民个人,依据的标准有(　　)。

A. 境内有无住所　B. 境内时间

C. 取得收入的工作地　D. 境内居住时间

3. 下列个人所得中,适用 20% 比例税率的有(　　)。

A. 工资、薪金所得　B. 劳务报酬所得　C. 偶然所得　D. 财产转让所得

4. 依税法规定,非居民个人取得的(　　),应依法缴纳个人所得税。

A. 受雇于中国境内的公司而取得工资、薪金所得

B. 在中国境内从事生产、经营活动而取得的生产经营所得

C. 购买外国债券、股票而取得的所得

D. 转让中国境内的房屋而取得的财产转让所得

5. 根据个人所得税法及其实施条例的规定,可以免征个人所得税的奖金有(　　)。

A. 购物抽奖所获奖金　B. 省级政府颁发的科技奖奖金

C. 省级电台有奖竞猜所获奖金　D. 举报偷税行为所获奖金

6. 在我国境内无住所但在我国境内居住累计满 183 天的年度连续不满 6 年的个人,应就下列所得向我国缴纳个人所得税(　　)。

A. 在我国境内工作期间取得的由中国境内企业或个人雇主支付的工资、薪金所得

B. 在我国境内工作期间取得的由中国境外企业或个人雇主支付的工资、薪金所得

C. 来源于中国境内的劳务报酬所得

D. 临时离境工作期间取得的由中国境外企业或个人雇主支付的工资、薪金所得

7. 适用个人所得税税率3%～45%(七级超额累进税率)或5%～35%(五级超额累进税率)的项目有(　　)。

A. 综合所得　　B. 财产转让所得

C. 经营所得　　D. 财产租赁所得

8. 下列各项中,应按“综合所得”项目征税的有(　　)。

A. 经营所得　　B. 年终加薪

C. 稿酬所得　　D. 劳务报酬所得

9. 下列各项中,应当按照工资、薪金综合所得项目征收个人所得税的有(　　)。

A. 劳动分红　　B. 独生子女补贴

C. 差旅费津贴　　D. 单位发放的无食堂补助

10. 下列各项所得可以免征个人所得税的有(　　)。

A. 保险赔款

B. 国债和国家发行的金融债券利息

C. 退休人员利用一技之长再就业取得的工资薪金所得

D. 军人的转业费、复员费和退役金

四、思考题

1. 个人所得税的纳税人是谁?如何区分居民个人和非居民个人?符合什么条件才可以成为中国个人所得税的居民个人?

2. 个人所得税的征收范围主要包括哪些项目?

第二节　个人所得税税款的计算

【学习指导】

一、个人所得税计税依据的确定

1. 各税目扣除办法与标准

个人所得税的计税依据为个人取得的各项应税收入减去规定扣除项目或金额后的余额,即为应纳税所得额,具体扣除办法如表6-6、表6-7所示。

表6-6　　各税目收入扣除办法与标准

应税项目		扣除办法	扣除标准
综合所得	工资、薪金所得	定额扣除	每月扣除5 000元或每年扣除60 000元
	劳务报酬所得、特许权使用费所得	定率扣除办法	按每次收入的20%扣除
	稿酬所得	定率扣除办法	按每次收入的20%扣除后再减按70%计算
财产租赁所得		定额与定率相结合扣除办法	每次收入≤4 000元:定额扣除800元; 每次收入>4 000元:定率扣除20%

续　表

应税项目	扣除办法	扣除标准
财产转让所得	会计核算办法扣除	转让财产的收入额减除财产原值和合理费用
经营所得	会计核算办法扣除	以每一纳税年度的收入总额减除成本、费用以及损失
利息、股息、红利所得、偶然所得	无费用扣除	以每次收入为应纳税所得额

表 6－7　　综合所得中专项扣除、专项附加扣除及依法确定的其他扣除

扣除项目		扣除办法
专项扣除		按国家规定的范围和标准缴纳的基本养老保险、基本医疗保险、失业保险等社会保险费和住房公积金等，即“三险一金”
专项附加扣除	子女教育	对象：子女年满 3 岁学前教育和学历教育的相关支出； 标准：每个子女每月 1 000 元的定额扣除； 办法：父母各按 50%扣除，也可以由一方 100%扣除
	继续教育	对象：本人在中国境内接受学历(学位)继续教育和专业技能职业资格培训支出； 标准：学历(学位)教育，每月 400 元，同一学历(学位)继续教育的扣除期限最长不超过 48 个月；职业资格教育每年 3 600 元定额扣除； 办法：本人接受本科及以下学历(学位)继续教育的，可以由其父母按照子女教育支出扣除，也可本人按继续教育扣除
	大病医疗	对象：一个年度内本人负担医疗超过 15 000 元的医药费支出； 标准：每年 80 000 元标准限额据实扣除； 办法：本人年度汇算清缴时扣除，可以选择由本人或者其配偶扣除，未成年子女发生的医药费用支出可以选择由其父母一方扣除
	住房贷款利息	对象：本人或配偶购买首套住房的贷款利息支出； 标准：每月 1 000 元标准定额扣除，扣除期限最长不超过 240 个月； 办法：夫妻双方约定由其中一方扣除；夫妻婚前分别购买的首套住房，可选择一套，每月按 1 000 元扣除，也可双方分别按每月 500 元扣除
	住房租金	对象：本人或配偶在主要工作城市没有住房而发生的租房支出； 标准：直辖市、省会城市、计划单列市每月 1 500 元；市辖区户籍超过 100 万的城市每月 1 100 元；其他城市每月 800 元标准定额扣除； 办法：夫妻在同一城市的，只能由一方扣除；不在同一城市分别租房的，可以分别扣除
	赡养老人	对象：赡养 60 岁及以上父母及其他法定赡养人的支出； 标准：每月 2 000 元标准定额扣除； 办法：独生子女的，全额扣除；非独生子女的，兄弟姐妹约定分摊，一方每月最高不超过 1 000 元
	婴幼儿照护	对象：照护 3 岁以下婴幼儿子女的相关支出； 标准：每名婴幼儿每月 1 000 元标准定额扣除； 办法：父母各按 50%扣除，也可以一方 100%扣除；监护人不是父母的，监护人也可按上述规定扣除
依法确定的其他扣除		个人缴付符合国家规定的企业年金、职业年金，个人购买符合国家规定的商业健康保险、税收递延型商业养老保险的支出，以及国务院规定可以扣除的其他项目

6

2. 个人公益性捐赠支出的扣除

(1) 基本规定——限额扣除法。

对个人将其所得通过中国境内非营利的社会团体、国家机关向教育、公益事业和遭受严重自然灾害地区、贫困地区的公益、救济性捐赠，捐赠额未超过应纳税所得额30%的部分，准予从其应纳税所得额中扣除。但是，纳税义务人未通过中国境内的社会团体、国家机关而直接向受益人的捐赠，不得扣除。

(2) 列举项目——全部扣除法。

个人通过非营利的社会团体和国家机关进行的下列公益救济性捐赠支出，在计算缴纳个人所得税时，准予在税前的所得额中全额扣除：

① 向红十字事业的捐赠；

② 向农村义务教育的捐赠；

③ 向公益性青少年活动场所(其中包括新建)的捐赠。

二、个人所得税应纳税额的计算

(1) 应纳税额的一般计算如表6-8所示。

表6-8　　各税目应纳税额的计算

<table>
<tr><th colspan="2">应税项目</th><th>税　率</th><th>应纳税额计算</th></tr>
<tr><td rowspan="3">综合所得</td><td rowspan="2">平时预缴</td><td>七级超额累进税率</td><td>① 本期应预扣预缴税额=(累计预扣预缴应纳税所得额×预扣率-速算扣除数)-累计减免税额-累计已预扣预缴税额；
② 累计预扣预缴应纳税所得额=累计收入-累计免税收入-累计减除费用-累计专项扣除-累计专项附加扣除-累计依法确定的其他扣除</td></tr>
<tr><td>比例税率</td><td>① 劳务报酬所得应预扣预缴税额=预扣预缴应纳税所得额×预扣率-速算扣除数；
② 稿酬所得、特许权使用费所得应预扣预缴税额=预扣预缴应纳税所得额×20%；
③ 劳务报酬所得、稿酬所得、特许权使用费所得每次收入不超过4 000元的，减除费用按800元计算；每次收入4 000元以上的，减除费用按20%计算，稿酬所得的收入额减按70%计算；
④ 劳务报酬所得适用20%～40%的超额累进预扣率；稿酬所得、特许权使用费所得适用20%的比例预扣率</td></tr>
<tr><td>年度汇算清缴</td><td>七级超额累进税率</td><td>① 全年应纳税所得额=全年收入额-费用扣除标准(60 000元)-专项扣除-专项附加扣除-依法确定的其他扣除；
② 全年应纳税额=$\sum$(各级距应纳税所得额×该级距的适用税率)；
或 全年应纳税额=应纳税所得额×适用税率-速算扣除数；
③ 汇算清缴补缴(应退)税额=全年应纳税额-累计已纳税额</td></tr>
</table>

续 表

应税项目	税 率	应纳税额计算
财产租赁所得	20%比例税率（居民住房租赁按 10%）	① 每次(月)收入≤4 000 元的： 税额＝[每次(月)收入－准予扣除项目－修缮费用(800 元为限)－800]×20%(或 10%)； ② 每次(月)收入＞4 000 元的： 税额＝[每次(月)收入－准予扣除项目－修缮费用(800 元为限)]×(1－20%)×20%(或 10%) **注意：**"营改增"试点后，个人出租房屋的个人所得税应税收入不含增值税，计算房屋出租所得可扣除的税费不包括本次出租缴纳的增值税
财产转让所得	20% 的比例税率	税额＝(每次收入额－财产原值－合理税费)×20% **注意：**"营改增"试点后，个人转让房屋的个人所得税应税收入不含增值税，其取得房屋时所支付价款中包含的增值税计入财产原值，计算转让所得时可扣除的税费不包括本次转让缴纳的增值税
利息、股息、红利所得；偶然所得；其他所得	20% 的比例税率	税额＝收入×20% **注意：**① 2008 年 10 月 9 日起，储蓄存款利息暂免征个人所得税；② 个人取得上市公司的股息所得，按持股期限长短，其红利所得分别减按 25%～100%计入应纳税所得额
经营所得	五级超额累进税率	税额＝(全年收入总额－成本费用及损失)×适用税率－速算扣除数

6

【习题训练】

一、判断题

1. 纳税义务人从中国境外取得的所得，已在境外缴纳个人所得税的，只要有正式凭据，无论多少，均可在其应纳税额中扣除。 (　　)

2. 同一作品在报刊上连续取得收入的，以连载一个月内取得的收入为一次，预缴个人所得税。 (　　)

3. 个人将其所得通过中国境内的社会团体、国家机关向教育和其他社会公益事业以及遭受严重自然灾害地区、贫困地区捐赠，捐赠额未超过纳税义务人申报的应纳税所得额 30%的部分，可以从其应纳税所得额中扣除。 (　　)

4. 纳税人在中国境外一个国家或地区实际已经缴纳的个人所得税税额，高于按规定计算出的该国家或地区扣除限额的，其超过部分，不得在本年度或以后年度扣除。 (　　)

5. 对企事业单位承包经营、承租经营所得，以每一个纳税年度的收入总额，减除必要费用后的余额为应纳税所得额。减除必要的费用是指按月减除 800 元。 (　　)

6. 张教授业余时间为一出版社翻译稿件，得到 6 000 元的报酬。张教授取得报酬时应

按劳务报酬所得预缴 960 元个人所得税。 ( )

7. 稿酬所得每次在按收入 20%扣除的基础上，再减按 70%计算，故实际按收入的 56%计征。 ( )

8. 专项附加扣除，包括子女教育、继续教育、大病医疗、住房贷款利息或者住房租金、赡养老人等支出。 ( )

9. 专项扣除，包括居民个人按照国家规定的范围和标准缴纳的基本养老保险、基本医疗保险、失业保险等社会保险费和住房公积金等，即“三险一金”。 ( )

10. 某个人独资企业采用核定征收办法计算个人所得税。2022 年自报经营亏损，因而不用缴纳个人所得税。 ( )

二、单项选择题

1. 个人将其所得向教育事业和其他公益事业捐赠，可以从应纳税所得额中扣除的比例最高为( )。

A. 10%　　B. 15%　　C. 20%　　D. 30%

2. 子女教育专项附加扣除是指纳税人的子女接受学前教育和学历教育的相关支出，按照每个子女每月( )元的标准定额扣除。

A. 1 000　　B. 300　　C. 400　　D. 1 200

3. 继续教育专项附加扣除中，纳税人接受技能人员职业资格继续教育、专业技术人员职业资格继续教育支出，在取得相关证书的年度，按照每年( )元定额扣除。

A. 14 400　　B. 3 600　　C. 4 800　　D. 9 600

4. 某商场本月举办为期 3 天的有奖(现金兑付)销售活动，向消费者个人支付中奖所得总计 10 000 元，应代扣个人所得税( )元。

A. 1 000　　B. 1 500　　C. 2 000　　D. 3 500

5. 某公司从个人手中购买一项非专利技术的使用权，合同约定应支付使用费 50 000 元(含税)，应预扣预缴个人所得税税额为( )元。

6

A. 8 000　　B. 9 000　　C. 10 000　　D. 12 000

6. 某画家于 2022 年 3 月将其精选的书画作品交由某出版社出版，从出版社取得报酬 10 万元。该笔报酬在缴纳个人所得税时适用的所得项目是综合所得中的( )。

A. 劳务报酬所得　　B. 稿酬所得

C. 特许权使用费所得　　D. 工资薪金所得

7. 王某取得稿酬 20 000 元，讲课费 4 000 元。根据税法规定，王某取得收入时应预缴个人所得税( )元。

A. 2 688　　B. 2 880　　C. 3 840　　D. 4 800

8. 2022 年 6 月歌星刘某某应邀参加 W 公司庆典活动的演出，按照协议刘某某演出四场，每场出场费为 15 000 元。刘某某此番演出，W 公司应预扣预缴的个人所得税为( )元。

A. 450　　B. 1 240　　C. 12 400　　D. 14 200

9. 下列个人所得在计算应税所得额时，应按全额计算个人所得税的是( )。

A. 个体工商户生产经营所得　　B. 财产转让所得

C. 偶然所得　　D. 个人承包经营、承租经营所得

10. 下列个人所得税计算应纳税所得额时，采取定额与定率相结合扣除费用的是(　　)。

A. 个体工商户的生产经营所得　　B. 工资薪金所得

C. 财产租赁所得　　D. 偶然所得

三、多项选择题

1. 下列个人所得，在计算个人所得税时，不得减除费用的有(　　)。

A. 利息、股息、红利所得　　B. 稿酬所得

C. 劳务报酬所得　　D. 偶然所得

2. 下列叙述错误的有(　　)。

A. 个人独资企业、合伙企业投资者的经营所得比照“个体工商户的生产、经营所得”项目征收个人所得税

B. 境外所得的税额扣除，也叫国际税收抵免，仅指按限额抵免，不包括按实缴税额抵免

C. 劳务报酬所得、特许权使用费所得年度汇算清缴时以收入减除20%的费用后的余额为收入额

D. 个人将其所得对教育、扶贫、济困等公益慈善事业进行捐赠，捐赠额未超过纳税人申报的应纳税所得额40%的部分，可以从其应纳税所得额中扣除

3. 继续教育专项附加扣除中，下列说法正确的有(　　)。

A. 纳税人接受学历(学位)教育期间按照每月400元定额扣除

B. 纳税人接受职业资格继续教育，在取得相关证书的年度按照每年3 600元定额扣除

C. 纳税人接受学历教育期间按照每月1 000元定额扣除

D. 纳税人接受职业资格继续教育，在取得相关证书的年度按照每年3 600元(每月300元)定额扣除

4. 下列所得属于稿酬所得的有(　　)。

A. 个人图书被出版取得的收入　　B. 翻译资料取得的收入

C. 个人作品在杂志上连载取得的收入　　D. 剧本被使用取得的收入

5. 住房租金专项附加扣除是指纳税人本人及配偶在纳税人的主要工作城市没有住房，而在主要工作城市租赁住房发生的租金支出，可以按照(　　)的标准定额扣除住房租金。

A. 承租的住房位于直辖市、省会城市、计划单列市以及国务院确定的其他城市，扣除标准为每月1 500元

B. 承租的住房位于其他城市的，市辖区户籍人口超过100万的，扣除标准为每月1 100元

C. 承租的住房位于其他城市的，市辖区户籍人口不超过100万(含)的，扣除标准为每月800元

D. 承租的住房位于地(市)级城市的，扣除标准为每月900元

四、思考题

1. 对于“综合所得”这个项目，如何确定其具体范围?

2. 某人既有工资收入，又有个体工商户生产经营所得、稿酬所得、财产租赁所得和偶然所得，他应该如何计算应纳个人所得税税额？

五、业务题

1. 中国公民王某为一外商投资企业的高级职员，假定 2022 年度其收入情况如下：

(1) 雇佣单位每月支付工资、薪金 16 900 元；

(2) 取得股票转让收益 100 000 元；

(3) 从 A 国取得投资红利收入折合人民币 18 000 元，并提供了来源国纳税凭证，纳税折合人民币 1 800 元；

(4) 购物中奖获得奖金 20 000 元；

(5) 受托为某单位做工程设计，历时 3 个月，共取得工程设计费 40 000 元。

要求：(1) 计算王某平时个人所得税的预缴额。

(2) 办理王某年度综合所得的汇算清缴工作。

2. 中国公民张某 1—12 月从中国境内取得工资、薪金收入 182 800 元，12 月份一次性取得年终奖金 22 000 元；在报刊上发表文章取得稿酬收入 5 000 元；当年还从 A 国取得股息收入折合人民币 10 000 元。该纳税人已按 A 国税法规定缴纳了个人所得税 1 650 元。

要求：计算该纳税人年度应纳个人所得税税额。

3. 某大学周教授 2022 年 2 月份收入情况如下：

(1) 每月工资收入 9 680 元。

(2) 担任兼职律师取得收入 80 000 元，将其中 5 000 元通过国家机关向农村义务教育捐赠。

(3) 取得稿酬 13 800 元。

(4) 出售自有自用 6 年的家庭唯一住房，扣除当初购买公房的价格和售房时按规定支付的有关税费后，取得净收入 12 万元。

假定周教授有一个小孩在读高中，父母均已 60 岁以上，且自己为独生子女。

要求：计算周教授 2 月份应(预)缴的个人所得税税额。

4. 实行查账征收的某餐厅为合伙企业，某年度经营所得 10 万元，该企业投资者为两人，根据合伙协议约定，各自投资分配比例分别为：甲 60%、乙 40%，两人本年度已预缴个人所得税分别为：5 000 元、3 000 元。

要求：计算甲、乙该年度应缴纳的个人所得税税额。

5. 居民个人杨学东假定 2022 年 1 月至 12 月取得工资薪金收入 120 000 元，个人文字作品手稿原件公开拍卖(竞价)收入 8 000 元；同时，又在 A 国取得投资红利收入 10 000 元。该纳税人已按 A 国税法规定，缴纳了个人所得税 2 500 元。

要求：计算杨学东在中国需补缴的个人所得税税款。

6. 徐女士 2022 年 1 月 1 日起将其位于市区的一套公寓住房按市价出租，每月收取租金 4 200 元。1 月因卫生间漏水发生修缮费用 1 500 元，已取得合法有效的支出凭证。

要求：

(1) 修缮费用应如何扣除。

(2) 计算徐女士出租房屋所得在 2022 年 1、2 月份应缴纳的个人所得税。

第三节　个人所得税纳税申报

【学习指导】

一、个人所得税的扣缴申报

扣缴申报是指按照税法规定负有扣缴税款义务的单位或者个人，在向个人支付应纳税所得时，应计算应纳税额，并从其所得中扣除，同时向税务机关报送扣缴个人所得税报告表。

个人所得税的扣缴义务人为支付个人应纳税所得的企业(公司)、事业单位、机关单位、社团组织、军队、驻华机构、个体户等单位或者个人。

税务机关应根据扣缴义务人所扣缴的税款，付给 2%的手续费，由扣缴义务人用于代扣代缴费用开支和奖励代扣代缴工作做得较好的办税人员。

扣缴义务人每月所扣的税款，应当在次月 15 日内缴入国库，并向主管税务机关报送相关报表及税务机关要求报送的其他有关资料。

二、个人所得税的自行申报

自行申报纳税是指由纳税人自行在税法规定的纳税期限内，向税务机关申报取得的应税所得项目和数额，如实填写个人所得税纳税申报表，并按照税法规定计算应纳税额，据此缴纳个人所得税的一种方法。相关内容如表 6－9、表 6－10、表 6－11 所示。

表 6－9　　个人所得税自行申报和汇算清缴的范围

类　型	具体范围
自行办理纳税申报的范围	① 取得综合所得需要办理汇算清缴； ② 取得应税所得没有扣缴义务人； ③ 取得应税所得，扣缴义务人未扣缴税款； ④ 取得境外所得； ⑤ 因移居境外注销中国户籍； ⑥ 非居民个人在中国境内从两处以上取得工资、薪金所得； ⑦ 国务院规定的其他情形
居民综合所得需要办理汇算清缴的范围	① 在两处或者两处以上取得综合所得，且综合所得年收入额减去专项扣除的余额超过 6 万元； ② 取得劳务报酬所得、稿酬所得、特许权使用费所得中一项或者多项所得，且综合所得年收入额减去专项扣除的余额超过 6 万元； ③ 纳税年度内预缴税额低于应纳税额的； ④ 纳税人申请退税

表 6－10　　个人所得税自行申报纳税地点

自行申报情形	申报地点
境内综合所得	① 在中国境内有任职、受雇单位的，向任职、受雇单位所在地税务机关申报； ② 在中国境内有两处或者两处以上任职、受雇单位的，选择并固定向其中一处单位所在地税务机关申报；

6

续 表

自行申报情形	申 报 地 点
境内综合所得	③ 在中国境内无任职、受雇单位,年所得项目中无经营所得的,向户籍所在地主管税务机关申报。在中国境内有户籍,但户籍所在地与中国境内经常居住地不一致的,选择并固定向其中一地主管税务机关申报。在中国境内没有户籍的,向中国境内经常居住地主管税务机关申报
经营所得	实际经营所在地税务机关
从中国境外取得所得的或个人独资、合伙企业投资者兴办两个及以上企业的	① 从中国境外取得所得的,向中国境内户籍所在地主管税务机关申报。在中国境内有户籍,但户籍所在地与中国境内经常居住地不一致的,选择并固定向其中一地主管税务机关申报。在中国境内没有户籍的,向中国境内经常居住地主管税务机关申报; ② 个人独资、合伙企业投资者兴办两个或两个以上企业的,区分不同情形确定纳税申报地点:兴办的企业全部是个人独资性质的,分别向各企业的实际经营管理所在地主管税务机关申报;兴办的企业中含有合伙性质的,向经常居住地主管税务机关申报;兴办的企业中含有合伙性质,个人投资者经常居住地与其兴办企业的经营管理所在地不一致的,选择并固定向其参与兴办的某一合伙企业的经营管理所在地主管税务机关申报

表 6-11 个人所得税自行申报期限

纳 税 人	具 体 内 容
居民综合所得	按年计算个人所得税,有扣缴义务人的,由扣缴义务人按月或者按次预扣预缴税款;需要办理汇算清缴的,取得所得的次年 3 月 1 日至 6 月 30 日内办理汇算清缴
经营所得	分月预缴的,在每月终了后 15 日内办理纳税申报;分季预缴的,在每个季度终了后 15 日内办理纳税申报。纳税年度终了后 3 个月内进行汇算清缴
应税所得没有扣缴义务人的	应当在取得所得的次月 15 日内向税务机关报送纳税申报表,并缴纳税款
扣缴义务人未扣缴税款的	纳税人应当在取得所得的次年 6 月 30 日前,缴纳税款;税务机关通知限期缴纳的,纳税人应当按照期限缴纳税款
境外所得	应当在取得所得的次年 3 月 1 日至 6 月 30 日内申报纳税
其他情形	在取得所得的次月 15 日内向主管税务机关办理纳税申报

6

【习题训练】

一、判断题

1. 偶然所得应缴纳的个人所得税税款,一律由发放单位或机构代扣代缴。 ( )

2. 对企事业单位承包经营、承租经营者,在一年内分次取得承包经营、承租经营所得的,应当在去的每次所得后 15 日内预缴,年度终了后 30 日内汇算清缴,多退少补。 ( )

3. 居民个人取得综合所得,按年计算个人所得税;有扣缴义务人的,由扣缴义务人按月或者按次预扣预缴税款;需要办理汇算清缴的,应当在取得所得的次年 3 月 1 日至 6 月 30 日内办理汇算清缴。 ( )

4. 在中国境内有两处或者两处以上任职、受雇单位，取得工资薪金所得的，选择并固定向其中一处单位所在地主管税务机关申报。（　）

5. 我国个人所得税采取由支付单位源泉扣缴和纳税人自行申报纳税两种方式。（　）

二、单项选择题

1. 对扣缴义务人按照所扣缴的税款付给手续费的比例是（　）。

A. 0.5%　B. 1%　C. 1.5%　D. 2%

2. 个人所得税法规定，自行申报纳税时在中国境内两处或两处以上取得应纳税所得的，其纳税地点的选择是（　）。

A. 收入来源地　B. 税务局指定地点

C. 纳税人户籍所在地　D. 纳税人选择并固定一地申报纳税

3. 综合所得年度汇算清缴的居民个人应在（　）到主管税务机关办理汇算清缴工作。

A. 取得所得的次年 6 个月内

B. 取得所得的次年 3 月 1 日至 6 月 30 日内

C. 取得所得的次年 3 个月内

D. 取得所得的次年 15 日内

4. 职工的工资、薪金所得预缴个人所得税的时间是（　）。

A. 次月 5 日内　B. 次月 7 日内　C. 次月 15 日内　D. 次月 30 日内

5. 李某是个体工商户，其家庭所在地在甲市 A 区，工商注册地在甲市 B 区，实际经营地在甲市 C 区。以下正确的是（　）。

A. 李某应在 A 区申报缴纳个人所得税

B. 李某应在 B 区申报缴纳个人所得税

C. 李某应在 C 区申报缴纳个人所得税

D. 李某可以任意选择 A 区、B 区或 C 区申报缴纳个人所得税

6

三、多项选择题

1. 应当自行办理纳税申报个人所得税的纳税义务人有（　）。

A. 取得综合所得需要办理汇算清缴

B. 取得应纳税所得没有扣缴义务人的

C. 非居民个人在中国境内从两处以上取得工资、薪金所得

D. 取得应纳税所得，扣缴义务人未按规定扣缴税款的

2. 个人所得税目前的主要征收方式有（　）。

A. 代扣代缴方式　B. 邮寄申报方式　C. 定额征收方式　D. 自行申报方式

3. 以下说法正确的有（　）。

A. 税务机关征收税款时，必须给纳税人开具完税凭证

B. 税务机关征收税款时，可根据情况决定是否给纳税人开具完税凭证

C. 扣缴义务人代扣、代收税款时，纳税人要求扣缴义务人开具代扣、代收税款凭证的，扣缴义务人应当开具

D. 扣缴义务人代扣、代收税款时，必须给纳税人开具完税凭证

4. 以下就从中国境外取得所得的纳税人对境外所得申报纳税说法正确的有（　）。

A. 在境外以纳税年度计算缴纳个人所得税的，应在居住国的纳税年度终了，结清税款后的 30 日内，向中国主管税务机关申报纳税

B. 在境外以纳税年度计算缴纳个人所得税的，应在所得来源国的纳税年度终了，结清税款后的 30 日内，向中国主管税务机关申报纳税

C. 在取得境外所得时结清税款的，应在次年 3 月 1 日至 6 月 30 日内向中国主管税务机关申报纳税

D. 在境外按所得来源国税法规定免予缴纳个人所得税的，应在次年 3 月 1 日至 6 月 30 日内向中国主管税务机关申报纳税

5. 居民个人取得综合所得，需要办理汇算清缴的有(　　　　)。

A. 在两处或者两处以上取得综合所得，且综合所得年收入额减去专项扣除的余额超过 6 万元。

B. 取得劳务报酬所得、稿酬所得、特许权使用费所得中一项或者多项所得，且综合所得年收入额减去专项扣除的余额超过 6 万元

C. 纳税年度内预缴税额低于应纳税额的

D. 纳税人申请退税的

四、思考题

1. 哪些纳税人需要自行办理纳税申报个人所得税？什么情况下需要进行汇算清缴？申报个人所得税是否意味着需要缴纳个人所得税？

2. 企业如何进行个人所得税的代(预)扣代(预)缴？

3. 你认为我国 2019 年实施的个人所得税制与以前相比有什么优点？

第七章　其他税法

第一节　城市维护建设税法

【学习指导】

一、城市维护建设税的纳税人、征税对象和税率

城市维护建设税（以下称城建税）是以纳税人实际缴纳的“二税”（增值税、消费税）税额为计税依据而征收的一种税，是一种具有附加税性质的税种，按“二税”税额附加征收，其本身没有特定的、独立的课税对象。其纳税人和税率如表7-1所示。

表7-1　城建税的纳税人和税率

项　目	具　体　内　容
纳税人	含义：城建税的纳税人是指负有缴纳“二税”义务的单位与个人
	说明：负有缴纳“二税”义务，不是说同时缴纳两种税才涉及缴纳城建税，而是指除特殊环节（进口）外，只要缴纳“二税”中的任何一种税，都会涉及城建税
税率	① 市区：7%；② 县城、镇：5%；③ 市区、县城、镇以外：1%
	说明：计征城建税一般选用纳税人所在地区的税率，但下列情况例外：① 由受托方代扣代缴“二税”的纳税人，按受托方所在地税率计税；② 流动经营等无固定纳税地点的纳税人，在经营地缴纳“二税”的，按经营地税率计税

7

二、城建税的计税依据和优惠政策

城建税的计税依据和优惠政策如表7-2所示。

表7-2　城建税的计税依据和优惠政策

项　目	具　体　内　容
计税依据	一般规定：实际缴纳的“二税”税额
	特殊规定：① 纳税人在被查补“二税”和被处以罚款时，应同时对其城建税进行补税、征收滞纳金和罚款；② 纳税人违反“二税”有关规定而加收的滞纳金和罚款不作为城建税的计税依据

续 表

项 目	具 体 内 容
优惠政策	随“二税”减免而减免：城建税按减免后实际缴纳的“二税”税额计征
	随“二税”退库而退库：“二税”减免而需退库的，应同时退还城建税
	进口不征、出口不退：出口货物退还增值税和消费税，但不退还已缴纳的城建税；进口货物缴纳增值税和消费税，但不缴纳城建税
	其他：对“二税”实行先征后返还、先征后退、即征即退办法的，对随“二税”附征的城建税和教育费附加，一律不予退还
	特殊规定：自 2022 年 1 月 1 日至 2024 年 12 月 31 日，由省、自治区、直辖市人民政府根据本地区实际情况，以及宏观调控需要确定，对小型微利企业可以在 50%的税额幅度内减征城市维护建设税、资源税、房产税、城镇土地使用税、印花税（不含证券交易印花税）、耕地占用税和教育费附加、地方教育附加。小型微利企业已依法享受其他优惠政策的，可叠加享受此项优惠政策

三、城建税应纳税额的计算和征收管理

城建税应纳税额的计算和征收管理如表 7－3 所示。

表 7－3　城建税应纳税额的计算和征收管理

项 目	具 体 内 容
应纳税额的计算	纳税人自行缴纳时：应纳税额＝实际缴纳的“二税”总额×适用税率； 扣缴义务人扣缴时：应扣缴税额＝实际扣缴“二税”总额×扣缴义务人所在地税率
征收管理	纳税人缴纳“二税”的环节、地点和纳税期限，同时也是城建税纳税环节、纳税地点和纳税期限。自 2021 年 8 月 1 日起，城市维护建设税和教育费附加与增值税、消费税申报表整合，在增值税、消费税的申报表中申报，不再单独填写《城市维护建设税纳税申报表》

【习题训练】

一、判断题

1. 由受托方代收代缴消费税的，其应代收代缴的城市维护建设税应按委托方所在地的适用税率计算。（　）

2. 海关对进口产品代征的增值税、消费税，不征收城市维护建设税。（　）

3. 纳税人违反增值税、消费税税法而加收的滞纳金和罚款，是税务机关对纳税人违法行为的经济制裁，不作为城市维护建设税的计税依据。（　）

4. 出口货物退还增值税和消费税时，不退还已缴纳的城市维护建设税。（　）

5. 教育费附加的纳税义务发生时间和纳税期限与“二税”一致。（　）

二、单项选择题

1. 城市维护建设税的计税依据是（　）。

A. 增值税、消费税的计税依据　　B. 印花税、增值税的计税依据

C. 纳税人实际缴纳的增值税、消费税税额　　D. 纳税人实际缴纳的增值税、车船税税额

2. 城市维护建设税纳税人所在地在县城、镇的，其适用的城市维护建设税税率为（ ）。

A. 7％ B. 5％ C. 3％ D. 1％

3. 某纳税人当月应纳增值税 2 万元，减免 1 万元，补交上月漏交的增值税 0.5 万元。本月应缴城市维护建设税为（ ）万元（城建税税率为 7％）

A. 0.14 B. 0.07 C. 0.175 D. 0.105

4. 位于某县城的酿酒厂代为某大城市一家企业加工一批白酒，则该酒厂所代收代缴城建税的纳税地点应与其缴纳代收代缴（ ）的纳税地点相同。

A. 增值税 B. 消费税 C. 个人所得税 D. 企业所得税

5. 下列对城市维护建设税的表述中，不正确的是（ ）。

A. 城市维护建设税是一种附加税

B. 税款专门用于城市的公用事业和公用设施的维护建设

C. 外商投资企业和外国企业征收城市维护建设税

D. 海关对进口产品代征增值税、消费税、城市维护建设税

三、多项选择题

1. 纳税人的下列支出，不得作为城建税计税依据的是（ ）。

A. 查补的“二税”税额 B. 偷漏“二税”被处的罚款支出

C. 欠缴“二税”支付的滞纳金 D. 被查补的城建税税额

2. 下列各项中，符合城市维护建设税规定的有（ ）。

A. 缴纳增值税、消费税的企业都应缴纳城市维护建设税

B. “二税”实行先征后返方法而进行退库的，可同时退还城市维护建设税

C. 对出口产品退还增值税、消费税的，不退还城市维护建设税

D. 海关对进口产品代征的增值税、消费税，不征收城市维护建设税

3. 下列关于城市维护建设税纳税地点的表述中，正确的有（ ）。

A. 无固定纳税地点的个人，为户籍所在地

B. 代收代缴“二税”的单位，为税款代收地

C. 代扣代缴“二税”的个人，为税款代扣地

D. 取得管道输油收入的单位，为管道机构所在地

4. 城建税的税收减免规定有（ ）。

A. 随“二税”的减免而减免 B. 随“二税”的退库而退库

C. 按减免“二税”后实际缴纳的税额计征

D. 个别缴纳城建税有困难的，由税务局批准给予减免

5. 下列情况中，属于城市维护建设税范围的是（ ）。

A. 外商投资企业 B. 外国企业

C. 海关对进口代征的增值税、消费税 D. 缴纳增值税的交通运输企业

四、思考题

1. 城市维护建设税、教育费附加的计税依据有哪些？

2. 进口货物缴纳的增值税和消费税是否也需要缴纳城市维护建设税和教育费附加？

五、业务题

1. 某城市一卷烟厂委托某县城一卷烟厂加工一批雪茄烟，委托方提供原材料 40 000 元，支付加工费 5 000 元(不含增值税)，雪茄烟消费税税率为 36%，这批雪茄烟无同类产品市场价格。

要求：请计算受托方代收代缴消费税时应代收代缴的城市维护建设税税额。

2. 位于市区的某内资生产企业为增值税一般纳税人，经营内销与出口业务。2022 年 6 月份实际缴纳增值税 40 万元，出口货物免抵税额 5 万元。另外，进口货物缴纳增值税 17 万元、消费税 30 万元。

要求：请计算该企业 6 月份应缴纳的城市维护建设税税额。

第二节 房产税法

【学习指导】

一、房产税的纳税人、征税范围和税率

房产税是指依据房产价值或房产租金收入向房产所有人或经营人征收的一种税。其纳税人、征税对象和税率如表 7-4 所示。

表 7-4 房产税的纳税人、征税范围和税率

项目	具体内容
纳税人	**含义**：是以在征税范围内的房屋所有人为纳税人，包括产权所有人、房产承典人、房产代管人或使用人
	具体规定：① 产权属于国家的，经营管理单位为纳税人；② 产权属于集体和个人所有的，集体和个人为纳税人；③ 产权出典的，承典人为纳税人；④ 产权所有人、承典人不在房产所在地的，或者产权未确定及租典纠纷未解决的，房产代管人或使用人为纳税人
征税范围	征税范围为城市、县城、建制镇和工矿区范围内的房产。不包括农村房屋。 具备房屋功能的地下建筑，包括与地上房屋相连的地下建筑以及完全建在地面以下的建筑、地下人防设施等，均应当依照有关规定征收房产税
税率	采用比例税率，分为从价计征和从租计征两种形式：采用从价计征的，税率为 1.2%；采用从租计征的，税率为 12%。对个人按市场价格出租的居民住房，暂减按 4%的税率征收房产税

二、房产税的计税依据和优惠政策

房产税的计税依据和优惠政策如表 7-5 所示。

表 7-5 房产税的计税依据和优惠政策

项目	具体内容
计税依据	**从价计征**：房产余值 = 房产原值 ×(1 − 减除比例)
	从租计征：房产不含增值税的租金收入，即出租房产使用权所得的报酬，包括货币收入和实物收入

续 表

项 目	具 体 内 容
优惠政策	① 国家机关、人民团体、军队自用的房产免税 ② 由国家财政部门拨付经费的单位，其自身业务范围内使用的房产免税 ③ 宗教寺庙、公园、名胜古迹自用的房产免税 ④ 个人所有非营业用的房产免税（房产税试点地区除外） ⑤ 经财政部批准免税的其他房产 ⑥ 自 2019 年 1 月 1 日至 2023 年 12 月 31 日，对高校学生公寓，对农产品批发市场、农贸市场专门用于经营农产品的房产免征房产税

三、房产税应纳税额的计算

房产税应纳税额的计算如表 7 - 6 所示。

表 7 - 6 房产税应纳税额的计算

项 目	具 体 内 容
应纳税额的计算	从价计征：应纳税额 = 应税房产原值 ×（1 − 扣除比例）× 1.2%；计算结果为年税额； 从租计征：应纳税额 = 租金收入 × 12%；计算结果期限由租金决定

四、房产税征收管理

房产税实行按年计算、分期缴纳的征税方法，具体如表 7 - 7 所示。

表 7 - 7 房产税征收管理

项 目	具 体 内 容
纳税义务发生时间	① 纳税人将原有房产用于生产经营的，从生产经营之月起，计征房产税； ② 纳税人自行新建房屋用于生产经营的，自建成之次月起，计征房产税； ③ 纳税人委托施工企业建设的房屋，从办理验收手续之次月起，计征房产税； ④ 纳税人购置新建商品房，自房屋权属交付使用之次月起计征房产税； ⑤ 纳税人购置存量房，自办理房屋权属转移、变更登记手续，房地产权属登记机关签发房屋权属证书之次月起计征房产税； ⑥ 纳税人出租、出借房产，自交付出租、出借房产之次月起计征房产税； ⑦ 纳税人是房地产开发企业的，其自用、出租、出借本企业建造的商品房，自房屋使用或者交付之次月起计征房产税
纳税期限	按年计算，分期缴纳的征税方法，具体纳税期限由各省、自治区、直辖市人民政府确定
纳税地点	纳税地点为房产所在地。房产不在同一地方的纳税人，应按房产的坐落地点分别向房产所在地的税务机关纳税

7

【习题训练】

一、判断题

1. 现行房产税的征税范围包括农村。（ ）

2. 纳税人将原有房产用于生产经营的，从生产经营之月起计征房产税。（ ）

3. 房地产开发企业建造的商品房在出售前，不征收房产税，但对出售前房地产开发企业已使用或出租、出售的房产应按规定征收房产税。 （ ）

4. 对于学校、医院等非营利性单位，其自用房屋的房产税依照房产原值一次减除10%～30%后的余值计算缴纳。 （ ）

5. 一个坐落在房产税开征地区范围之内的工厂，其仓库设在房产税开征地区范围之外，那么，这个仓库不应该征收房产税。 （ ）

二、单项选择题

1. 纳税人将房产出租的，依照房产租金收入计征房产税，税率为（ ）。

A. 1.2% B. 12% C. 10% D. 30%

2. 某企业有房产1 000平方米，房产原值100万元。2022年7月1日该企业将其中的300平方米的房产出租，月租金2.1万元（含增值税），已知省政府规定的减除比例为30%，该企业2022年应纳房产税为（ ）万元。

A. 1.44 B. 2.028 C. 2.226 D. 2.154

3. 按照房产税暂行条例的有关规定，下列地区中不属于房产税征收范围的有（ ）。

A. 城市 B. 农村 C. 县城、建制镇 D. 工矿区

4. 下列房产中，应征收房产税的是（ ）。

A. 全额预算管理事业单位自用办公房

B. 邮政部门坐落在城市、县城、建制镇、工矿区以外的房产

C. 人民团体所属宾馆的房产

D. 施工企业施工期间在基建工地搭建的临时办公用房

5. 房产税的纳税人，不包括（ ）。

A. 房屋产权所有人 B. 房产出典人 C. 房产承典人 D. 房产使用人

三、多项选择题

1. 房产税的计税依据有（ ）。

A. 房产原值 B. 房产租金收入 C. 房产售价 D. 房产余值

2. 根据房产税法律制度的规定，下列有关房产税纳税人的表述中，正确的有（ ）。

A. 产权属于国家所有的房屋，其经营管理单位为纳税人

B. 产权属于集体所有的房屋，该集体单位为纳税人

C. 产权属于个人所有的营业用的房屋，该个人为纳税人

D. 产权出典的房屋，出典人为纳税人

3. 下列房产中，应从价计征房产税的是（ ）。

A. 出租的房产 B. 投资收取固定收入的房产

C. 融资租赁的房产 D. 出典的房产

4. 下列各项中，符合房产税纳税义务发生时间规定的有（ ）。

A. 纳税人购置新建商品房，自房屋交付使用之次月起缴纳房产税

B. 纳税人委托施工企业建设的房屋，自建成使用之次月起缴纳房产税

C. 纳税人将原有房产用于生产经营，自生产经营之次月起缴纳房产税

D. 纳税人购置存量房，自房地产权属登记机关签发房屋权属证书之次月起缴纳房产税

5. 下列情况中应征房产税的有(　　)。

A. 高等院校教学用房　　B. 高等院校出租用房

C. 区政府举办的对外经营的招待所　　D. 区政府办公用房

四、思考题

1. 房产税的征税范围和计税依据是什么？其征税范围与城镇土地使用税的征税范围是否相同？哪些房产免征房产税？

2. 当纳税人的房产分属两地时，如何确定其纳税地点？

五、业务题

1. 某县城一家企业 2022 年 5 月 1 日将一闲置的房产出租给另一家企业，租期 5 年，每年租金为 21 万元(含增值税)。该房产原值为 100 万元，当地政府规定的扣除比例为 30%。企业采用简易计税办法计征增值税。

要求：计算该企业该房产 2022 年应纳的增值税、城建税和房产税。

2. 坐落在县城的某大型国有企业，2022 年初，用于生产经营的厂房原值 5 000 万元，该企业还创办一所学校和一所职工医院，房产原值分别为 300 万元和 200 万元。2022 年 7 月 1 日，该企业将其中 200 万元原值的厂房出租，年租金为 8.4 万元(含增值税，采用简易计税办法)。按当地规定，允许减除房产原值 20%后的余值为计税依据。

要求：计算该企业全年应纳的房产税。

第三节 印花税法

【学习指导】

一、印花税的纳税人、征税范围和税率

印花税是指对经济活动和经济交往中书立、使用应税凭证、进行证券交易的单位和个人征收的一种行为税。其纳税人、征税对象和税率如表 7-8 所示。

表 7-8 印花税的纳税人、征税范围和税率

项目	具体内容
纳税人	**含义**：指在我国境内书立应税凭证、进行证券交易的单位和个人
	具体包括：我国境内书立应税凭证、进行证券交易的单位和个人，在境外书立在境内使用应税凭证的单位和个人，也应缴纳印花税；分别为立合同人、立据人、立账簿人、使用人、证券交易出让方和各类电子应税凭证的签订人
征税范围	**合同**：借款合同、融资租赁合同、买卖合同、承揽合同、建设工程合同、运输合同、技术合同、租赁合同、保管合同、仓储合同、财产保险合同
	书据：土地使用权出让书据；土地使用权、房屋等建筑物和构筑物所有权转让书据；股权转让书据；商标专用权、著作权、专利权、专有技术使用权转让书据

续 表

项 目	具 体 内 容
征税范围	**账簿**：营业账簿，即生产、经营用账册
	证券交易：交易印花税对证券交易的出让方征收，不对受让方征收
税率	① 借款合同、融资租赁合同：0.05‰
	② 买卖合同、承揽合同、建设工程合同、运输合同、技术合同：0.3‰
	③ 租赁合同、仓储合同、保管合同、财产保险合同：1‰
	④ 土地使用权出让书据、股权转让书据、土地使用权房屋等建筑物和构筑物所有权转让书据：0.5‰
	⑤ 书据：商标专用权、著作权、专利权、专有技术使用权转让书据：0.3‰
	⑥ 账簿：记载金额的账簿按“实收资本”“资本公积”两项合计金额的 0.25‰
	⑦ 证券交易：1‰

二、印花税的计税依据和优惠政策

印花税的计税依据和优惠政策如表 7－9 所示。

表 7－9　　印花税的计税依据和优惠政策

项 目	具 体 内 容
计税依据	**合同**：借款合同按借款金额；融资租赁合同按租金；买卖合同按价款；承揽合同按报酬；建设工程合同按价款金额；运输合同按运输费用；技术合同按价款、报酬或者使用费金额；租赁合同按租金；保管合同按保管费金额；仓储合同按仓储费金额；财产保险合同按保险费金额
	书据：转让书据按所载价款
	账簿：记载金额的账簿按“实收资本”“资本公积”两项合计金额
	证券交易：按成交金额
优惠政策	下列凭证免征印花税： ① 应税凭证的副本或者抄本； ② 外国驻华使馆、领事馆和国际组织驻华代表机构为获得馆舍书立的应税凭证； ③ 中国人民解放军、中国人民武装警察部队书立的应税凭证； ④ 农民、家庭农场、农民专业合作社、农村集体经济组织、村民委员会购买农业生产资料或者销售农产品书立的买卖合同和农业保险合同； ⑤ 无息或者贴息借款合同、国际金融组织向中国提供优惠贷款书立的借款合同； ⑥ 财产所有权人将财产赠与政府、学校、社会福利机构、慈善组织书立的产权转移书据； ⑦ 非营利性医疗卫生机构采购药品或者卫生材料书立的买卖合同； ⑧ 个人与电子商务经营者订立的电子订单； ⑨ 自 2019 年 1 月 1 日至 2023 年 12 月 31 日，对与高校学生签订的高校学生公寓租赁合同，免征印花税
	根据国民经济和社会发展的需要，国务院对居民住房需求保障、企业改制重组、破产、支持小型微型企业发展等情形可以规定减征或者免征印花税，报全国人民代表大会常务委员会备案

7

三、印花税应纳税额的计算

印花税应纳税额的计算如表 7-10 所示。

表 7-10 印花税应纳税额的计算

项目	具体内容
应纳税额的计算	从价计征：应纳税额＝应税凭证计税金额×适用税率

四、印花税征收管理

印花税根据税收征收管理的需要，分自行贴花、汇贴或汇缴、委托代征的方法，具体如表 7-11 所示。

表 7-11 印花税征收管理

项目	具体内容
纳税义务发生时间	纳税人书立应税凭证或者完成证券交易的当日；证券交易印花税扣缴义务发生时间为证券交易完成的当日
纳税期限	实行按季、按年计征的，纳税人应当自季度、年度终了之日起 15 日内申报缴纳税款；实行按次计征的，纳税人应当自纳税义务发生之日起 15 日内申报缴纳税款；证券交易印花税按周解缴。证券交易印花税扣缴义务人应当自每周终了之日起 5 日内申报解缴税款以及银行结算的利息
纳税地点	一般实行就地纳税；不动产产权发生转移的，纳税人应当向不动产所在地的主管税务机关申报缴纳印花税；证券交易印花税由扣缴义务人向其机构所在地的主管税务机关申报解缴税款以及银行结算的利息

【习题训练】

一、判断题

1. 凡是由两方或两方以上当事人共同书立的应税凭证，其当事人各方都是印花税的纳税人，应各自就其所持凭证的计税金额全额完税。（ ）

2. 对于在境外书立、领受，但在国内使用的应税凭证，其纳税人是该凭证的使用人。（ ）

3. 现行税法规定，财产所有人将财产赠送给政府、社会团体、学校、社会福利单位所立书据免征印花税。（ ）

4. 立合同人是指合同的当事人，即指对凭证有直接权利义务关系的单位和个人，但不包括合同的担保人、证人、鉴定人。（ ）

5. 企业缴纳的印花税，可不通过“应交税费”账户核算，直接在“管理费用——印花税”账户中反映。（ ）

二、单项选择题

1. 甲公司与乙公司签订了一份买卖合同，合同所载金额为 6 000 万元，双方各执一份，印花税税率为 0.3‰，则甲、乙公司各应缴纳（ ）万元印花税。

7

A. 3.5　　B. 1.8　　C. 0.9　　D. 3.2

2. 下列不属于印花税征税范围的是(　　)。

A. 企业签订的融资租赁合同　　B. 企业商标专用权转让书据

C. 企业签订的借款合同　　D. 企业填制的限额领料单

3. 下列不属于印花税纳税人的有(　　)。

A. 买卖合同的保证人　　B. 在国外书立,在国内使用技术合同的单位

C. 买卖合同的当事人　　D. 借款合同的双方当事人

4. 企业签订合同,印花税的纳税义务发生时间是(　　)。

A. 签订时　　B. 生效时　　C. 使用时　　D. 终止时

5. 根据印花税法的规定,下列合同中,属于印花税征税范围的是(　　)。

A. 机动车辆租赁合同　　B. 个人书立的动产买卖合同

C. 管道运输合同　　D. 银行同业拆借合同

三、多项选择题

1. 下列合同中,印花税税率为万分之三的有(　　)。

A. 买卖合同　　B. 承揽合同　　C. 租赁合同　　D. 财产保险合同

2. 应税营业账簿的印花税计税依据为(　　)合计金额。

A. 实收资本(股本)　　B. 资本公积

C. 固定资产　　D. 应收账款

3. 印花税的征税对象包括(　　)。

A. 书面合同　　B. 产权转移书据　　C. 营业账簿　　D. 证券交易

4. 某建筑公司与一单位签订建筑工程合同,总承包额为 800 万元,工期为 12 个月,该建筑公司所持合同应纳印花税的处理为(　　)。

A. 适用 0.3‰比例税率　　B. 应纳税额 2 400 元

C. 适用 0.5‰比例税率　　D. 完工时缴纳

5. 按《印花税法》规定,下列凭证中免纳印花税的有(　　)。

A. 买卖合同副本　　B. 农民销售农产品书立的买卖合同

C. 企业出租门店订立的合同　　D. 个人与电子商务经营者订立的电子订单

四、思考题

1. 印花税的应税凭证有哪些?

2. 应税合同中,没有列明金额的,如何确定印花税的计税依据?

五、业务题

1. 假定某企业 2023 年度有关资料如下:

“实收资本”比 2022 年增加 200 万元,“资本公积”比 2022 年增加 40 万元;向银行借款 100 万元,借款合同上约定的年利率为 6%;与 A 公司签订以货换货合同,本企业货物价值为 250 万元,A 公司货物价值为 300 万元,该企业用银行存款补齐差额;与 B 公司签订技术转让合同,约定 B 公司按其 2024—2026 年实现利润的 10%支付。

要求：请计算该企业2023年度应纳印花税税额。

2. 某地的下列纳税人发生如下业务：① 甲签订运输合同一份，总金额为100万元（含装卸费5万元），进行货物国际联运；② 乙出租居住用房一间给某单位，月租金为500元，租期不定；③ 丙签订销售合同，数量为5 000件，无金额，当期市场价为50元/件；④ 房管部门与个人签订租房合同（用于生活居住），月租金为600元，租期为2年；⑤ 企业与他人签订一份仓储合同，保管费为50 000元，但未履行。

要求：请计算各纳税人应纳的印花税税额。

第四节 车船税法

【学习指导】

一、车船税的纳税人、征税对象和税率

车船税是指对在中华人民共和国境内的车辆、船舶依法征收的一种税。其纳税人、征税对象和税率如表7-12所示。

表7-12 车船税的纳税人、征税对象和税率

项目	具体内容
纳税人	**含义**：我国境内车辆、船舶（以下简称车船）的所有人或管理人。所有人是指在我国境内拥有车船的单位和个人；管理人是指对车船具有管理权或使用权的单位。车辆的所有人或者管理人未缴纳车船税的，使用人应当代为缴纳车船税
征税对象	车辆：车辆为机动车。即依靠燃油、电力等能源作为动力运行的车辆，包括乘用车、商用客车、商用货车、挂车、摩托车、专项作业车和轮式专用机械车
	船舶：船舶为机动船、非机动驳船和游艇。机动船包括客船、货船、气垫船、拖船等；非机动驳船是指依靠其他力量运行的驳船
税率	采用幅度定额税率

二、车船税的计税依据和优惠政策

车船税的计税依据和优惠政策如表7-13所示。

表7-13 车船税的计税依据和优惠政策

项目	具体内容
计税依据	乘用车、商用客车、摩托车按辆计税
	商用货车、挂车、专业作业车、轮式专用机械车按整备质量吨位计税
	机动船舶按净吨位计税，拖船按照发动机功率每1千瓦折合净吨位0.67吨计税
	游艇按艇身长度米计税

续 表

项 目	具 体 内 容
优惠政策	法定减免的车船： ① 捕捞、养殖渔船； ② 军队、武警部队专用的车船； ③ 警用车船； ④ 悬挂应急救援专用号牌的国家综合性消防救援车辆和专用船舶； ⑤ 依法予以免税的外国驻华使馆、领事馆和国际组织驻华机构及其他车船
	特定减免的车船： ① 对节约能源的车辆减半征收车船税，对使用新能源的车辆免征车船税； ② 对受严重自然灾害影响纳税困难以及有其他特殊原因确需减、免税的，可以减征或免征车船税； ③ 省、自治区、直辖市人民政府根据当地实际情况，可以对公共交通车船，农村居民拥有并主要在农村地区使用的摩托车、三轮汽车和低速载货汽车定期减征或免征车船税

三、车船税应纳税额的计算

车船税应纳税额的计算如表 7－14 所示。

表 7－14 车船税应纳税额的计算

项 目	具 体 内 容
应纳税额的计算	基本公式：年应纳税额＝计税依据×适用税率 新车船购置当年的应纳税额自纳税义务发生的当月起按月计算。计算公式：应纳税额＝(年应纳税额÷12)×应纳税月份数

四、车船税征收管理

从事机动车交通事故责任强制保险业务的保险机构为机动车车船税的扣缴义务人，具体如表 7－15 所示。

7

表 7－15 车船税征收管理

项 目	具 体 内 容
纳税义务发生时间	车船管理部门核发的车船登记证书或者行驶证书所载日期的当月；未办理登记的，以车船购置发票开具时间的当月为准。未办理登记且无法提供购置发票的，由主管税务机关核定纳税义务发生时间
纳税期限	按年申报，分月计算，具体纳税期限由省、自治区、直辖市人民政府确定
纳税地点	纳税地点为车船登记地或者车船税扣缴义务人所在地；依法不需要办理登记的车船，纳税地点为车船所有人或者管理人所在地

【习题训练】

一、判断题

1. 车船税法对应税车船实行幅度定额税率。 ( )

2. 车船税以车船购置发票开具时间的次月作为纳税义务发生时间。 ( )

3. 车辆的具体适用税额由省、自治区、直辖市人民政府在规定的税额幅度内确定。 ( )

4. 车船税一般由纳税人在购买机动车交通事故责任强制保险时缴纳,不需要再向地方税务机关申报纳税。 ( )

二、单项选择题

1. 下列不属于车船税计税依据的是( )。

A. 辆　B. 整备质量　C. 净吨位　D. 载重吨位

2. 下列车船中,可以免征车船税的是( )。

A. 在机场、港口等内部场所行驶或作业的车船

B. 外商投资企业的汽车

C. 政府机关办公用车辆

D. 武警部队专用车船

3. 下列各项中,不属于车船税征税范围的是( )。

A. 三轮车　B. 火车　C. 摩托车　D. 货船

4. 下列车船不需缴纳车船税的是( )。

A. 载客汽车　B. 机动船　C. 非机动车　D. 非机动驳船

5. 某公司有船舶 2 艘,净吨位分别为 200.5 吨、180.7 吨,当地政府规定的车船税的标准为净吨位每吨年税额 5 元,则该公司应纳车船税( )元。

A. 1 905　B. 1 910　C. 1 900　D. 2 000

三、多项选择题

1. 下列有关车船税纳税人的说法中,正确的是( )。

A. 车船税的纳税人是车辆、船舶的所有人

B. 车船税的纳税人是车辆、船舶的管理人

C. 应税车船的所有人或者管理人未缴纳车船税的,应由使用人代缴

D. 车船税的纳税人是拥有车船的单位和个人

2. 车船税的纳税地点为( )。

A. 对个人,应为住所所在地　B. 车辆行驶地

C. 纳税人经营所在地　D. 领取车船牌照地

3. 车船税的纳税义务发生时间为( )。

A. 车船管理部门核发的车船登记证书的当月

B. 行驶证书所记载日期的当月

C. 全年停运后重新使用之日

D. 新购置车船使用的当月

4. 下列应税车船中，以“辆”为车船税计税依据的有(　　)。
A. 载客汽车　B. 低速货车　C. 三轮汽车　D. 摩托车
5. 下列车船中，属于法定免税的有(　　)。
A. 专项作业车　B. 警用车船　C. 非机动驳船　D. 捕捞、养殖渔船

四、思考题

1. 车船税的计税依据是如何规定的？新购置的汽车怎样缴纳车船税？
2. 车船税的优惠政策有哪些？

五、业务题

1. 某船运公司 2022 年度拥有旧机动船 10 艘，每艘净吨位为 1 500 吨；拥有拖船 2 艘，每艘发动机功率为 500 千瓦。当年 8 月新购置机动船 4 艘，每艘净吨位为 2 000 吨。该公司船舶适用的年税额为：净吨位 201～2 000 吨的，每吨 4 元。

要求：请计算该公司 2022 年度应缴纳的车船税税额。

2. 某公司拥有载货汽车两辆，其中 A 车整备质量 10 吨，B 车整备质量 20 吨，当地规定的车船税税率为 60 元/吨；拥有载客汽车 5 辆，当地规定的车船税税率为 1 000 元/辆；拥有机动船一艘，净吨位为 40 吨，当地规定的车船税税率为 3 元/吨。

要求：请计算该公司每年应纳车船税税额。

第五节　契 税 法

【学习指导】

一、契税的纳税人、征税对象和税率

契税是指国家在土地、房屋权属转移时，按照当事人双方签订的合同(契约)以及所确定价格的一定比例，向权属承受人征收的一种税。其纳税人、征税对象和税率如表 7-16 所示。

表 7-16　契税的纳税人、征税对象和税率

项　目	具 体 内 容
纳 税 人	是指在我国境内承受土地、房屋权属转移的单位和个人
征税对象	以在我国境内转移土地、房屋权属的行为作为征税对象，土地、房屋权属未发生转移的，不征收契税
	具体包括国有土地使用权出让、土地使用权转让、房屋买卖、房屋赠与和房屋交换等行为要征契税
税　率	采用幅度比例税率 3%～5%

二、契税的计税依据和优惠政策

契税的计税依据和优惠政策如表 7-17 所示。

表 7-17 契税的计税依据和优惠政策

项 目	具 体 内 容
计税依据	以成交价格计税：国有土地使用权出让、土地使用权出售、房屋买卖 **提示：**“营改增”后，契税的计税依据为不含增值税的成交价格
	征收机关参照市价核定：土地使用权和房屋赠与
	差价计税：土地使用权和房屋交换
	补交的出让费用或土地收益计税：以划拨方式取得土地使用权的，经批准转让时
优惠政策	① 国家机关、事业单位、社会团体、军事单位承受土地、房屋用于办公、教学、医疗、科研和军事设施的，免征契税； ② 非营利性的学校、医疗机构、社会福利机构承受土地、房屋权属用于办公、教学、医疗、科研、养老、救助的，免征契税； ③ 承受荒山、荒地、荒滩土地使用权用于农、林、牧、渔业生产的，免征契税； ④ 婚姻关系存续期间夫妻之间变更土地、房屋权属的，免征契税； ⑤ 法定继承人通过继承承受土地、房屋权属的，免征契税； ⑥ 依照法律规定应当予以免税的外国驻华使馆、领事馆和国际组织驻华代表机构承受土地、房屋权属的，免征契税； ⑦ 符合条件的其他方面

三、契税应纳税额的计算（表 7-18）

表 7-18 契税应纳税额的计算

项 目	具 体 内 容
应纳税额的计算	应纳税额 ＝ 计税依据 × 适用税率

四、契税征收管理（表 7-19）

表 7-19 契税征收管理

项 目	具 体 内 容
纳税义务发生时间	纳税人签订土地、房屋权属转移合同的当天，或者纳税人取得其他具有土地、房屋权属转移合同性质凭证的当天
纳税期限	在依法办理土地、房屋权属登记手续前
纳税地点	土地、房屋所在地的征收机关

7

【习题训练】

一、判断题

1. 甲企业以价值 300 万元的办公用房与乙企业互换一处厂房，并向乙企业支付差价款 100 万元，在这次互换中，乙企业不需要缴纳契税，应由甲企业缴纳。 （ ）

2. 企业在破产清算期间，对债权人承受破产企业土地、房屋权属的，应当征收契税。（　　）

3. 土地、房屋权属变动中的各种形式，如典当、继承、出租或者抵押等，均属于契税的征税范围。（　　）

4. 买房拆料不征收契税。（　　）

5. 因不可抗力灭失住房而重新购买住房的免征契税。（　　）

二、单项选择题

1. 契税的纳税人是（　　）。

A. 出典人　　B. 赠与人
C. 出卖人　　D. 承受人

2. 下列各项中，应缴纳契税的是（　　）。

A. 承包者获得农村集体土地承包经营权　　B. 企业受让土地使用权
C. 企业将厂房抵押给银行　　D. 个人承租居民住宅

3. 下列属于契税纳税义务人的是（　　）。

A. 土地、房屋抵债的抵债方　　B. 房屋赠与中的受赠方
C. 房屋赠与中的赠与方　　D. 土地、房屋投资的投资方

4. 某省一体育器材公司于 2022 年 6 月向本省某运动员奖励住宅一套，市场价格为 240 万元（不含增值税），该运动员随后以 210 万元（不含增值税）的价格将奖励住宅出售，当地契税适用税率为 3%。该运动员应缴纳的契税为（　　）万元。

A. 7.2　　B. 6.3　　C. 13.5　　D. 0

5. 下列各项中，契税计税依据可由征收机关核定的是（　　）。

A. 土地使用权出售　　B. 国有土地使用权出让
C. 土地使用权赠与　　D. 以划拨方式取得土地使用权

三、多项选择题

1. 下列以成交价格为依据计算契税的有（　　）。

A. 土地使用权赠与　　B. 土地使用权出让
C. 土地使用权交换　　D. 土地使用权转让

2. 下列各项中，可以享受契税免税优惠的有（　　）。

A. 城镇职工自己购买商品住房　　B. 政府机关承受房屋用于办公
C. 遭受自然灾害后重新购买住房　　D. 军事单位承受房屋用于军事设施

3. 下列各项中，应当征收契税的有（　　）。

A. 以房产抵债　　B. 将房产赠与他人
C. 以房产作投资　　D. 子女继承父母房产

4. 下列各项中，免征或不征契税的有（　　）。

A. 国家出让国有土地使用权　　B. 受赠人接受他人赠与的房屋
C. 法定继承人继承土地、房屋权属　　D. 承受荒山土地使用权用于林业生产

5. 居民甲将其拥有的一处房产给居民乙，双方签订房屋权属转移合同，并按规定办理了房屋产权过户手续。下列关于契税和印花税的表述中，正确的有（　　）。

A. 作为交易的双方，居民甲和居民乙均同时负有印花税和契税的纳税义务

B. 契税的计税依据为房屋权属转移合同中确定的不含增值税的房产成交价格

C. 契税纳税人应在该房产的所在地交纳契税，印花税的纳税人应在签订合同时就地纳税

D. 契税纳税人的纳税义务在房屋权属转移合同的当天发生，印花税纳税人的纳税义务在房屋权属转移合同签订时发生

四、思考题

1. 哪些交易行为需要缴纳契税？

2. 契税的优惠政策有哪些？

五、业务题

1. 居民乙因拖欠居民甲180万元款项无力偿还，2022年6月经当地有关部门调解，以房产抵偿该笔债务，居民甲因此取得该房产的产权并支付给居民乙差价款21万元（含增值税）。假定当地省政府规定的契税税率为3%。

要求：请计算居民甲、居民乙各自应缴纳的契税。

2. 2022年6月，居民甲某有四套住房，甲某将一套价值1 200万元的别墅折价给乙某抵偿了1 000万元的债务；用市场价值700万元的第二、三两套两室住房与丙某交换一套四室住房，另取得丙某赠送价值12万元的小轿车一辆；将第四套市场价值150万元的公寓房折成股份投入本人独资经营的企业。四套住房均已达到免征增值税的标准，当地确定的契税税率为3%。

要求：请计算甲、乙、丙应缴纳的契税税额。

第六节　土地增值税法

【学习指导】

一、土地增值税的纳税人、征税对象和税率

土地增值税是指对有偿转让国有土地使用权、地上建筑物及其他附着物（以下简称房地产）并取得收入的单位和个人，就其转让房地产所取得的增值额征收的一种税。其纳税人、征税范围和税率如表7－20所示。

7

表7－20　　土地增值税的纳税人、征税范围和税率

项　目	具　体　内　容
纳 税 人	转让房地产并取得收入的单位和个人
征税范围	征税范围包括转让国有土地使用权和连同国有土地使用权一并转让的地上建筑物及其附着物。必须同时满足以下3条标准：土地使用权必须是国家所有；产权必须发生转让；必须取得转让收入
税　　率	实行四级超率累进税率，这是我国唯一一个采用超率累进税率的税种

二、土地增值税的计税依据

土地增值税的计税依据是纳税人转让房地产所取得的增值额，其计算公式如下：

$$增值额 = 转让房地产取得的收入（即应税收入）- 扣除项目金额$$

应税收入是指纳税人转让房地产的全部价款及有关的经济收益，包括货币收入、实物收入和其他收入。"营改增"后，转让房地产取得的应税收入为不含增值税收入。

扣除项目金额的确定如表 7 - 21 所示。

表 7 - 21　　土地增值税计税依据中的扣除项目

项　目	扣除项目名称	扣　除　项　目　内　容
新建房地产项目转让	① 取得土地使用权所支付的金额	包括地价款、出让金及按国家规定缴纳的有关费用
	② 房地产开发成本	包括土地征用及拆迁补偿费、前期工程费、建筑安装工程费、基础设施费、公共配套设施费、开发间接费用等
	③ 房地产开发费用	包括与房地产开发项目有关的销售费用、管理费用和财务费用。该项目不按实际发生额扣除，而是按税法规定标准计算扣除
	④ 与转让房地产有关的税金	包括转让房地产时缴纳的城建税、印花税、教育费附加。涉及的增值税进项税额，允许在销项税额中计算抵扣的，不计入扣除项目，不允许在销项税额中计算抵扣的，可以计入扣除项目
	⑤ 其他扣除项目	对房地产企业可加计扣除：加计扣除费用＝（取得土地使用权所支付的金额＋房地产开发成本金额）×20%
旧房及建筑物转让	① 房屋及建筑物的评估价格，评估价格＝重置成本价×成新度折扣率； ② 取得土地使用权所支付的地价款和缴纳的有关费用； ③ 转让环节缴纳的税金（城市维护建设税、印花税、教育费附加）	
土地使用权转让	① 取得土地使用权所支付的地价款和缴纳的有关费用； ② 转让环节缴纳的税金（城市维护建设税、印花税、教育费附加）	

7

三、土地增值税的优惠政策

（1）纳税人建造普通标准住宅出售，增值额未超过扣除项目金额 20% 的，免征土地增值税；增值额超过扣除项目金额 20% 的，应就其全部增值额按规定计税。

（2）因国家建设需要依法征用、收回的房地产，免征土地增值税。

（3）个人拥有的普通住宅，在其转让时暂免征收土地增值税；个人因工作调动或改善居住条件而转让非普通住宅，经向税务机关申报核准，凡居住满 5 年或 5 年以上的，免征土地增值税；居住满 3 年未满 5 年的，减半征收土地增值税。居住未满 3 年的，按规定征收土地增值税。

四、土地增值税应纳税额的计算

土地增值税应纳税额的计算如表 7 - 22 所示。

表 7-22　　土地增值税应纳税额的计算

项　目	具　体　内　容
应纳税额的计算	土地增值税应纳税额计算步骤如下： 第一步，计算增值额。 $$增值额 = 转让收入 - 扣除项目金额$$ 第二步，计算增值率。 $$增值率 = 增值额 \div 扣除项目金额 \times 100\%$$ 第三步，确定适用税率和速算扣除系数。 第四步，计算应纳税额。 $$应纳税额 = \sum(每级距增值额 \times 适用税率)$$ $$或 = 增值额 \times 适用税率 - 扣除项目金额 \times 速算扣除系数$$

五、土地增值税征收管理

土地增值税的征收管理内容如表 7-23 所示。

表 7-23　　土地增值税征收管理

项　目	具　体　内　容
纳税期限	纳税人应在转让房地产合同签订后的 7 日内，到房地产所在地主管税务机关办理纳税申报
纳税地点	基本原则：房地产所在地 ① 法人纳税人。转让的房地产坐落地与其机构所在地一致的，以办理税务登记的原管辖税务机关为纳税地点；不一致的，以房地产坐落地所管辖的税务机关为纳税地点； ② 自然人纳税人。转让的房地产坐落地与其居住所在地一致的，以住所所在地税务机关为纳税地点；不一致的，以办理过户手续所在地税务机关为纳税地点

【习题训练】

7

一、判断题

1. 某工业企业利用一块闲置的土地使用权换取某房地产公司的新建商品房，作为本单位职工的居民用房，由于没有取得收入，所以，该企业不需要缴纳土地增值税。（　　）

2. 在计算土地增值税时，对从事房地产开发的纳税人销售使用过的旧房及建筑物，仍可按取得土地使用权所支付的金额和房地产开发成本金额之和的 20%加计扣除。（　　）

3. 某单位向政府有关部门缴纳土地出让金取得土地使用权时，不需缴纳土地增值税。（　　）

4. 土地增值税使用超率累进税率，累进依据为增值额占转让收入的比例。（　　）

5. 纳税人建造普通标准住宅出售，增值额未超过扣除项目金额 20%的，免征土地增值税。（　　）

二、单项选择题

1. 下列各项中，应当缴纳土地增值税的是（　　）。

A. 继承房地产　　B. 以房地产作抵押向银行贷款

C. 出售房屋　　D. 出租房屋

2. 我国现行土地增值税实行的税率属于（　　）。

A. 比例税率　　B. 超额累进税率　　C. 定额税率　　D. 超率累进税率

3. 房地产开发费用中的利息支出，如能按转让房地产项目分摊并提供金融机构证明的，允许据实扣除，其他开发费用限额扣除的比例为（　　）以内。

A. 3%　　B. 5%　　C. 7%　　D. 10%

4. 下列项目中，按税法规定可以免征或不征土地增值税的有（　　）。

A. 国家机关转让自用的房产　　B. 税务机关拍卖欠税单位的房产

C. 对国有企业进行评估增值的房产　　D. 投资于房地产开发企业的房地产项目

5. 房地产开发企业在确定土地增值税的扣除项目时，不允许单独扣除的税费是（　　）。

A. 增值税、印花税　　B. 房产税、城市维护建设税

C. 教育费附加、城市维护建设税　　D. 印花税、城市维护建设税

三、多项选择题

1. 下列各项中，属于土地增值税纳税人的有（　　）。

A. 建造房屋的施工单位　　B. 出售房产的中外合资房地产公司

C. 转让国有土地使用权的事业单位　　D. 房地产管理的物业公司

2. 计算土地增值税额时可以扣除的项目包括（　　）。

A. 取得土地使用权所支付的金额　　B. 建筑安装工程费

C. 公共配套设施费　　D. 转让房地产有关的税金

3. 根据城镇土地使用税暂行条例规定，下列地区中，开征城镇土地使用税的有（　　）。

A. 城市　　B. 县城建制镇　　C. 农村　　D. 工矿区

4. 房地产开发公司支付的下列相关税费，可列入加计20%扣除范围的有（　　）。

A. 支付建筑人员的工资福利费　　B. 占用耕地缴纳的耕地占用税

C. 销售过程中发生的销售费用　　D. 开发小区内的道路建设费用

5. 下列各项中，符合土地增值税优惠规定的有（　　）。

A. 纳税人建造普通标准住宅出售，增值额未超过扣除项目金额20%的，减半征收土地增值税

B. 纳税人建造普通标准住宅出售，增值额未超过扣除项目金额20%的，免征土地增值税

C. 纳税人建造普通标准住宅出售，增值额超过扣除项目金额20%的，应对其超过部分的增值额按规定征收土地增值税

D. 纳税人建造普通标准住宅出售，增值额超过扣除项目金额20%的，应就其全部增值额按规定征收土地增值税

四、思考题

1. 土地增值税的征税范围如何理解？

2. 土地增值税的扣除项目金额有哪些？房地产企业与其他企业有何区别？

五、业务题

1. 2022 年 6 月，某房地产开发公司销售其新建商品房一幢，取得销售收入 1.47 亿元（含增值税，属于“营改增”前老项目，采用简易计税办法计税），已知该公司支付与商品房相关的土地使用权费及开发成本合计为 4 800 万元；该公司没有按房地产项目计算分摊银行借款利息；该商品房所在地的省政府规定计征土地增值税时房地产开发费用扣除比例为 10%；销售商品房缴纳的增值税 700 万元，城市维护建设税及教育费附加 70 万元。

要求：请计算该公司销售该商品房应缴纳的土地增值税。

2. 某房地产开发公司受让一宗土地使用权，支付政府地价款 8 000 万元，随后使用受让土地 60%（其余 40% 尚未使用）的面积开发建造一栋写字楼并全部销售。在开发过程中，根据建筑承包合同支付给建筑公司的劳务费和材料费共计 6 200 万元，开发销售期间发生管理费用 700 万元、销售费用 400 万元、利息费用 500 万元（只有 70% 能够提供金融机构的证明）。

（说明：其他开发费用扣除比例为 4%，契税税率为 3%。）

要求：

（1）请计算该房地产开发公司土地增值额时可扣除的地价款和契税；

（2）请计算该房地产开发公司土地增值额时可扣除的开发成本；

（3）请计算该房地产开发公司土地增值额时可扣除的开发费用。

第七节　城镇土地使用税法

【学习指导】

一、城镇土地使用税的纳税人、征税对象和税率

城镇土地使用税是指对城市、县城、建制镇和工矿区范围内使用土地的单位和个人，按实际占用土地面积所征收的一种税。其纳税人、征税对象和税率如表 7-24 所示。

表 7-24　城镇土地使用税的纳税人、征税对象和税率

项　目	具　体　内　容
纳税人	纳税人是指我国境内城市、县城、建制镇范围内使用土地的单位和个人
	① 拥有土地使用权的单位和个人，以拥有人为纳税人； ② 拥有土地使用权的纳税人不在土地所在地的，以土地的代管人或实际使用人为纳税人； ③ 土地使用权未确定或权属纠纷未解决的，以实际使用人为纳税人； ④ 土地使用权为多方共有的，共有各方均为纳税人
征税对象	征税对象是土地。征税范围为城市、县城、建制镇范围内的国家所有和集体所有的土地，不包括农村集体所有的土地
税　率	实行有幅度的差别税额，按大、中、小城市和县城、建制镇、工矿区分别规定每平方米土地使用税年应纳税额

二、城镇土地使用税的计税依据和优惠政策

城镇土地使用税的计税依据和优惠政策如表 7－25 所示。

表 7－25 城镇土地使用税的计税依据和优惠政策

项　目	具　体　内　容
计税依据	城镇土地使用税以纳税人实际占用的土地面积为计税依据，土地面积计量标准为每平方米，按下列办法确定： ① 省、自治区、直辖市人民政府确定的单位组织测定的土地面积； ② 尚未组织测量，但持有政府部门核发的土地使用证书的，证书确认的土地面积； ③ 尚未核发土地使用证书的，应由纳税人据实申报土地面积，据以纳税，待核发土地使用证以后再作调整
优惠政策	① 国家机关、人民团体、军队自用的土地； ② 由国家财政部门拨付事业经费的单位的自用土地； ③ 宗教寺庙、公园、名胜古迹自用的土地； ④ 市政街道、广场、绿化地带等公共用地； ⑤ 直接用于农、林、牧、渔业的生产用地； ⑥ 经批准开山填海整治的土地和改造的废弃土地，从使用之月起免交土地使用税 5 至 10 年； ⑦ 非营利性医疗机构、疾病控制机构和妇幼保健机构自用的土地； ⑧ 企业办学校、医院、托儿所、幼儿园能明确区分的土地； ⑨ 免税单位无偿使用纳税单位的土地； ⑩ 其他符合免税规定的土地

三、城镇土地使用税应纳税额的计算

城镇土地使用税应纳税额的计算如表 7－26 所示。

表 7－26 城镇土地使用税应纳税额的计算

项　目	具　体　内　容
应纳税额的计算	全年应纳税额 ＝ 实际占用应税土地面积(平方米)×适用税额

四、城镇土地使用税征收管理

城镇土地使用税的征收管理内容如表 7－27 所示。

表 7－27 城镇土地使用税征收管理

项　目	具　体　内　容
纳税义务发生时间	① 纳税人购置新建商品房，自房屋交付使用之次月起，缴纳城镇土地使用税； ② 纳税人购置存量房，自办理房屋权属转移、变更登记手续，房地产权属登记机关签发房屋权属证书之次月起，缴纳城镇土地使用税； ③ 纳税人出租出借房产，自交付出租、出借房产之次月起，缴纳城镇土地使用税； ④ 纳税人新征用的耕地，自批准征用之日起满 1 年时开始缴纳城镇土地使用税； ⑤ 纳税人新征用的非耕地，自批准征用次月起缴纳城镇土地使用税； ⑥ 纳税人以出让或转让方式有偿取得城镇土地使用权的，应由受让方从合同约定交付土地时间的次月起缴纳城镇土地使用税；合同未约定交付时间的，由受让方从合同签订的次月起缴纳城镇土地使用税

续 表

项 目	具 体 内 容
纳税期限	城镇土地使用税实行按年计算、分期缴纳的征收方法，具体纳税期限由省、自治区、直辖市人民政府确定
纳税地点	① 在土地所在地缴纳； ② 使用的土地不属于同一省、自治区、直辖市管辖的，由纳税人分别向土地所在地的税务机关申报缴纳；在同一省、自治区、直辖市管辖范围内，纳税人跨地区使用土地，其纳税地点由各省、自治区、直辖市税务机关确定

【习题训练】

一、判断题

1. 城镇土地使用税的征收范围是城市、县城、建制镇、工矿区范围的国家所有的土地。 （ ）

2. 城镇土地使用税采取有幅度的差别税额，按大、中、小城市和县城、建制镇、工矿区分别确定每平方米土地使用税年应纳税额。 （ ）

3. 纳税单位无偿使用免税单位的土地免征城镇土地使用税；免税单位无偿使用纳税单位的土地照章征收城镇土地使用税。 （ ）

4. 某工厂于8月份购买一处旧厂房，于9月份在房地产权属管理部门办理了产权证书，该工厂新增土地计算征收城镇土地使用税的时间是9月。 （ ）

二、单项选择题

1. 城镇土地使用税的计税依据是（ ）。

A. 纳税人使用土地而产生的收益　　B. 纳税人因地理位置不同而产生的级差收入

C. 纳税人出租场地而取得的租金收入　　D. 纳税人实际占用的土地面积

2. 城镇土地使用税的税率采用（ ）。

A. 有幅度差别的比例税率　　B. 有幅度差别的定额税率

C. 全国统一定额　　D. 税务机关确定的定额

3. 某歌舞厅实际占用的土地面积为400平方米，经税务机关核定，该土地每平方米年应纳税额为5元，税款分两期缴纳。该歌舞厅每期应缴纳的城镇土地使用税税额为（ ）元。

A. 167　　B. 500　　C. 1 000　　D. 2 000

4. 城镇土地使用税的纳税办法是（ ）。

A. 按日计算，按期缴纳　　B. 按季计算，按期缴纳

C. 按年计算，分期缴纳　　D. 按年计算，按期缴纳

5. 某城市的一家公司，实际占地23 000平方米。由于经营规模扩大，年初该公司又受让了一块尚未办理土地使用证的土地3 000平方米，公司按其当年开发使用的2 000平方米土地面积进行申报纳税，以上土地均适用每平方米2元的城镇土地使用税税额。该公司当年应缴纳城镇土地使用税为（ ）元。

A. 46 000　　B. 48 000　　C. 50 000　　D. 52 000

7

三、多项选择题

1. 根据城镇土地使用税暂行条例规定，下列地区中，开征城镇土地使用税的有（　　）。

A. 城市　B. 县城建制镇　C. 农村　D. 工矿区

2. 下列各项中，可以免征城镇土地使用税的是（　　）。

A. 机场飞行区用地

B. 财政部门拨付事业经费单位的食堂用地

C. 中外合资企业用地

D. 名胜古迹场所设立的照相馆用地

3. 下列各项中，符合城镇土地使用税有关纳税义务发生时间规定的有（　　）。

A. 纳税人新征用的耕地，自批准征用之月起缴纳城镇土地使用税

B. 纳税人出租房产，自交付出租房产之次月起缴纳城镇土地使用税

C. 纳税人新征用的非耕地，自批准征用之月起缴纳城镇土地使用税

D. 纳税人购置新建商品房，自房屋交付使用之次月起缴纳城镇土地使用税

4. 下列关于城镇土地使用税的说法中，正确的是（　　）。

A. 城镇土地使用税属于资源税类

B. 城镇土地使用税在税金及附加科目中核算

C. 城镇土地使用税在土地所在地纳税

D. 城镇土地使用税从管理费用支出

5. 下列关于城镇土地使用税的表述中，正确的有（　　）。

A. 城镇土地使用税采用有幅度的差别税额，每个幅度税额的差距为 20 倍

B. 经批准开山填海整治的土地和改造的废弃土地，从使用的月份起免缴城镇土地使用税 10 至 20 年

C. 对在城镇土地使用税征税范围内单独建造的地下建筑用地，暂按应征税款的 50%征收城镇土地使用税

D. 经济落后地区，城镇土地使用税的适用税额标准可适当降低，但降低额不得超过规定最低税额的 30%

四、思考题

1. 在计算城镇土地使用税时，纳税人实际占用的土地面积是如何确定的？

2. 城镇土地使用税有哪些优惠政策？

五、业务题

1. 某市某购物中心实行统一核算，土地使用证上载明，该企业实际占用土地情况为：中心店占地 8 200 平方米，一分店占地 3 600 平方米，二分店占地 5 800 平方米，企业仓库占地 6 300 平方米，企业自办托儿所占地 360 平方米。经税务机关确认，该企业所占用土地分别适用市政府确定的以下税额：中心店位于一等地段，每平方米年税额 7 元；一分店和托儿所位于二等地段，每平方米年税额 5 元；二分店位于三等地段，每平方米年税额 4 元；仓库位于五等地段，每平方米年税额 1 元。另外，该市政府规定，企业自办托儿所，幼儿园、学校用地免征城镇土地使用税。

要求：请计算该购物中心年应纳城镇土地使用税税额。

2. 甲企业生产经营用地分布于某市的三个地域，第一块土地的土地使用权属于某免税单位，面积6 000平方米；第二块土地的土地使用权属于甲企业，面积30 000平方米，其中企业办学校5 000平方米，医院3 000平方米；第三块土地的土地使用权属于甲企业与乙企业共同拥有，面积10 000平方米，实际使用面积各50%。假定甲企业所在地城镇土地使用税单位税额为每平方米8元。

要求：请计算甲企业全年应缴纳的城镇土地使用税税额。

第八节 资源税法

【学习指导】

一、资源税的纳税人、征税范围和税率

资源税是指对在我国领域及管辖的其他海域从事应税资源开采的单位和个人征收的一种税。其纳税人、征税对象和税率如表7－28所示。

表7－28 资源税的纳税人、征税范围和税率

项目	具体内容
纳税人	纳税人为在我国领域及我国管辖的其他海域开发应税资源的单位和个人
扣缴义务人	收购未税矿产品的单位为资源税的扣缴义务人，包括独立矿山、联合企业和其他收购未税矿产品的单位
征税范围	矿产品：包括能源矿产、金属矿产、非金属矿产、水气矿产
	盐：包括钠盐、钾盐、镁盐、锂盐；天然卤水；海盐
税率	比例税率或幅度比例税率：除个别应税资源可选用幅度定额税率之外其他都比例税率或幅度比例税率

二、资源税的计税依据和优惠政策

资源税的计税依据和优惠政策如表7－29所示。

表7－29 资源税的计税依据和优惠政策

项目	具体内容
计税依据	计税销售额的确定：销售额为纳税人销售应税产品向购买方收取的全部价款和价外费用，但不包括收取的增值税销项税额和运杂费用
	课税数量的确定：① 凡直接对外销售的，以实际销售数量为课税数量；② 凡产品自用的，以移送自用数量为课税数量；③ 不能准确提供应税产品销售数量的，以应税产品的产量或者主管税务机关确定的折算比例换算成的数量为计征资源税的销售数量

7

续 表

项 目	具 体 内 容
优惠政策	(1) 有下列情形之一的，免征资源税：① 开采原油以及在油田范围内运输原油过程中用于加热的原油、天然气；② 煤炭开采企业因安全生产需要抽采的煤成(层)气； (2) 有下列情形之一的，减征资源税：① 从低丰度油气田开采的原油、天然气，减征20%资源税；② 高含硫天然气、三次采油和从深水油气田开采的原油、天然气，减征 30%资源税；③ 稠油、高凝油减征 40%资源税；④ 从衰竭期矿山开采的矿产品，减征 30%资源税； (3) 有下列情形之一的，省、自治区、直辖市可以决定免征或者减征资源税：① 纳税人开采或生产应税产品过程中，因意外事故或自然灾害等原因遭受重大损失；② 纳税人开采共伴生矿、低品位矿、尾矿

三、资源税应纳税额的计算

资源税应纳税额的计算如表 7 - 30 所示。

表 7 - 30 资源税应纳税额的计算

项 目	具 体 内 容
应纳税额的计算	实行从价计征的，其应纳税额的计算公式如下： 应纳税额 = 计税销售额 × 适用税率 实行从量计征的，其应纳税额的计算公式如下： 应纳税额 = 课税数量 × 定额税率

四、资源税征收管理

资源税的征收管理内容如表 7 - 31 所示。

表 7 - 31 资源税征收管理

项 目	具 体 内 容
纳税义务发生时间	自产销售： 分期收款的，销售合同规定的收款日期的当天； 预收货款的，发出应税产品的当天； 其他方式的，收讫销售款或者取得索取销售款凭据的当天
	自产自用：移送使用应税产品的当天
	代扣代缴：支付货款的当天
纳税期限	① 资源税按月或者按季申报缴纳；不能按固定期限计算缴纳的，可以按次申报缴纳。 ② 纳税人以按月或者按季缴纳的，应当自月度或者季度终了之日起 15 日内，向税务机关办理纳税申报并缴纳税款；按次申报缴纳的，应当自纳税义务发生之日起 15 日内，向税务机关办理纳税申报并缴纳税款
纳税地点	① 应税产品的开采或者生产所在地； ② 跨省开采且其下属生产单位与核算单位不在同一省、自治区、直辖市的，一律在开采地或者生产地纳税，其应纳税款独立核算的单位按照开采地或者生产地的销售量(额)及适用税率计算划拨

7

【习题训练】

一、判断题

1. 资源税是指对在中国境内开采、生产以及进口的矿产品和盐的单位和个人征收的一种税。（　　）

2. 独立矿山、联合企业及其他收购单位收购的未税矿产品，一律按税务机关核定的应税产品税额标准，依据收购的数量代扣代缴资源税。（　　）

3. 纳税人以外购液体盐加工固体盐，其加工固体盐所耗用液体盐的已纳资源税税款准予抵扣。（　　）

4. 销售有色金属的贸易公司既是增值税纳税人又是资源税纳税人。（　　）

5. 纳税人以 1 个月为一期纳税的，自期满之日起 15 日内申报纳税。（　　）

二、单项选择题

1. 下列各项中，不属于资源税征税范围的是（　　）。

A. 与原油同时开采的天然气　　B. 煤矿安全生产需要抽采的煤层气

C. 开采的天然原油　　D. 生产的海盐原盐

2. 某矿山 7 月份开采非金属矿 3 万吨（税率为 5%），其中销售了 2 万吨，每吨 2 000 元，自用（非生产用）0.5 万吨，计算该矿山 7 月份应纳资源税税额为（　　）万元。

A. 250　　B. 240　　C. 160　　D. 40

3. 某油田 3 月份生产原油 5 000 吨，当月销售 3 000 吨，每吨售价 800 元，加热、修井自用 100 吨，已知该油田原油适用的资源税税率为 5%，该油田 3 月份应缴纳的资源税税额为（　　）元。

A. 120 000　　B. 200 000　　C. 124 000　　D. 4 000

4. 纳税人开采应税矿产品销售的，其资源税的征税依据为（　　）。

A. 开采数量　　B. 实际产量

C. 计划产量　　D. 销售金额

5. 某纳税人本期以自产液体湖盐 50 000 吨对外销售，取得销售收入 100 万元。资源税税率为 5%，该纳税人本期应缴纳资源税税额（　　）万元。

A. 3　　B. 6　　C. 2　　D. 5

7

三、多项选择题

1. 下列单位和个人的生产经营行为中，应缴纳资源税的有（　　）。

A. 冶金企业进口矿石　　B. 个体经营者开采煤矿

C. 军事单位开采石油　　D. 中外合作开采天然气

2. 下列各项中，关于资源税纳税义务发生时间的表述正确的有（　　）。

A. 采用分期收款结算方式销售应税产品的，为发出应税产品的当天

B. 采用预收货款结算方式销售应税产品的，为收到预收款的当天

C. 自产自用应税产品的，为移送使用应税产品的当天

D. 扣缴义务人代扣代缴税款的，为支付首笔货款的当天

3. 下列各项中，应征资源税的有（ ）。

A. 开采的大理石
B. 进口的原油
C. 开采的煤矿瓦斯
D. 生产用于出口的卤水

4. 下列各项中，属于资源税纳税义务的人有（ ）。

A. 进口盐的外贸企业
B. 开采原煤的私营企业
C. 生产盐的外商投资企业
D. 中外合作开采石油的企业

5. 某铜矿 2022 年 11 月销售铜精矿 20 000 吨，每吨不含税售价 300 元，当地铜精矿资源税税率为 5%，应纳资源税和增值税税额为（ ）。

A. 资源税 16.8 万元
B. 资源税 30 万元
C. 增值税 78 万元
D. 增值税 96 万元

四、思考题

1. 在计算资源税时，计算依据如何确定？

2. 资源税有哪些优惠政策？

五、业务题

1. 甲县某独立矿山 2022 年 11 月份开采铜精矿 3 万吨，当月销售 80%，每吨售价（不含增值税）300 元。甲县铜精矿资源税税率为 5%。

要求：请计算该独立矿山 11 月份应向甲县税务机关缴纳的资源税税额。

2. 位于县城的某内资原煤生产企业为增值税一般纳税人，2022 年 11 月发生以下业务。

（1）开采原煤 10 000 吨。采取分期收款方式销售原煤 9 000 吨，每吨不含增值税单价为 500 元，购销合同约定，本月应收取三分之一的价款，但实际只收取不含税价款 120 万元。另支付运费取得增值税专用发票，注明运费 6 万元，税款 5 400 元，支付装卸费取得增值税专用发票，注明装卸费 2 万元，税款 1 200 元。

（2）为职工宿舍供暖，使用本月开采的原煤 200 吨；另将本月开采的原煤 500 吨无偿赠送给一位有长期业务往来的客户。

（3）销售开采原煤过程中因安全生产需要抽采的煤层气 125 000 立方米，取得不含税销售额 25 万元。

（假设该煤矿所在地原煤的资源税税率为 5%，煤层气资源税税率为 2%。）

要求：请计算该企业当月应缴纳的资源税。

第八章　税收征收管理法

第一节　税　务　管　理

【学习指导】

一、涉税登记

自 2015 年 10 月 1 日起，我国实行“三证合一”登记制度改革，“三证合一”登记制度是指将企业登记时依次申请，分别由工商行政部门核发工商营业执照、质量技术监督部门核发组织机构代码证和税务部门核发税务登记证，改为一次申请、由工商行政管理部门核发一个营业执照的登记制度。从 2016 年 10 月 1 日起，再整合社会保险登记证和统计登记证实现“五证合一、一照一码”登记制度改革。

改革后，新设立企业和农民专业合作社领取由工商行政部门核发加载法人和其他组织统一社会信用代码（以下称统一代码）的营业执照后，无须再次进行税务登记，不再领取税务登记证。企业办理涉税事宜时，在完成补充信息采集后，凭加载统一代码的营业执照可代替税务登记证使用。改革前核发的原税务登记证件在 2017 年底前过渡期内继续有效，2018 年 1 月 1 日起，一律改为使用加载统一代码的营业执照，原发税务登记证件不再有效。

已实行“多证合一、一照一码”登记模式的新设立企业和农民专业合作社办理注销登记，须先向税务主管机关申报清税，填写《清税申报表》。税务主管机关按照各自职责分别进行清税，限时办理，将结果向纳税人统一出具《清税证明》，同时将信息共享到交换平台。

二、账证管理

1. 涉税账簿的设置

从事生产、经营的纳税人应当自领取营业执照之日起 15 日内设置账簿，一般企业要设置的涉税账簿有总分类账、明细账及有关辅助性账簿。

扣缴义务人应当自税法规定的扣缴义务发生之日起 10 日内，按照所代扣、代收的税种设置代扣代缴、代收代缴税款账簿。

2. 发票的管理

发票管理的基本内容如表 8 - 1 所示。

表 8-1 发票管理的基本内容

项目	内容
发票的领购	普通发票的领购：纳税人凭加载统一代码的营业执照、发票领购簿及经办人身份证以及税控 IC 卡、前次发票存根联等材料到税务机关领购发票
	增值税专用发票的领购：纳税人凭加载统一代码的营业执照、发票领购簿及经办人身份证以及税控 IC 卡、上一次发票的使用清单等材料到税务机关领购发票
发票的基本内容	发票的名称、字轨号码、发票联次及用途、客户名称、商品名称及经营项目、计量单位、数量、单价、金额、开票人、开票日期、开票单位(个人)名称(章)等。此外,增值税专用发票还应包括购销双方的经营地址、电话、纳税人识别号,开户银行及账号、税率、税额等内容
发票的保管	国家税务总局统一负责全国发票管理工作。税务机关是发票主管机关,负责发票印制、领购、开具、取得、保管、缴销的管理和监督
	对已开具的发票存根和发票登记簿要妥善保管,保存期为五年,保存期满需要经税务机关查验后销毁。自 2016 年 1 月 1 日起,会计凭证、账簿保管 30 年,月度、季度财务会计报告和纳税申报表保管 10 年,年度财务会计报告永久保管,不得伪造、变造或者擅自销毁

三、纳税申报

1. 正常纳税申报

纳税申报是指纳税人、扣缴义务人、代征人为正常履行纳税、扣缴税款义务,就纳税事项向税务机关提出书面申报的一种法定手续。具体内容如表 8-2 所示。

表 8-2 纳税申报的基本内容

项目	内容
纳税申报主体	规定负有纳税义务的纳税人或代征人、扣缴义务人(含享受减免税的纳税义务人),本期有无应纳、应缴税款,都必须按规定办理纳税申报
纳税申报方式	直接申报(上门申报);邮寄申报;电子申报;简易申报和其他申报等
纳税申报期限	法律、法规规定的纳税人、扣缴义务人向税务机关申报应纳或应解缴税款的期限。不同税种不一样,同一税种也会因经营情况不同而不同,具体由主管税务机关确定
滞纳金和罚款	滞纳金从滞纳税款之日起,按日加收滞纳税款的 0.5‰

2. 延期申报与零申报

延期申报是指纳税人、扣缴义务人不能按照税法规定的期限办理纳税申报或扣缴税款申报。由纳税人申请经税务机关批准可适当推延时间进行纳税申报。

零申报是指纳税人在规定的纳税申报期内按照计税依据计算申报的应纳税额为零(企业所得税的纳税人在申报期内应纳税所得额为负数或零)而向税务机关办理的申报行为。

8

【习题训练】

一、判断题

1. 新设立企业和农民专业合作社领取由工商行政部门核发加载统一代码的营业执照

后，无须再次进行税务登记，不再领取税务登记证。 （ ）

2. 企业办理涉税事宜时，在完成补充信息采集后，凭加载统一代码的营业执照可代替税务登记证使用。 （ ）

3. 已实行“多证合一、一照一码”登记模式的新设立企业和农民专业合作社办理注销登记，需向主管税务机关提出清税申报。 （ ）

4. 依据《税收征管法》规定，税务机关是发票主管机关，负责发票的印刷、领购、开具、取得、保管、缴销的管理和监督。 （ ）

5. 对已开具的发票存根和发票登记簿要妥善保管，保存期为10年，保存期满需要经税务机关查验后销毁。 （ ）

6. 从事生产、经营的纳税人、扣缴义务人必须按照国务院财政、税务主管部门规定的保管期限保管账簿、记账凭证、完税凭证及其他有关资料。 （ ）

7. 纳税人在纳税申报期内若有收入，应按规定的期限办理纳税申报；若申报期内无收入或在减免税期间，可以不办理纳税申报。 （ ）

8. 纳税人因有特殊困难，不能按期缴纳税款的，经县级税务局批准，可以延期纳税3个月；延期纳税3个月以上者，需经市（地）级税务局批准。 （ ）

9. 纳税人未按规定纳税期限缴纳税款的，税务机关除责令限期缴纳外，从滞纳税款之日起，按日加收滞纳税款万分之五的滞纳金。 （ ）

10. 享受减税、免税优惠的纳税人，在减免税期间也必须进行纳税申报。 （ ）

二、单项选择题

1. “五证合一、一照一码”登记模式，在税务机关正式实施的时间为（ ）。

A. 2015年10月1日　　B. 2015年6月23日

C. 2015年9月10日　　D. 2016年10月1日

2. 从事生产经营的纳税人应自领取营业执照之日起（ ）内，按照国务院财政、税务主管部门的规定设置账簿，根据合法有效凭证记账，进行核算。

A. 10日　　B. 15日　　C. 30日　　D. 60日

3. 根据《税收征管法》的规定，从事生产经营的纳税人应当自领取加载统一代码的营业执照之日起（ ）内，将其财务、会计制度或者财务、会计处理办法和会计核算软件报送税务机关备案。

A. 5日　　B. 10日　　C. 15日　　D. 30日

4. 发票的存放和保管应按税务机关的规定办理，不得丢失和擅自损毁。已经开具的发票存根联和发票等登记簿，应当保存（ ）。

A. 1年　　B. 3年　　C. 5年　　D. 10年

5.《会计档案管理办法》规定，会计账簿、会计凭证应当保存（ ）。

A. 3年　　B. 5年　　C. 10年　　D. 30年

6. 根据《发票管理办法》的规定，（ ）统一负责全国发票管理工作。

A. 国务院

B. 财政部

C. 国家税务总局

D. 省、自治区、直辖市税务局

7. 关于纳税申报,下列说法正确的是(　　)。

A. 纳税人应当自行确定纳税申报的时间

B. 纳税人、扣缴义务人可以自行决定采取邮寄、电文方式办理纳税申报或者报送代扣代缴、代收代缴税款报告表

C. 电子申报是指采用税务机关确定的电话语音、电子数据交换和网络传输等电子方式进行申报

D. 纳税人采取邮寄方式办理纳税申报的,以寄出地的邮戳为申报凭据

8. 纳税期限是依法确定的纳税人(　　)的期限。

A. 办理纳税登记　　B. 办理税款预缴

C. 据以计算应纳税额　　D. 解缴税款

9. 经税务机关批准延期缴纳的税款,在批准的延期内(　　)。

A. 不加收滞纳金　　B. 加收滞纳金

C. 减半收滞纳金　　D. 加倍征收滞纳金

10. 下列说法中,正确的是(　　)。

A. 纳税人在纳税申报期限内无论有无应纳税税额都应办理纳税申报

B. 纳税人在纳税申报期限内无应纳税税额可不办理纳税申报

C. 纳税人在享受减税待遇期间可不办理纳税申报

D. 纳税人在享受免税待遇期间可不办理纳税申报

三、多项选择题

1. “五证合一、一照一码”登记制度的五证是指(　　)。

A. 税务登记证　　B. 工商营业执照

C. 组织机构代码证　　D. 社会保险登记证

E. 统计登记证　　F. 残疾人登记证

2. 普通发票一般包括的三个联次有(　　)。

A. 发票联　　B. 抵扣联　　C. 存根联　　D. 记账联

3. 纳税人日常领购增值税专用发票时,需提供的材料有(　　)。

A.《发票领购簿》　　B. IC 卡

C. 经办人身份证明　　D. 上一次发票的使用清单

4. 税务机关是发票的主管机关,负责发票的(　　)及取得、保管的管理和监督。

A. 印制　　B. 领购　　C. 缴销　　D. 开具

5. 单位、个人在(　　)时,应当按照规定开具、使用、取得发票。

A. 购销商品　　B. 提供经营服务

C. 接受经营服务　　D. 从事其他经营活动

6. 领购发票的方式主要有(　　)。

A. 批量供应　　B. 以旧换新　　C. 交旧购新　　D. 验旧购新

7. 纳税人有下列(　　)情形之一的,可申请延期缴纳税款。

A. 因不可抗力事件发生,导致纳税人发生较大损失,正常生产经营活动受到较大影响的

B. 当期财务会计处理出现特殊情况,账务未处理完,不能计算应纳税款

C. 因企业的法定代表人、财会人员外出,不能按期缴纳税款

D. 企业内部进行财务审计

8. 纳税申报方式主要有（　　）。

A. 直接申报　B. 邮寄申报　C. 电子申报　D. 简易申报

9. 纳税人办理纳税申报时，应当如实填写纳税申报表，并应根据不同的情况相报送下列（　　）等有关证件、资料。

A. 财务、会计报表及其说明材料

B. 与纳税有关的合同、协议书及凭证

C. 税控装置的电子报税资料

D. 外出经营活动税收管理证明和异地完税凭证

10. 下列应当按规定办理纳税申报的有（　　）。

A. 已办理加载统一代码的营业执照负有纳税义务的单位和个人

B. 未办理加载统一代码的营业执照的负有纳税义务的单位和个人

C. 负有代扣代缴税款义务的扣缴义务人

D. 税款实际负担人

四、思考题

1. 什么是发票？发票的种类有哪些？普通发票与专用发票有何区别？

2. 企业应如何依法领购和使用发票？企业在什么情况下要缴销发票？

第二节 税款征收

【学习指导】

税款征收的相关内容如表 8-3 所示。

表 8-3　税款征收的相关内容

项　目	内　容
税款征收方式	查账征收；查定征收；查验征收；定期定额征收
税款缴纳方式	纳税人直接向国库经收处缴纳；税务机关自收税款并办理入库手续；代扣代缴；代收代缴；委托代征；其他方式
税款征收措施	加收滞纳金：从届满的次日起到实际缴纳的当天，按日加收滞纳税款 0.5‰的滞纳金
	核定应纳税额：在某些情况下，税务机关有权核定其应纳税额
	调整计税金额：税务机关有权对非独立企业往来业务的计税金额进行合理调整
	提供纳税担保：提交纳税保证金；担保人担保；财产担保
	税收保全措施：冻结存款；扣押财产
	税收强制执行措施：扣缴税款；拍卖抵缴
	阻止出境

续 表

项 目	内 容
税款征收的其他法律规定	税收的优先权：除法律另有规定外，税务机关征收税款，税收优先于无担保债权
	税收代位权与撤销权：税务机关可以按照《合同法》的规定行使代位权、撤销权
	纳税人涉税事项的公告与报告
	税款的退还：纳税人缴纳了超过应纳税额的税款，多征税款应于接到纳税人退款申请之日起 60 日内予以退还
	税款的追征：① 因税务机关的责任，3 年内追征税款；② 因纳税人、扣缴义务人责任 3 年内追征税款、滞纳金，有特殊情况的，追征期可以延长到 5 年；③ 对逃税、抗税、骗税的，可无限期追征税款、滞纳金
税款缴纳程序	正常缴纳税款
	延期缴纳税款：延期期限最长不能超过 3 个月，且同一笔税款不得滚动审批

【习题训练】

一、判断题

1. 税务机关对可不设或应设未设账簿的或虽设账簿但难以查账的纳税人，可以采取查定征收方式。（　　）

2. 只要税务机关有根据认为纳税人有明显的转移、隐匿其应纳税的商品、货物以及其他财产或应纳税收入等行为或迹象的，就可以对纳税人采取税收保全措施。（　　）

3. 因纳税人、扣缴义务人计算错误等失误，未缴或者少缴税款的，税务机关在 3 年内可以追征；有特殊情况的，税务机关可以无限期追征。（　　）

4. 依据《税收征管法》的规定，税务机关征收的税款一律优先于纳税人的无担保债权。（　　）

5. 欠缴税款的纳税人需要出境的，应当在出境前向税务机关结清应纳税款或者提供担保，未结清税款又不提供担保的，税务机关可以通知出境管理机关阻止出境。（　　）

二、单项选择题

1. 对账簿、凭证、会计等核算制度比较健全的纳税人应采取的税款征收方式为（　　）。

A. 查账征收　　B. 查定征收　　C. 查验征收　　D. 邮寄申报

2. 因税务机关的责任，致使纳税人、扣缴义务人未缴或少缴税款的，税务机关在（　　）内可以要求纳税人、扣缴义务人补缴税款，但是不得加收滞纳金。

A. 1 年　　B. 2 年　　C. 3 年　　D. 5 年

3. 因纳税人计算错误等失误原因未缴或少缴的税款数额在 10 万元以上的，追征期为（　　）。

A. 3 年　　B. 5 年　　C. 10 年　　D. 无限期

4. 根据《税收征管法》的规定，致使纳税人未按规定的期限缴纳或者解缴税款的，税务机关除责令限期缴纳外，应当从滞纳税款之日起，按日加收滞纳税款（　　）的滞纳金。

A. 1‰　　B. 2‰　　C. 0.3‰　　D. 0.5‰

8

5. 纳税人、扣缴义务人和纳税担保人未按规定期限缴纳或解缴税款或缴纳应担保的税款，在限期（　　）内仍未缴纳的，经依法批准可采取强制执行措施。

A. 10 日　　B. 15 日　　C. 30 日　　D. 60 日

三、多项选择题

1. 目前，我国税款征收的方式主要有（　　）。

A. 查账征收　　B. 查定征收　　C. 查验征收　　D. 定期定额征收

2.《税收征管法》规定，税务机关可以采取的强制执行措施主要有（　　）。

A. 书面通知纳税人开户银行冻结支付纳税人的金额相当于应纳税款的存款

B. 书面通知纳税人开户银行从其存款中扣缴税款

C. 扣押、查封纳税人的价值相当于应纳税款的商品、货物或者其他财产

D. 扣押、查封、拍卖其价值相当于应纳税款的商品、货物或者其他财产，以拍卖所得抵缴税款

3. 纳税人有逃避纳税义务行为或欠税需出境等情形时，税务机关可要求纳税人采取下列（　　）方式提供担保。

A. 提交纳税保证金　　B. 提供财产担保　　C. 提供纳税担保人　　D. 变卖财产抵缴

4. 根据《税收征管法》规定，下列（　　）情形的税收优先权法律予以保护。

A. 税收一律优于无担保债权　　B. 税收优于抵押权与滞留权

C. 税收优于行政机关的罚款　　D. 税收优于没收非法所得

5. 根据《税收征管法》的有关规定，纳税人因自身原因未缴或少缴税款，税务机关可采取的措施有（　　）。

A. 非故意数额在 10 万元以上的 5 年内追征

B. 非故意数额在 10 万元以上的 10 年内追征

C. 因计算错误 3 年内追征

D. 造成逃税的无限期追征

第三节　税 务 检 查

【学习指导】

税务检查是税务机关根据税收法律、行政法规的规定对纳税人、扣缴义务人履行纳税义务、扣缴义务及其他有关税务事项进行审查、核实、监督活动的总称。具体内容如表 8-4 所示。

表 8-4　　税务检查的相关内容

项　目	内　　容
税务检查的类型	重点检查：对公民举报、上级机关交办或有关部门转来的有逃税行为或逃税嫌疑的、纳税申报明显不符的纳税人及有普遍逃税行为的行业的检查
	专项检查：对某一税种或税收征收管理某一环节进行的检查

续 表

项 目	内 容
税务检查的类型	分类检查：按事先确定的纳税人分类、计划检查时间及检查频率而进行的检查
	集中性检查：在一定时间、一定范围内，统一安排、统一组织的税务检查
	临时性检查：在正常的检查计划之外安排的检查
税务检查方法	全查法；抽查法；顺查法；逆查法；比较分析法；控制计算法；审阅法；核对法；观察法；外调法；盘存法；交叉稽核法
税务检查的权责	税务机关在税务检查中的权限：账证检查权、场地检查权、责成提供资料权、询问权、交通邮政检查权、存款账户检查权
	税务机关在税务检查中的措施：经批准采取税收保全措施或者强制执行措施
	税务机关在税务检查中的取证手段：可以记录、录音、录像、照相和复制
	税务机关在税务检查中的义务：检查时应出示税务检查证和税务检查通知书
	纳税人、扣缴义务人在税务检查中的义务与权利

【习题训练】

一、判断题

1. 税务机关可依法到纳税人的生产、生活、经营场所和货物存放地检查纳税人应纳税的商品、货物或者其他财产。（ ）

2. 按照会计核算的顺序，依次检查纳税人会计凭证、账簿、报表，并将其相互核对的检查方法称为顺查法。（ ）

3. 税务机关根据税收工作实际，对某一税种或税收征收管理某一环节进行的检查称为临时性检查。（ ）

二、单项选择题

1. 税务机关在税务检查中需要采取税收保全措施的，期限一般不得超过（ ），重大案件需要延期的，应当报国家税务总局批准。

A. 6个月　B. 15日　C. 3个月　D. 1个月

2. 税务检查人员到被查纳税人的生产经营场所、仓库、工地等现场，实地查看其生产经营及存货等情况，以发现纳税问题或验证账簿中可疑的问题的检查方法，属于（ ）。

A. 审阅法　B. 观察法　C. 盘存法　D. 核对法

3. 税务机关在一定时间、一定范围内，统一安排、统一组织的税务检查，这种检查一般规模比较大，属于（ ）。

A. 集中性检查　B. 临时性检查

C. 重点检查　D. 分类检查

三、多项选择题

1. 税务检查权是税务机关在检查活动中依法享受的权利，税收征管法规定税务机关有权( )。

A. 检查纳税人的账簿、记账凭证、报表和有关资料

B. 责成纳税人提供与纳税有关的文件、评审材料和有关资料

C. 到纳税人的生产、经营场所和货物存放地检查纳税人应纳税的商品、货物或者其他财产

D. 对纳税人的住宅及其他生活场所进行检查

2. 根据发票管理办法及其实施细则的规定，税务机关在发票检查中享有的职权有( )。

A. 调出发票转让　　B. 调出发票查验

C. 鉴定发票真伪　　D. 复制与发票有关的资料

3. 税务机关检查纳税人存款账户时，须做到( )。

A. 经县以上税务局(分局)局长批准　　B. 凭全国统一格式的检查存款账户许可证

C. 指定专人　　D. 为纳税人保密

第四节 法律责任

【学习指导】

(1) 税务违法行政处罚是指纳税人违反税收法律制度，未构成犯罪的，给予行政处理，一般是由税务机关责令其限期改正，追缴其税款、滞纳金，并处税款一定比例的罚款。具体情况如表8-5所示。

(2) 税务违法司法处罚是指纳税人违反税收法律制度，构成犯罪的，依法追究刑事责任。包括逃税罪、抗税罪、逃避追欠税罪、骗取出口退税罪、虚开专用发票罪等。具体情况如表8-6所示。

表8-5　　税务违法行政处罚情况表

项　目	税务违法具体行为	行政处罚
违反税务管理基本规定的行为	有下列情况之一者：① 未按照规定设置、保管账簿或者保管记账凭证和有关资料的；② 未按规定将财务、会计制度或者财务、会计处理办法报送税务机关备查的；③ 未按照规定将其全部银行账号向税务机关报告的；④ 未按规定安装、使用税控装置或损毁或擅自改动税控装置的	处2 000元以下的罚款；情节严重的处2 000元～1万元罚款
	缴义务人未按照规定设置、保管代扣代缴、代收代缴税款账簿或者保管代扣代缴、代收代缴税款记账凭证和有关资料的	处2 000元以下的罚款；情节严重的，处2 000元～5 000元罚款
	未按照规定的期限办理纳税申报和报送纳税资料的，或者扣缴义务人未按照规定的期限向税务机关报送代扣代缴、代收代缴税款报告表和有关资料的	处2 000元以下的罚款；情节严重的，处2 000元～1万元罚款

8

续 表

项　目	税务违法具体行为	行政处罚
逃税行为	纳税人或扣缴义务人逃税数额不满1万元或者逃税数额占应纳税额不到10%的	追缴其逃税款、滞纳金，并处不缴或者少缴税款0.5～5倍罚款
	扣缴义务人采取逃税手段，不缴或者少缴已扣、已收税款，数额不满1万元或者数额占应纳税额不到10%的	追缴其不缴或少缴税款、滞纳金，并处不缴或者少缴税款0.5～5倍罚款
逃避追缴欠税行为	采取转移或隐匿财产手段，致使税务机关无法追缴欠缴的税款，数额不满1万元的	追缴其欠缴税款、滞纳金，并处欠缴税款0.5～5倍罚款
骗税行为	骗取国家出口退税款，未构成犯罪的	追缴其骗取的税款，并处骗取税款1～5倍罚款
非法印制发票行为	非法印制发票，未构成犯罪的	销毁非法发票，没收违法所得和作案工具，并处1万元～5万元罚款
不配合税务检查的行为	逃避、拒绝或者以其他方式阻碍税务机关检查的；或提供虚假资料或转移、隐匿、销毁有关资料的	处1万元以下的罚款；情节严重的，处1万元～5万元罚款
银行及其他金融机构拒绝配合税务执法的行为	银行和其他金融机构未按规定登记纳税人账户账号的	限期改正，处2 000元～2万元罚款；情节严重的，处2万元～5万元罚款
	开户银行拒绝税务机关对纳税人、扣缴义务人存款账户的检查，或拒绝执行冻结存款或扣缴税款的决定，或在接到书面通知后帮助纳税人、扣缴义务人转移存款，造成税款流失的	处10万元～50万元罚款，对直接责任人处1 000元～1万元罚款
	开户行为纳税人、扣缴义务人非法提供账户、发票、证明或其他方便，导致未缴、少缴税款或者骗取国家出口退税款的	没收其违法所得，可处未缴、少缴或者骗取的税款1倍以下的罚款
其他税收违法行为	纳税人、扣缴义务人在规定期限内不缴或者少缴应纳或者应解缴的税款，经税务机关责令限期缴纳，逾期仍未缴纳的	除可采取强制执行措施追缴外，可处不缴或者少缴的税款0.5～5倍罚款
	扣缴义务人应扣未扣、应收而不收税款的	除追缴税款外，可处应扣未扣、应收未收税款0.5～5倍罚款
	非法印制、转借、倒卖、变造或者伪造完税凭证，未构成犯罪的	处2 000元～1万元罚款；情节严重的，处1万元～5万元罚款
	税务代理人违反税收法律、行政法规，造成纳税人未缴或者少缴税款的	补缴应纳税款、滞纳金，处未缴或者少缴税款0.5～3倍罚款

表 8-6　　税务违法司法处罚情况表

违法类别	罪　名	犯罪主体	量　刑　依　据	刑期处罚	经济处罚
直接妨害税款征收犯罪	逃税罪	纳税人和扣缴人（包括自然人和单位）	因逃税被税务机关给予过两次行政处罚又逃税的	处 3 年以下有期徒刑或拘役	并处逃税数额 1～5 倍罚金
			逃税数额占应纳税额 10%～30%且逃税数额在 1 万元～10 万元	处 3 年以下有期徒刑或拘役	并处逃税数额 1～5 倍罚金
			逃税数额占应纳税额 30%以上且逃税数额在 10 万元以上的	处 3～7 年有期徒刑	并处逃税数额 1～5 倍罚金
	抗税罪	纳税人和扣缴人（不包括单位）	一般犯罪行为	处 3 年以下有期徒刑或拘役	并处拒缴税款 1～5 倍罚金
			抗税情节严重	处 3～7 年有期徒刑	并处拒缴税款 1～5 倍罚金
	逃避追缴欠税罪	企事业单位和个人	数额在 1 万元～10 万元的	处 3 年以下有期徒刑或拘役	并处或单处欠缴税款 1～5 倍罚金
			数额在 10 万元以上的	处 3～7 年有期徒刑	并处欠缴税款 1～5 倍罚金
	骗税罪	企事业单位和个人	数额较大的（5 万元以上）	处 5 年以下有期徒刑或拘役	并处骗取税款 1～5 倍罚金
			数额巨大（50 万元以上）或有其他严重情节的	处 5～10 年有期徒刑	并处骗取税款 1～5 倍罚金
			数额特别巨大（250 万元以上）或有其他特别严重情节的	处 10 年以上有期徒刑或无期徒刑	并处骗取税款 1～5 倍罚金或没收财产
妨害发票管理犯罪	虚开专用发票罪	企事业单位和个人	一般犯罪行为	处 3 年以下有期徒刑或拘役	并处 2 万～20 万元罚金
			数额较大的或有其他严重情节的	处 3～10 年有期徒刑	并处 5 万～50 万元罚金
			数额巨大或有其他特别严重情节的	处 10 年以上有期徒刑或无期徒刑	并处 5 万～50 万元罚金或没收财产
			数额特别巨大、情节特别严重、给国家利益造成特别重大损失的	处无期徒刑或死刑	并处没收财产
	伪造或出售伪造专用发票罪	企事业单位和个人	一般犯罪行为	处 3 年以下有期徒刑、拘役或管制	并处 2 万～20 万元罚金
			数额较大的或有其他严重情节的	处 3～10 年有期徒刑	并处 5 万～50 万元罚金

续 表

违法类别	罪 名	犯罪主体	量 刑 依 据	刑 期 处 罚	经 济 处 罚
妨害发票管理犯罪	伪造或出售伪造专用发票罪	企事业单位和个人	数额巨大或有其他特别严重情节的	处10年以上有期徒刑或无期徒刑	并处5万～50万元罚金或没收财产
			数额特别巨大、情节特别严重、严重破坏经济秩序的	处无期徒刑或死刑	并处没收财产
	非法出售专用发票罪	拥有专用发票的单位和个人	一般犯罪行为	处3年以下有期徒刑、拘役或管制	并处2万～20万元罚金
			数额较大的	处3～10年有期徒刑	并处5万～50万元罚金
			数额巨大的	处10年以上有期徒刑	并处5万～50万元罚金或没收财产
	非法购买伪造专用发票罪	企事业单位和个人	有犯罪行为的	处5年以下有期徒刑或拘役	并处或单处2万～10万元罚金
	非法制造、出售非法制造其他专用发票罪	企事业单位和个人	一般犯罪行为	处3年以下有期徒刑、拘役或管制	并处2万～20万元罚金
			数量巨大的	处3～7年有期徒刑	并处5万～50万元罚金
			数量特别巨大的	处7年以下有期徒刑	并处5万～50万元罚金或没收财产
	非法制造、出售非法制造发票罪	企事业单位和个人	一般犯罪行为	处2年以下有期徒刑、拘役或管制	并处或单处1万～5万元罚金
			情节严重的	处2～7年有期徒刑	并处5万～50万元罚金
	非法出售其他专用发票罪	合法拥有其他专用发票的单位和个人	一般犯罪行为	处3年以下有期徒刑、拘役或管制	并处2万～20万元罚金
			数量巨大的	处3～7年有期徒刑	并处5万～50万元罚金
			数量特别巨大的	处7年以下有期徒刑	并处5万～50万元罚金或没收财产
	非法出售发票罪	拥有普通发票的单位和个人	一般犯罪行为	处2年以下有期徒刑、拘役或管制	并处1万～5万元罚金
			情节严重的	处2～7年有期徒刑	并处5万～50万元罚金或没收财产

【习题训练】

一、判断题

1. 纳税人、扣缴义务人逃避、拒绝或以其他方式阻挠税务机关检查的，由税务机关责令改正，可处1万元以下的罚款；情节严重的，处1万元以上5万元以下的罚款。（　　）

2. 单位犯伪造出售的增值税专用发票罪的，在任何情况下，不对其直接负责的主管人员和其他直接责任人适用死刑。（　　）

3. 纳税人逃税数额不满1万元或者逃税数额占应纳税额不到10%的，由税务机关追缴其逃税款、滞纳金，并处不缴或者少缴税款50%以上5倍以下的罚款。（　　）

4. 扣缴义务人未按照规定的期限向税务机关报送代扣代缴、代收代缴税款报告表和有关资料的，处2 000元以下的罚款；情节严重的，处2 000元～1万元罚款。（　　）

5. 税务人员违反法律、行政法规的规定，在办理发票、抵扣税款、出口退税工作中，徇私舞弊，致使国家利益遭受重大损失的，处3年以下有期徒刑或拘役。（　　）

二、单项选择题

1. 下列情形中，构成逃税罪的是（　　）。

A. 逃税数额占应纳税额的10%以上的

B. 逃税数额超过1万元的

C. 逃税数额占应纳税额10%以上或逃税数额超过1万元的

D. 逃税数额占应纳税额10%以上且逃税数额超过1万元的

2. 出租车司机张某打电话给税务所长：如不答应减免应缴未缴的3万元税款，就伺机将其撞死。张某的这种行为属（　　）。

A. 骗税行为　　B. 抗税行为　　C. 逃税行为　　D. 逃避追缴欠税行为

3. 扣缴义务人未按规定期限向税务机关报送代扣代缴、代收代缴税款报告的，由税务机关责令限期改正，可处以（　　）罚款；情节严重的，处以（　　）罚款。

A. 1 000元以下，1 000～5 000元　　B. 2 000元以下，2 000～5 000元

C. 2 000元以下，2 000～10 000元　　D. 5 000元以下，5 000～20 000元

4. 根据刑法的有关规定，非法购买增值税专用发票或者购买伪造的增值税专用发票的，处5年以下有期徒刑、拘役，并处或单处（　　）罚金。

A. 2万元以下　　B. 2万～10万元　　C. 50万元以下　　D. 5万～50万元

5. 危害税收征管罪的主体中，唯一的一个不能由单位构成的罪名是（　　）。

A. 逃税罪　　B. 抗税罪

C. 骗取出口退税罪　　D. 逃避追缴欠税罪

8

三、多项选择题

1. 纳税人下列（　　　）行为，由税务机关责令限期改正，可以处2 000元以下的罚款；情节严重的，处2 000元以上10 000元以下罚款。

A. 未按照规定将其全部银行账号向税务机关报告的

B. 未按照规定设置、保管账簿

C. 未按照规定的期限办理纳税申报

D. 未按规定安装、使用税控装置或损毁或擅自改动税控装置的

2. 纳税人、扣缴义务人在规定的期限内不缴或少缴应纳或解缴的税款，税务机关可根据其情节依法采取的措施和处罚主要有(　　)。

A. 责令限期缴纳　　B. 处以0.5～3倍罚款

C. 处以0.5～5倍的罚款　　D. 处以5倍以下罚款

3.《税收征管法》规定，对纳税人抗税的，税务机关可依法采取的措施和处罚有(　　)。

A. 加收滞纳金　　B. 追缴其拒缴的税款

C. 处1～5倍罚款　　D. 依法提请司法处理

4. 纳税人逃税构成犯罪的，可采取处罚的方式主要有(　　)。

A. 追缴税款　　B. 加收滞纳金　　C. 罚款　　D. 追究刑事责任

5. 下列各项表述中，符合刑法中关于逃税罪处罚规定的有(　　)。

A. 逃税数额占应纳税额的10%～30%，且逃税数额在1万～10万元的，处以3年以下有期徒刑或者拘役，并处逃税数额1～5倍的罚金

B. 因逃税被税务机关给予过两次行政处罚又逃税的，处以3年以下有期徒刑或者拘役，并处逃税数额0.5～5倍的罚金

C. 逃税数额占应缴税额的30%以上且超过10万元的，处以3～7年有期徒刑，并处逃税数额1～5倍的罚金

D. 单位犯逃税罪的，对单位判处罚金，并对其直接负责的主管人员和其他责任人员按自然人犯逃税罪进行处罚

四、业务题

1. 某市娱乐中心2022年6月实际应纳增值税50万元，由于资金周转困难，该单位决定向主管税务机关申报缴纳30万元税款。同年7月，税务部门在检查中发现了该问题。该酒店的行为属于何种性质的税务违法行为？应作何种处罚？

2. 某市纺织公司2022年11月应纳增值税2 156万元，当地税务机关的税务人员多次电话催缴，至2022年12月20日仍未缴纳。12月21日税务人员依法查询了该公司的银行账户，发现其账上刚有3 000余万元货款。税务人员填制了扣缴税款通知书，经局长签字批准后通知银行从该公司账上扣缴所欠的2 156万元税款和1 078元滞纳金。公司经理得知后非常生气，认为税务机关不打招呼就扣了钱，还扣了滞纳金，有损企业形象。你认为税务机关的扣款行为合理吗？为什么？

3. 2022年11月某税务机关对某公司10月份业务的纳税检查发现了以下几个问题：

(1) 该公司从一些个体工商户处购买货物，未经税务机关同意，取得了一部分增值税专用发票，并作为进项入账，已抵扣进项税款140 000元；

(2) 账外销售货物280 000元(不含税价格)，未计入销售额，计算销项税额为47 600元；

(3) 经核实，该公司10月份已纳增值税430 000元，税务机关对该公司做出追缴税款187 600元(140 000+47 600)的处罚，并罚款93.8万元。

要求：请根据《税收征管法》的规定，对上述公司的行为和税务机关的行为做出判断，并提出处理意见。

第九章 税务行政管理法

第一节 税收管理体制

【学习指导】

一、我国税收管理权限的划分

税收管理体制是指在中央与地方，以及地方各级政府之间划分税收管理权限，确立各自税权范围的一种税收制度。税收管理权限主要规定税收的立法权和执法权两大类。具体如表 9-1 所示。

表 9-1 我国税收管理权限

项　目	具　体　规　定
税收立法权	**全国人大及其常委会**：有全国性税种的立法权，包括全部中央税和在全国范围内征收的地方税税法的制定、公布和税种的开征、停征权
	国务院：全国人大及其常委会授权，全国性税种可先由国务院以“条例”或“暂行条例”的形式发布施行
	财政部和国家税务总局：经国务院授权，国家税务总局拥有税收条例的解释权和税收条例实施细则的制定权
	省级人大及其常委会：在不违背国家统一税法的前提下，有权制定、公布、开征、停征全国性税种以外的地方税种。但在公布实施前，须报全国人大常委会备案
	省级人民政府：经省级人大授权，有本地区地方税法的解释权和制定地方税法实施细则、调整税目与税率的权力；在全国性地方税条例规定的幅度内，确立本地区使用的税率（税额）。除税法解释权外，其他在发布实施前须报国务院备案
税收执法权	**各税种的征收管理权**：中央税的管理权归属于国务院及其财政部和国家税务总局，地方税的管理权归属于地方人民政府及其税务主管部门，中央与地方共享税的管理权，按中央和地方政府各自的收入归属划分，税款统一由税务机关负责征收
	涉外税收政策调整权：涉外税收执行统一税法，调整权集中在全国人大及其常委会和国务院，各地一律不得自行制定涉外税收的优惠措施

续 表

项　目	具　体　规　定
税收执法权	**减免税的审批管理权：** 各地区、部门及单位和个人，在税收法律、行政法规规定之外一律不得减免税，也不得采取先征后返的形式变相减免税
	地方性税种的管理权： 地方税收的管理权限归属省级人大或省级政府。地方自行立法的地区性税种，其税收管理权归属于省级政府及其税务主管部门
	地方性税种的停征权： 除少数民族自治区和经济特区外，各地均不得擅自停征全国性的地方税种
	税务具体征收管理权： 税务的登记管理、账证管理、发票管理、纳税申报、税款征收、税务检查、减免税管理、税务行政处罚等执法权、一般由税务机关拥有

二、税务机构及其权限的划分

我国现行税务机构的设置是中央政府设立国家税务总局，省及省以下税务机构设置"国家税务总局××省（市、县）税务局"，实行以国家税务总局为主与省（自治区、直辖市）政府双重领导管理体制。具体如表 9－2 所示。

表 9－2　　税务机构及其权限的划分

项　目	具　体　规　定
税务局系统及其征管范围	**税务局系统：** 包括省（自治区、直辖市）、市（地区、自治州、盟）、县（县级市、旗）税务局、征收分局和税务所
	征管范围： 增值税、消费税、企业所得税、个人所得税、城市维护建设税、资源税、城镇土地使用税、耕地占用税、土地增值税、房产税、车船税、车辆购置税、印花税、契税、烟叶税、环境保护税及其他税收附加；税收的滞纳金、补税、罚款。为提高社会保险资金征管效率，国税地税机构改革合并后，将基本养老保险费、基本医疗保险费、失业保险费等各项社会保险费交由税务部门统一征收
中央与地方政府税收收入划分	**中央政府固定收入：** 包括国内消费税、车辆购置税、关税、船舶吨税和海关代征增值税、消费税收入
	地方政府固定收入： 包括城镇土地使用税、耕地占用税、土地增值税、房产税、车船税、契税、烟叶税及其地方附加
	中央地方共享收入： 按比例分享的有增值税、企业所得税、个人所得税；按纳税企业来划分税收归属的有资源税、城市维护建设税、印花税

【习题训练】

一、判断题

9

1. 我国税收立法权一律集中在中央，地方不享有任何税收立法权。　（　　）

2. 经全国人大及其常委会的授权，国务院可以以“条例”或“暂行条例”的形式发布施行全国性税种。（ ）

3. 财政部和国家税务总局有税法解释权及制定税收条例、税收征管法实施细则的权力。（ ）

4. 各地区、各部门及单位和个人在税法规定之外一律不得减免税，也不得采取先征后返的形式变向减免税。（ ）

5. 国内增值税收入的50%归中央，50%归地方，作为共享税由国家税务局负责征收管理。（ ）

二、单项选择题

1. 经国务院授权，财政部和国家税务总局的税收立法权是（ ）。

A. 制定地方税法规　　B. 税法解释权

C. 税收条例解释权　　D. 税目调整权

2. 中央与地方共享税的管理权，按中央和地方政府各自的收入归属划分，由各级（ ）负责征收管理。

A. 财政机关　　B. 税务机关　　C. 国家税务局　　D. 地方税务局

3. 下列税种中，属于地方政府固定收入的税种是（ ）。

A. 消费税　　B. 增值税

C. 房产税　　D. 企业所得税

4. 下列税种中，属于中央政府与地方政府共享收入的税种是（ ）。

A. 增值税　　B. 契税

C. 土地增值税　　D. 关税

5. 企业所得税、个人所得税中中央政府的分享比例为（ ）。

A. 75%　　B. 60%　　C. 25%　　D. 40%

三、多项选择题

1. 全国人大及其常委会的税收立法权，主要包括（ ）。

A. 中央税税法制定　　B. 税种开征停征权

C. 税目税率调整权　　D. 税收法律解释权

2. 经全国人大及其常委会授权，国务院的税收立法权主要有（ ）。

A. 全国性税种可先以“条例”的形式发布施行

B. 全国性税种可先以“暂行条例”的形式发布施行

C. 制定税法实施细则

D. 税目税率调整权

3. 在分税制财政管理体制下，中央税的管理权归属于（ ）。

A. 国务院　　B. 海关总署

C. 财政部　　D. 国家税务总局

4. 由税务系统负责征收管理的税种主要有（ ）。

A. 增值税与契税　　B. 房产税与印花税

C. 车船税　　D. 城镇土地使用税

5. 根据现行规定，属于中央政府固定收入的有（ ）。

A. 国内消费税 B. 进出口关税

C. 国内增值税 D. 海关代征增值税和消费税

四、思考题

1. 我国的税收立法权和税收执法权是如何划分的？

2. 我国税务机构是如何设置的？征收范围是如何划分的？

第二节 税务行政处罚

【学习指导】

税务行政处罚是指公民、法人或者其他组织有违反税收法律、行政法规的违法行为，尚未构成犯罪，依法应承担行政责任的，由税务机关给予的处罚。具体内容如表 9－3 所示。

表 9－3 税务行政处罚的内容

项目	具体规定
税务行政处罚的原则	① 法定原则；② 公正、公开原则；③ 以事实为依据原则；④ 过罚相当原则；⑤ 处罚与教育相结合原则；⑥ 监督、制约原则；⑦ 一事不二罚原则
税务行政处罚的设定和种类	**处罚的设定**：指由特定的国家机关通过一定形式首次独立规定公民、法人或者其他组织的行为规范，并规定违反该行为规范的行政制裁措施。具体分为： ① 立法机关设定的行政处罚：全国人大及其常委会可设定各种税务行政处罚； ② 行政机关设定的行政处罚、国务院可设定除限制人身自由以外的税务行政处罚； ③ 税务机关设定的行政处罚、国家税务总局可通过规章的形式设定警告和罚款，但罚款有限额
	处罚的种类：① 罚款；② 没收违法所得；③ 停止出口退税；④ 收缴发票和停止供应发票
税务行政处罚的主体与管辖	**主体**：实施主体主要是县以上税务机关
	管辖：行政处罚由当事人税收违法行为发生地的县（县级市、旗）以上税务机关管辖
税务行政处罚的程序	**简易程序**：适用条件：① 案情简单、事实清楚，违法后果比较轻微且有法定依据应当给予处罚的违法行为；② 给予的处罚较轻，仅适用于对公民处以 50 元以下和对法人或其他组织处以 1 000 元以下罚款的违法案件
	一般程序：适用于情节比较复杂、处罚比较重的案件。一般要经过税务调查、税务审查、税务听证和税务决定 4 个环节
税务行政处罚的执行	当事人应当在行政处罚决定规定的期限内，予以履行。否则税务机关可以依法强制执行或者申请法院强制执行
	对于罚款行政处罚决定，当事人应当在收到行政处罚决定书之日起 15 日内缴纳罚款，到期不缴纳的，税务机关可对当事人每日按罚款数额的 3%加处罚款

【习题训练】

一、判断题

1. 全国人大及其常委会可以通过法律形式设定各种税务行政处罚,包括经济处罚、限制人身自由等。 ( )

2. 国家税务总局可以通过规章的形式设定警告和罚款,但罚款有最高数额限制,超过限额的应报国务院批准。 ( )

3. 税务行政处罚的实施主体主要是县以上税务机关,派出机构不具备处罚主体资格。因此,税务所作为县级税务机关的派出机构,同样不能对任何纳税人的税务违法行为进行处罚。 ( )

4. 对个体工商户及未取得营业执照的单位、个人实施罚款在2 000元以下的,税务所有权进行处罚。 ( )

5. 根据现行有关法律规定,只有当事人税务违法行为发生地的税务机关才有权对当事人实施税务行政处罚,其他税务机关则无权实施。 ( )

二、单项选择题

1. 我国税务行政处罚的实施主体是( )。

A. 税务机关的内设机关　　B. 税务机关的派出机构
C. 县以上的税务机关　　D. 税务所

2. 按照地域管理辖权,我国税务行政处罚实行的是( )。

A. 收入来源地原则　　B. 行为发生地原则
C. 居民所在地原则　　D. 户籍所在地原则

3.《税收征管法》授权税务所,可以实施罚款额在( )元以下的税务行政处罚。

A. 50　　B. 500　　C. 1 000　　D. 2 000

4. 税务行政处罚听证的范围是对公民和对法人或其他组织分别作出( )以上罚款额的案件。

A. 1 000元、10 000元　　B. 2 000元、10 000元
C. 1 000元、20 000元　　D. 2 000元、50 000元

5. 税务机关对当事人作出罚款行政处罚决定的,当事人应当在收到行政处罚书之日起15日内缴纳罚款,逾期不缴纳的,税务机关可以根据罚款数额对当事人按日加处罚款,计算加处罚款的比例是( )。

A. 1‰　　B. 3‰　　C. 1%　　D. 2%

三、多项选择题

1. 税务行政处罚的设定机关有( )。

A. 全国人大及其常委会　　B. 国务院
C. 地方人大及其常委会　　D. 国家税务总局

2. 下列单位中,( )具有税务行政处罚权。

A. 县级税务局　　B. 税务所

9

C. 地(市)级税务局　　D. 税务机关派出机构

3. 我国现行的税务行政处罚种类主要有(　　)。

A. 罚款　　B. 没收非法所得

C. 停止出口退税权　　D. 注销税务登记

4. 税务行政处罚的一般程序,包括以下方面(　　)。

A. 税务调查　　B. 税务审查　　C. 税务听证　　D. 税务决定

5. 下列属于税务行政处罚原则的有(　　)。

A. 法定原则　　B. 公正、公开原则

C. 开放原则　　D. 过罚相当原则

四、思考题

1. 什么是税务行政处罚?其原则有哪些?

2. 税务行政处罚的程序如何?如何根据具体情况选择不同的处罚程序?

第三节　税务行政复议与诉讼

【学习指导】

一、税务行政复议

税务行政复议是指当事人不服税务机关及其工作人员作出的税务具体行政行为,依法向上一级税务机关(复议机关)提出申请,复议机关经审理对原税务机关具体行政行为依法作出维持、变更、撤销等决定的活动。具体内容如表 9-4 所示。

表 9-4　　税务行政复议的内容

项　目	具　体　规　定
受理范围	① 税务机关作出的征税行为;② 税务机关的行政许可、行政审批行为;③ 税务机关的发票管理行为;④ 税务机关作出的税收保全措施、强制执行措施;⑤ 税务机关作出的税务行政处罚行为;⑥ 税务机关不依法履行职责的行为;⑦ 税务机关作出的资格认定行为;⑧ 税务机关不依法确认纳税担保行为;⑨ 税务机关作出的政府信息公开工作中的具体行政行为;⑩ 税务机关作出的纳税信用等级评定行为;⑪ 税务机关作出的通知出入境管理机关阻止出境行为;⑫ 税务机关作出的其他税务具体行政行为
申请与受理	**申请:** 申请人可以在知道税务机关作出具体行政行为之日起 60 日内提出行政复议申请。对受案范围中第①项税务机关作出的征税行为不服的,应当先向复议机关申请行政复议,对行政复议不服,可以再向人民法院提起行政诉讼。对其他行政行为不服,可以申请行政复议,也可以直接提起行政诉讼
	受理: ① 复议机关收到行政复议申请后,应在 5 日内进行审查,并决定是否受理;② 当事人可以自收到不予受理决定书之日起或行政复议期满之日起 15 日内,依法向人民法院提起行政诉讼

9

续 表

项　目	具　体　规　定
决定与执行	**决定**：复议机关应当自受理申请之日起 60 日内作出行政复议决定。情况复杂，经复议机关负责人批准，可以适当延长，并告知申请人和被申请人，但延长期限最多不超过 30 日
	执行：申请人逾期不起诉又不履行行政复议决定的，行政机关或复议机关可依法强制执行或申请人民法院强制执行

二、税务行政诉讼

税务行政诉讼，是指纳税当事人认为税务机关及其工作人员的具体行政行为侵犯其合法权益，通过向人民法院提起诉讼，由人民法院来解决其与税务机关之间行政纠纷的活动。具体内容如表 9-5 所示。

表 9-5　税务行政诉讼的内容

项　目	具　体　规　定
原　则	① 特定性主管原则；② 合法性审查原则；③ 不适用调解原则；④ 起诉不停止执行原则；⑤ 税务机关负举证责任原则；⑥ 由税务机关负责赔偿的原则
受理范围	① 对于法律、行政法规规定应当先向复议机关申请行政的具体行政行为，纳税当事人应当先申请行政复议；对行政复议决定不服的，再向人民法院提起行政诉讼
	② 纳税当事人对税务机关的其他具体行政行为不服的，可以先申请行政复议，对复议决定不服的，再向人民法院提起诉讼；也可以直接向人民法院提起诉讼
起诉与受理	**起诉**：① 起诉权的单向性，税务机关只有应诉权，没有起诉权；② 行政诉讼需具备 5 个条件；③ 起诉期限和必经程序
	受理：人民法院接到诉讼，经过审查，应当在 7 天内立案或者作出裁定不予受理。原告对不予受理的裁定不服的，可以提起上诉
审　理	审理税务行政案件实行合议、回避、公开审判和两审终审的审判制度，诉讼期间，除规定情形之外，不停止具体行政行为的执行
判　决	**一审判决**：维持判决；撤销判决；履行判决；变更判决
	二审判决：维持原判；依法改判；发回重审

【习题训练】

一、判断题

1. 税务行政复议是税务行政诉讼的必需前置程序，未经复议一律不得向人民法院起诉，人民法院也不得受理。（　　）

2. 纳税人认为税务机关的具体行政行为所依据的规章不合理，无论是哪一级机关制定的，在申请复议时都可一并向复议机关提出对该规章的审查申请。（　　）

3. 申请人向税务复议机关申请行政复议的，复议机关已经受理的，不得再向人民法院

起诉；申请人向人民法院提起行政诉讼的，人民法院已经受理的不得申请行政复议。（ ）

4. 在税务行政诉讼中，税务机关只能作为被告，而且也不能反诉。（ ）

5. 税务当事人对税务机关的复议决定不服的，可以在接到复议决定书之日起 30 日内向人民法院直诉。（ ）

二、单项选择题

1. 根据现行规定，纳税人对税务机关作出的（ ）不服，必须先申请行政复议；对复议决定不服的，再向人民法院起诉。

A. 加收滞纳金　　B. 责令提供纳税担保

C. 税收保全措施　　D. 税收强制执行措施

2. 下列税务行政复议受理的案件中，（ ）必须先经复议，对复议结果不服时才可提起税务行政诉讼。

A. 税款征收问题　　B. 审批出口退税

C. 税务行政处罚　　D. 提供纳税担保

3. 税务复议机关决定不予受理或者受理后超过复议期限不作答复的，纳税人和其他税务当事人可以自收到不予受理决定书之日起或者行政复议期满之日起（ ）内，依法向人民法院提起行政诉讼。

A. 10 日　　B. 15 日　　C. 30 日　　D. 60 日

4. 根据法律规定，人民法院接到税务行政诉讼状，应在（ ）内立案或作出不予受理裁定。

A. 7 日　　B. 10 日　　C. 15 日　　D. 30 日

5. 甲企业对乙税务局对其作出予以罚款的行政处罚行为不服，向丙法院提起行政诉讼，下列关于该案件审理过程的表述中，不符合法律规定的是（ ）。

A. 丙法院组成合议庭负责对该案件进行审判

B. 丙法院对甲和乙进行了调解

C. 乙税务局决定停止执行行政处罚决定

D. 丙法院判决变更乙税务局的行政处罚决定

三、多项选择题

1. 属于税务行政复议受案范围的，主要有税务机关（ ）。

A. 制定规范性文件的行为　　B. 作出的税收保全措施

C. 作出的征税行为　　D. 作出的行政处罚行为

2. 税务行政复议的当事人包括（ ）。

A. 纳税人　　B. 扣缴义务人

C. 纳税担保人　　D. 其他税务当事人

3. 在税务行政复议期间，税务具体行政行为不停止执行，但是，有下列（ ）情形之一的，可以停止执行。

A. 被申请人认为需要停止执行的　　B. 复议机关认为需要停止执行的

C. 法律规定停止执行的　　D. 申请人认为行政行为不当的

4. 下列属于税务行政诉讼的原则主要有（ ）。

A. 特定性主管原则　　B. 合法性审查原则
C. 起诉不停止执行原则　　D. 不适用调解原则

5. 纳税人对税务机关作出的下列(　　　)行为不服，可申请复议或直接诉讼。

A. 不予核准延期纳税　　B. 加收滞纳金
C. 税收强制执行措施　　D. 税务行政处罚

四、思考题

1. 税务行政复议的概念和特征是什么？税务行政复议与诉讼有何区别？

2. 税务行政诉讼的原则和受案范围有哪些？

五、业务题

1. 某个体饭店(定期定额纳税户)老板王某自2022年1月至6月一直没有向税务机关申报纳税，税务机关多次书面催缴无效。7月2日，中山区税务分局经主管税务局长批准，采取税收强制执行措施，扣押了王某的小汽车1辆，并以拍卖该小汽车的所得抵顶税款、罚款、滞纳金等，剩余款项退还王某。王某不服，于7月25日向市税务局申请税务行政复议，市税务局复议后维持中山区税务分局的决定。

请问：复议后王某可否提起税务行政诉讼？被告税务机关是哪一个？

2. 2022年3月，某市电缆厂与该市所属某县供电局签订一份电缆订购合同，合同要求电缆厂须在2022年6月底前为县供电局提供PC电缆5万米，每米电缆价格为30元，县供电局应在验收合格后的3个月内将电缆款150万元全部付清。

2022年6月20日，电缆厂如期将5万米电缆送到县供电局中心仓库，但由于质量原因，县供电局一直未向电缆厂支付任何货款。2022年12月9日，因电缆厂欠2020年上半年的增值税73万元，翔山区税务局在责令限期缴纳税款未果的情况下，欲对市电缆厂成品仓库内的电缆产品实施查封措施。这时，电缆厂的财务科长主动向翔山区税务局的工作人员介绍县供电局拖欠其150万元电缆款的情况，并说：“如果你们能帮我们要回货款来缴税的话，不是比你们拍卖产品更方便吗？”

2022年12月12日，翔山区税务局的工作人员来到了县供电局，明确告诉县供电局局长：“电缆厂欠缴税款，而你们又欠电缆厂的货款，根据《税收征管法》第五十条的规定，我们有权向你局行使代位权，请你们在3日内缴清市电缆厂欠缴的税款73万元，否则，我们将采取税收强制执行措施。”3天后，翔山区税务局还是强行从县供电局的银行账户中扣缴了电缆厂欠缴的73万元的增值税税款。县供电局不服，向市税务局提出税务行政复议的申请。

请分析：翔山区税务局的强行扣款行为是否合法？请帮助市税务局作出行政复议决定。

第四节　税务行政赔偿

【学习指导】

税务行政赔偿是指税务机关作为履行国家赔偿义务的机关，对本机关及其工作人员的职务违法行为给纳税人和其他税务当事人的合法权益造成的损害，代表国家予以赔偿的制度。具体内容如表 9－6 所示。

表 9－6　　税务行政赔偿的内容

项　目		行政赔偿具体规定
税务行政赔偿的相关要素	构成要件	① 税务机关及其工作人员存在职务违法行为。这是构成税务行政赔偿的核心要件，也是税务行政赔偿责任存在的前提。 ② 存在对纳税人和其他税务当事人合法权益造成损害的事实。这是构成税务行政赔偿责任的必备要件。 ③ 税务机关及其工作人员的职务违法行为与现实发生的损害事实存在因果关系
	请 求 人	① 受害的纳税人和其他税务当事人； ② 受害公民的继承人及其他有扶养关系的亲属； ③ 承受原法人或其他组织的法人或者其他组织
	义务机关	行使职权侵害公民法人和其他组织合法权益的税务机关
	请求时效	请求赔偿的时效为 2 年，自税务机关及其工作人员行使职权时的行为被依法确认为违法之日起计算
	特别保障	赔偿义务机关、复议机关、人民法院不得向该赔偿请求人收取任何费用；对赔偿请求人取得的赔偿金不予征税
赔偿的范围		① 侵犯人身权的赔偿； ② 侵犯财产权的赔偿； ③ 税务机关不承担赔偿责任的情形：行政机关工作人员与行使职权无关的行为；因纳税人和其他税务当事人自己的行为致使损害发生的；法律规定的其他情形
赔偿的程序		① 非诉讼程序：赔偿请求的提出；赔偿请求形式；赔偿请求的处理； ② 诉讼程序：赔偿义务机关逾期不予赔偿或者对赔偿数额有异议时，行政税务赔偿请求人可以向人民法院提起诉讼； ③ 追偿制度：实质是对违法行使职权的税务人员的惩罚
赔偿方式		支付赔偿金；返还财产；恢复原状
赔偿的费用标准		① 侵害人身权的赔偿标准； ② 侵害财产权的赔偿标准

【习题训练】

一、判断题

1. 税务行政赔偿的必备要件是税务机关及其工作人员的职务违法行为。（　　）

2. 税务行政赔偿请求人要求赔偿的，其赔偿的义务机关、复议机关、人民法院不得向该请求人收取任何费用；对赔偿请求人取得的赔偿金也不予征税。（　　）

3. 税务机关依法进行税务行政赔偿后，对有故意或重大过失的税务工作人员，可以追

究全部赔偿费用。 ( )

4. 税务行政赔偿以支付赔偿金为主要方式,但赔偿义务机关也可以通过返还财产或恢复原状的方式实施赔偿。 ( )

5. 税务机关及其工作人员职务违法行为,给纳税人等税务当事人生命健康权、人身自由权造成损害的,应依法予以赔偿;但税务工作人员非职务行为对他人造成上述损害的,责任由个人承担,不属于税务行政赔偿的范围。 ( )

二、单项选择题

1. 税务行政赔偿的核心和前提是指( )。

A. 税务职务违法行为　　B. 税务非职务违法行为
C. 税务人员行政行为　　D. 税务当事人权益损害事实

2. 依据国家赔偿法的规定,税务行政赔偿人请求赔偿的时效为( )。

A. 半年　　B. 1 年　　C. 2 年　　D. 3 年

3. 税务行政赔偿请求人在法定期限内提出赔偿请求后,负有赔偿义务的税务机关应当自收到申请之日起( )内依照法定的赔偿方式和计算标准给予赔偿。

A. 30 日　　B. 2 个月　　C. 3 个月　　D. 6 个月

4. 税务行政赔偿请求人在法定期限内提出赔偿请求后,负有赔偿义务的税务机关逾期不赔偿或者赔偿请求人对赔偿数额有异议的,赔偿请求人可以在期满之日起( )内向人民法院提起诉讼。

A. 15 日　　B. 30 日　　C. 3 个月　　D. 1 年

5. 下列项目中不属于税务行政赔偿的是税务机关( )。

A. 向税务当事人乱摊派　　B. 非法拘禁当事人
C. 税务人员殴打纳税人　　D. 因个人恩怨对他人造成损害

三、多项选择题

1. 税务行政赔偿的构成要件包括( )。

A. 税务机关及其工作人员存在职务违法行为
B. 存在对纳税人和其他税务当事人合法权益造成损害的事实
C. 税务职务违法行为与现实发生的损害事实存在因果关系
D. 税务职务违法行为与现实发生的损害事实不存在因果关系

2. 虽有损害发生,但国家不需要赔偿的情形有( )。

A. 行政机关工作人员与行使职权无关
B. 因纳税人和其他税务当事人自己的行为致使损害发生的
C. 违法征收税款及滞纳金的
D. 对税务当事人违法实施罚款、没收非法所得等行政处罚的

3. 下列情形中,国家应该给予税务行政赔偿的有( )。

A. 以殴打等暴力行为造成纳税人和其他税务当事人身体伤害的
B. 非法拘禁纳税人剥夺纳税人人身自由的
C. 对税务当事人财产违法采取强制措施或者税收保全措施的
D. 违反国家规定向税务当事人征收财物、摊派费用的

4. 税务行政赔偿方式包括(　　)。

A. 支付赔偿金　B. 返还财产　C. 恢复原状　D. 物品抵偿

5. 税务行政赔偿的请求人包括(　　)。

A. 受害的纳税人和其他税务当事人

B. 受害公民的继承人及其他有扶养关系的亲属

C. 承受原法人或其他组织的法人或者其他组织

D. 税务机关及其工作人员

四、思考题

什么是税务行政赔偿？税务行政赔偿的范围包括哪些？

第二部分

项 目 实 训

项目一　增值税计算与申报实训

一、实训要求

1. 逐笔审核经济业务的原始凭证，确定增值税的销项税额、可抵扣的进项税额；
2. 汇总销项税额、进项税额，计算本期应缴纳的增值税税额；
3. 根据相关原始凭证，填制增值税及附加税费申报表和附列资料。

二、实训准备

1.《中华人民共和国增值税暂行条例》《中华人民共和国增值税暂行条例实施细则》和企业增值税其他相关法规；
2. 税务实训室，企业基本情况，经济业务的原始凭证；
3. 一般纳税人增值税及附加税费申报表、附列资料、通用税收缴款书。

三、实训材料

1. 企业基本情况

黄河有限责任公司是东海市的一家机械制造企业，为增值税一般纳税人，适用税率13%，上期留抵的增值税为零，执行《企业会计准则》。该公司的基本资料如下：

开户银行：中国工商银行东海市支行紫荆分理处

账　　号：180100112200100888

纳税人识别号：280602002234678

主管税务机关：国家税务总局东海市税务局直属分局

经营地址：东海市解放街208号

电　　话：0316-3133666

注册资本：5 000万元人民币

法定代表人：郭朝阳

财务主管：李　林　　　　会　　计：赵　星

助理会计：张晓庆　　　　出 纳 员：陈　洁

职工人数：1 250人

存货按实际成本计价核算。

2. 该公司2022年6月份发生如下与增值税相关的经济业务。

【业务1】6月2日，为公司某个免税项目特向本市物资公司购入Φ20螺纹钢，仓库已验收入库。原始凭证如表1-1至表1-5所示。

1

提示：下列业务即使取得增值税专用发票，其进项税额也不得从销项税额中抵扣

（1）用于免征增值税应税项目、免征增值税项目、集体福利或者个人消费的购进货物或者应税劳务。

（2）非正常损失的购进货物及相关的应税劳务。

（3）非正常损失的在产品、产成品所耗用的购进货物或者应税劳务。

（4）上述第（1）项至第（3）项规定的货物的运输费用和销售免税货物的运输费用。

表 1－1

东海增值税专用发票

发　票　联

全国统一发票监制章 国家税务总局监制

2806143140　　　　№05000487

开票日期：2022 年 6 月 2 日

税总函〔2016〕××号 ××××公司

购买方	名称：黄河有限责任公司 纳税人识别号：280602002234678 地址、电话：东海市解放街 208 号 0316－3133666 开户行及账号：工行东海紫荆分理处 180100112200100888				密码区	（略）	
货物或应税劳务、服务名称	规格型号	单位	数量	单价	金额	税率	税额
＊金属制品＊螺纹钢	Φ20	吨	15	3 000.00	45 000.00	13%	5 850.00
价税合计（大写）	⊗伍万零捌佰伍拾元整				（小写）￥50 850.00		
销售方	名称：东海市物资公司 纳税人识别号：280602002268152 地址、电话：东海市大众街 83 号 0316－3133895 开户行及账号：工行东海分行 180100110220002053				备注	东海市物资公司 280602002268152 发票专用章	

收款人：　　复核：　　开票人：丁一杰　　销售方：（章）

第三联：发票联 购买方记账凭证

表 1－2

东海增值税专用发票

抵　扣　联

全国统一发票监制章 国家税务总局监制

2806143140　　　　№05000487

开票日期：2022 年 6 月 2 日

税总函〔2016〕××号 ××××公司

购买方	名称：黄河有限责任公司 纳税人识别号：280602002234678 地址、电话：东海市解放街 208 号 0316－3133666 开户行及账号：工行东海紫荆分理处 180100112200100888				密码区	（略）	
货物或应税劳务、服务名称	规格型号	单位	数量	单价	金额	税率	税额
＊金属制品＊螺纹钢	Φ20	吨	15	3 000.00	45 000.00	13%	5 850.00
价税合计（大写）	⊗伍万零捌佰伍拾元整				（小写）￥50 850.00		
销售方	名称：东海市物资公司 纳税人识别号：280602002268152 地址、电话：东海市大众街 83 号 0316－3133895 开户行及账号：工行东海分行 18010011022000205				备注	东海市物资公司 280602002268152 发票专用章	

收款人：　　复核：　　开票人：丁一杰　　销售方：（章）

第二联：抵扣联 购买方扣税凭证

表 1-3

转账支票存根

中国工商银行
转账支票存根 （东）
XⅡ 00105455

科　　目
对方科目
出票日期 2022 年 6 月 2 日

收款人：东海市物资公司
金　额：50 850.00
用　途：付项目材料款
备　注：

单位主管　　会计
复　　核　　记账

表 1-4

东海国家税务局通用机打发票

发　票　联

（印章：全国统一发票监制章 国家税务总局监制）

发票代码 133011230233
网络发票号：3373890812456614

开票日期：2022 年 6 月 2 日　　行业分类：货物运输业　　发票号码：08754329

收货人名称：黄河有限责任公司 收货人识别号：280602002234678 发货人名称：东海市物资公司 发货人识别号：280602002268152					承运人名称：东海市搬运公司 承运人识别号：280605001372564 实际受票方名称：黄河有限责任公司 实际受票方识别号：280602002234678		
运输项目及金额	货物名称	数量（重量）	单位运价	计量里程	金　额	其他项目及金额	费用名称　金额
	螺纹钢	15 吨			200.00		
	运费小计：				200.00		其他费用小计：0.00
小写：　200.00 合计人民币（大写）贰佰元整				备注：			
开票人：郑一照				收款人：郑一照		开票单位（未盖章无效）	

（印章：现金付讫）

（印章：东海市搬运公司 280605001372564 发票专用章）

第二联　发票联　购买方付款凭证（手写无效）

1

表 1－5

收 料 单

材料科目：工程物资 编号：001
材料类别：钢材 收料仓库：3 号仓库
供应单位：东海市物资公司 2022 年 6 月 2 日 发票号码：05000487

材料编号	材料名称	规格	计量单位	数量		实际价格				计划价格	
				应收	实收	单价	发票金额	运费	合计	单价	金额
001	螺纹钢	Φ20	吨	15	15	3 000	45 000.00	200.00	45 200.00		
备注											

采购员： 检验员：赵安康 记账员： 保管员：叶志明

【业务 2】 6 月 2 日，向东海市泰山公司销售货物，业务部门开出增值税专用发票，储运部门办妥发货手续并代垫运费。财会部门根据增值税专用发票、代垫运费清单办妥托收手续。原始凭证如表 1－6 至表 1－9 所示。

表 1－6

东海增值税专用发票

（印章：全国统一发票监制章 国家税务总局监制）

2806143140 此联不作报销、扣税凭证使用 №22000001

开票日期：2022 年 6 月 2 日

税总函〔2016〕××号 ××××公司

购买方	名 称：东海泰山有限责任公司 纳税人识别号：280602001112248 地 址 、电 话：东海市人民路 17 号 0316－27708086 开户行及账号：工行东海分行 150200683322006688					密码区	（略）	
货物或应税劳务、服务名称	规格型号	单位	数量	单价	金额	税率	税额	
＊通用设备＊甲产品		件	500	800.00	400 000.00	13％	52 000.00	
价税合计（大写）	⊗肆拾伍万贰仟元整				（小写）￥452 000.00			
销售方	名 称：黄河有限责任公司 纳税人识别号：280602002234678 地 址 、电 话：东海市解放街 208 号 0316－3133666 开户行及账号：工行东海紫荆分理处 18010011220010088					备注	（印章：黄河有限责任公司 280602002234678 发票专用章）	

第一联：记账联 销售方记账凭证

收款人： 复核： 开票人：许月宏 销售方：（章）

表 1-7 代垫费用清单 4 第89号

日期：2022年6月2日

单位名称	东海泰山有限责任公司	代垫费用项目	运　费
金　额	人民币(大写)壹仟贰佰零元整		￥1 200.00
内容：甲产品500件汽车运费			附单据 2张
备注：			

④代垫方作收款依据

主管：　会计：　复核：　制单：陈洁

表 1-8 转账支票存根

中国工商银行
转账支票存根 （东）
XⅡ 00105456

科　目
对方科目
出票日期 2022年6月2日

收款人：东海货运公司
金　额：1 200.00
用　途：付运费
备　注：

单位主管　会计
复　核　记账

表 1-9 异地托收承付 结算凭证(回单) 1 第　号

委托日期 2022年6月3日　托收号码：

付款人	全　称	东海泰山有限责任公司	收款人	全　称	黄河有限责任公司										
	账号或地址	15020068332200668 8		账　号	18010011220010088 8										
	开户银行	工行东海分行		开户银行	工行东海紫荆分理处	行号	25123								
托收金额	人民币(大写)	肆拾伍万叁仟贰佰元整			千	百	十	万	千	百	拾	元	角	分	
						￥	4	5	3	2	0	0	0	0	
附　件		商品发运情况		合同名称号码											
附寄单证张数或册数	4张	2022年6月2日发运		0468											
备注：	款项收妥日期 20　年　月　日	收款人开户银行盖章　月　日													

（印章：工商银行 东海分行 2022.06.03 结算）

此联是收款单位开户银行给收款人的回单

1

【业务 3】6 月 4 日，收到银行划账通知，支付东海市供水公司水费。原始凭证如表 1－10 至表 1－12 所示。

表 1－10

东海增值税专用发票

发票联

2806143140 №28004861

开票日期：2022 年 6 月 1 日

税总函[2016]××号 ××××公司

购买方	名　　称：黄河有限责任公司 纳税人识别号：280602002234678 地 址 、电 话：东海市解放街 208 号 0316－3133666 开户行及账号：工行东海紫荆分理处 180100112200100888				密码区	（略）	
货物或应税劳务、服务名称	规格型号	单　位	数　量	单　价	金　额	税率	税　额
*水冰雪*水费		吨	20 000	1.50	30 000	3%	900
价税合计（大写）	⊗叁万零玖佰元整				（小写）￥30 900.00		
销售方	名　　称：东海市供水公司 纳税人识别号：280602002297140 地 址 、电 话：东海市光明路 117 号 3133428 开户行及账号：工行东海分行 180100112200100667				备注	东海市供水公司 280602002297140 发票专用章	

收款人：　　复核：　　开票人：杨晓琴　　销售方：（章）

第三联：发票联 购买方记账凭证

表 1－11

东海增值税专用发票

抵扣联

2806143140 №28004861

开票日期：2022 年 6 月 1 日

税总函[2016]××号 ××××公司

购买方	名　　称：黄河有限责任公司 纳税人识别号：280602002234678 地 址 、电 话：东海市解放街 208 号 0316－3133666 开户行及账号：工行东海紫荆分理处 180100112200100888				密码区	（略）	
货物或应税劳务、服务名称	规格型号	单　位	数　量	单　价	金　额	税率	税　额
*水冰雪*水费		吨	20 000	1.50	30 000	3%	900
价税合计（大写）	⊗叁万零玖佰元整				（小写）￥30 900.00		
销售方	名　　称：东海市供水公司 纳税人识别号：280602002297140 地 址 、电 话：东海市光明路 117 号 3133428 开户行及账号：工行东海分行 180100112200100667				备注	东海市供水公司 280602002297140 发票专用章	

收款人：　　复核：　　开票人：杨晓琴　　销售方：（章）

第二联：抵扣联 购买方扣税凭证

表 1－12

委托收款凭证(付款通知) 5

委托号码：第 6 号

委托日期 2022 年 6 月 1 日　　付款期限 2022 年 6 月 4 日

付款人	全　称	黄河有限责任公司	收款人	全　称	东海市供水公司	
	账号或地址	180100112200100888		账　号	180100112200100667	
	开户银行	工行东海紫荆分理处		开户银行	工行东海分行	行号 25123
委收金额	人民币(大写) 叁万零玖佰元整				千 百 十 万 千 百 十 元 角 分	￥ 3 0 9 0 0 0 0
款项内容	5 月份水费	委托收款凭据名称	增值税发票	附寄单证张数	1	
备注：		付款人注意： 1. 于见票当日通知开户银行划款。 2. 如需拒付，应在规定期限内，将拒付理由书并附债务证明退交开户银行。				

此联是付款人开户银行给付款人按期付款的通知

工商银行 东海分行 2022.06.04 转 讫

单位主管：　会计：　复核：　记账：　付款人开户银行盖章　年　月　日

【业务 4】6 月 5 日，为公司某个免税项目领用上月购进的原材料一批。原始凭证如表 1－13 所示。

表 1－13

领 料 单

字第 3701 号

领料部门：基建科　　用途：四号行政办公楼工程　　2022 年 6 月 5 日

品　名	规格型号	单　位	数　量		单　价	金　额(不含增值税)
			请领	实领		
钢材	Φ20	吨	15	15		51 860.00
备　注						

负责人：　　领料人：张东林　　发料人：叶志明

提示：外购货物用于免税项目、集体福利与自产货物用于免税项目、集体福利在计征增值税方面的区别

外购货物用于免税项目、集体福利时，不计算销项税额，其进项税额也不得扣除，应进行进项税额转出的处理。

自产货物用于免税项目、集体福利时，应计算销项税额，其进项税额不作转出处理。

【业务 5】6 月 5 日，支付东海市电力公司电费。原始凭证如表 1－14 至表 1－

1

16 所示。

表 1 - 14

东海增值税专用发票

发 票 联

2806143140 №28006485

开票日期：2022 年 6 月 5 日

购买方	名 称：黄河有限责任公司 纳税人识别号：280602002234678 地 址 、电 话：东海市解放街 208 号 0316 - 3133666 开户行及账号：工行东海紫荆分理处 180100112200100888				密码区	（略）	
货物或应税劳务、服务名称	规格型号	单 位	数 量	单 价	金 额	税率	税 额
＊供电＊电费		度	42 000	1.00	42 000.00	13%	5 460.00
价税合计（大写）	⊗肆万柒仟肆佰陆拾元整					（小写）￥47 460.00	
销售方	名 称：东海市电力公司 纳税人识别号：280602002297208 地 址 、电 话：东海市虹桥路 90 号 3133342 开户行及账号：工行东海分行 180100110220017408				备注	东海市电力公司 280602002297208 发票专用章	

税总函〔2016〕××号 ××××公司

第三联：发票联 购买方记账凭证

收款人： 复核： 开票人：柳之敏 销售方：（章）

表 1 - 15

东海增值税专用发票

抵 扣 联

2806143140 №28006485

开票日期：2022 年 6 月 5 日

购买方	名 称：黄河有限责任公司 纳税人识别号：280602002234678 地 址 、电 话：东海市解放街 208 号 0316 - 3133666 开户行及账号：工行东海紫荆分理处 180100112200100888				密码区	（略）	
货物或应税劳务、服务名称	规格型号	单 位	数 量	单 价	金 额	税率	税 额
＊供电＊电费		度	42 000	1	42 000.00	13%	5 460.00
价税合计（大写）	⊗肆万柒仟肆佰陆拾元整					（小写）￥47 460.00	
销售方	名 称：东海市电力公司 纳税人识别号：280602002297208 地 址 、电 话：东海市虹桥路 190 号 0316 - 3133342 开户行及账号：工行东海分行 180100110220017408				备注	东海市电力公司 280602002297208 发票专用章	

税总函〔2016〕××号 ××××公司

第二联：抵扣联 购买方扣税凭证

收款人： 复核： 开票人：柳之敏 销售方：（章）

表 1-16

转账支票存根

中国工商银行（东）
转账支票存根
XⅡ 00105457

科　　目
对方科目
签发日期　2022 年 6 月 5 日

收款人：东海市电力公司
金　额：47 460.00
用　途：付电费
备　注：

单位主管　　　　会计
复　　核　　　　记账

【业务 6】 6 月 6 日，收到东海市泰山公司传真，称 5 月 2 日从本公司购入的商品外观存在疵点，要求给予折让。经公司业务人员认定同意给予折让。依据泰山公司主管税务机关东海市国税局销售折让证明单开出红字增值税专用发票。原始凭证如表 1-17 所示。

表 1-17

东海增值税专用发票

2806143140　　此联不作报销、扣税凭证使用　　№22000002

国家税务总局监制

负数发票　　开票日期：2022 年 6 月 6 日

税总函〔2016〕××号 ××××公司

购买方	名　　称：东海泰山有限责任公司 纳税人识别号：280602001112248 地 址 、电 话：东海市人民路 17 号 0316－27708086 开户行及账号：工行东海分行 150200683322006688				密码区	（略）		
货物或应税劳务、服务名称		规格型号	单　位	数　量	单　价	金　额	税率	税　额
*通用设备*甲产品			件	(500)	－16.00	－8 000.00	13%	－1 040.00
价税合计（大写）	负数⊗玖仟零肆拾元整					（小写）￥－9 040.00		
销售方	名　　称：黄河有限责任公司 纳税人识别号：280602002234678 地 址 、电 话：东海市解放街 208 号 0316－3133666 开户行及账号：工行东海紫荆分理处 18010011220010088 8				备注	黄河有限责任公司 280602002234678 发票专用章		

第一联：记账联　销售方记账凭证

收款人：　　复核：　　开票人：许月宏　　销售方：（章）

提示：红字增值税专用发票开具规定

（1）购买方、销售方均未作账务处理：购买方只需将原发票联和抵扣联退还销售方。销售方在原发票的记账联、抵扣联和发票联上注明“作废”字样即可，不开具红字发票。

（2）购买方未作账务处理、销售方已作账务处理：购买方只需将原发票联和抵扣联退还销售方。销售方凭退回的抵扣联和发票联依据退回货物的数量、价款或折让金额开具相同内容的红字专用发票。

1

（3）购买方、销售方均已作账务处理：购买方不能退回原发票联、抵扣联时，销售方在取得购买方主管税务机关的《进货退出及索取折让证明单》后，方可根据退回货物的数量、价款或折让金额开具相同内容的红字专用发票。

【业务7】6月6日，向苏中吉达有限责任公司销售乙产品一批，开出增值税专用发票，代垫运杂费。收到对方银行承兑汇票一张（含代垫费用）。原始凭证如表1－18至表1－21所示。

表1－18

东海市增值税专用发票

2806143140

此联不作报销、扣税凭证使用

№22000003

开票日期：2022年6月6日

税总函〔2016〕××号××××公司

购买方	名称：苏中吉达有限责任公司 纳税人识别号：423321000017928 地址、电话：苏中市沁春街19号0317－4155668 开户行及账号：工行苏中分行250012293350005178				密码区	（略）	
货物或应税劳务、服务名称	规格型号	单位	数量	单价	金额	税率	税额
*通用设备*乙产品		件	2 000	500.00	1 000 000.00	13%	130 000.00
价税合计（大写）	⊗壹佰壹拾叁万元整					（小写）￥1 130 000.00	
销售方	名称：黄河有限责任公司 纳税人识别号：280602002234678 地址、电话：东海市解放街208号0316－3133666 开户行及账号：工行东海紫荆分理处180100112200100888				备注	（印章：黄河有限责任公司 280602002234678 发票专用章）	

第一联：记账联 销售方记账凭证

收款人： 复核： 开票人：陈晓庆 销售方：（章）

表1－19

银行承兑汇票 2

出票日期 贰零贰贰年零陆月零陆日 汇票号码第 2 号

出票人全称	苏中吉达有限责任公司			收款人	全称	黄河有限责任公司										
出票人账号	250012293350005178				账号	180100112200100888										
付款行全称	工行苏中分行	行号	22036		开户行	工行东海紫荆分理处				行号	25123					
汇票金额	人民币（大写） 壹佰壹拾叁万陆仟贰佰零元整					千	百	十	万	千	百	拾	元	角	分	
						￥	1	1	3	6	2	0	0	0	0	
汇票到期日	2022年12月6日			本汇票已经承兑，到期日由本行无条件付款。 承兑行签章 承兑日期 2022年6月6日 （印章：工商银行东海分行 汇票专用章）		承兑协议编号				086						
本汇票请你行承兑，到期无条件付款 （印章：苏中吉达有限责任公司财务专用章）（印章：林颖印） 出票人签章 2022年6月6日						科目（借） 对方科目（贷） 转账 年 月 日 复核 记账										
				备注：		柜员										

此联收款人开户行随委托收款凭证寄付款行作借方凭证附件

表 1-20 转账支票存根

中国工商银行 （东）
转账支票存根
XⅡ 00550202

科　　目
对方科目
出票日期　2022年6月6日

收款人：	东海物流公司
金　额：	6 200.00
用　途：	垫付运费

单位主管　　会计
复　　核　　记账

表 1-21 代垫费用清单　第89号

日期：2022年6月6日

单位名称	苏中吉达有限责任公司	代垫费用项目	运　费
金　额	人民币（大写）陆仟贰佰零元整		￥6 200.00
内容：甲产品2 000件东海至上海汽车运费			附单据
			1张
备注：			

④代垫方作收款依据

主管：　　会计：赵　星　　制单：陈　洁

【业务8】6月11日，从上海长江有限责任公司购入A型钢材，取得供货方开具的防伪税控增值税专用发票和运输单位开具的增值税专用发票，货款付讫。原始凭证如表1-22至表1-27所示。

表 1-22 中国工商银行信汇凭证（回单）　1

委托日期　2022年6月11日　第258号

汇款人	全　称	黄河有限责任公司			收款人	全　称	上海长江有限责任公司			
	账　号或地址	18010011220010088 8				账　号或地址	020100100560100268			
	汇出地点	××省 东海 市/县	汇出行名称	工商银行紫荆分理处		汇入地点	上海市	市/县	汇入行名称	工商银行上海分行

金额	人民币（大写） 捌拾伍万叁仟柒佰壹拾叁元整	千	百	十	万	千	百	十	元	角	分
			￥	8	5	3	7	1	3	0	0

汇款用途：购A型钢材	汇出行盖章　工商银行东海分行 2022.06.11 转讫 年　月　日

此联汇出行给汇款人的回单

1

表 1－23

上海市增值税专用发票

发票联

3100143140　　　　№22000312

开票日期：2022年6月11日

购买方	名称：黄河有限责任公司 纳税人识别号：280602002234678 地址、电话：东海市解放街208号0316－3133666 开户行及账号：工行东海紫荆分理处18010011220010088				密码区	（略）	
货物或应税劳务、服务名称	规格型号	单位	数量	单价	金额	税率	税额
*黑色金属冶炼压延品*钢材	A型	千克	15 000	50.00	750 000.00	13%	97 500.00
价税合计（大写）	⊗捌拾肆万柒仟伍佰元整					（小写）￥847 500.00	
销售方	名称：上海长江有限责任公司 纳税人识别号：310002002268152 地址、电话：上海市人民路166号021－52560789 开户行及账号：工行上海分行020100100560100268				备注	上海长江有限责任公司 310002002268152 发票专用章	

税总函〔2016〕××号 ××××公司

第三联：发票联 购买方记账凭证

收款人：　　复核：　　开票人：王明光　　销售方：（章）

表 1－24

上海市增值税专用发票

抵扣联

3100143140　　　　№22000312

开票日期：2022年6月11日

购买方	名称：黄河有限责任公司 纳税人识别号：280602002234678 地址、电话：东海市解放街208号0316－3133666 开户行及账号：工行东海紫荆分理处18010011220010088				密码区	（略）	
货物或应税劳务、服务名称	规格型号	单位	数量	单价	金额	税率	税额
*黑色金属冶炼压延品*钢材	A型	千克	15 000	50.00	750 000.00	13%	97 500.00
价税合计（大写）	⊗捌拾肆万柒仟伍佰元整					（小写）￥847 500.00	
销售方	名称：上海长江有限责任公司 纳税人识别号：310002002268152 地址、电话：上海市人民路166号021－52560789 开户行及账号：工行上海分行020100100560100268				备注	上海长江有限责任公司 310002002268152 发票专用章	

税总函〔2016〕××号 ××××公司

第二联：抵扣联 购买方扣税凭证

收款人：　　复核：　　开票人：王明光　　销售方：（章）

表 1－25

上海市增值税专用发票

发　票　联

国家税务总局监制

3100143140　　　　№22000678

开票日期：2022 年 6 月 11 日

税总函〔2016〕××号　××××公司

购买方	名　　称：黄河有限责任公司 纳税人识别号：280602002234678 地 址、电 话：东海市解放街 208 号 0316－3133666 开户行及账号：工行东海紫荆分理处 180100112200100888				密码区	（略）	
货物或应税劳务、服务名称	规格型号	单　位	数　量	单　价	金　额	税　率	税　额
＊运输服务＊运费					5 700.00	9%	513.00
价税合计（大写）	⊗陆仟贰佰壹拾叁元整				（小写）￥6 213.00		
销售方	名　　称：上海货物运输公司 纳税人识别号：310005001372564 地 址、电 话：上海市中山路 166 号 021－52560999 开户行及账号：工行上海分行　020100100560187654				备注	上海至东海，货车沪 A05645，钢材 15 000 千克。 上海货物运输公司 310005001372564 发票专用章	

第三联：发票联　购买方记账凭证

收款人：　　　　复核：　　　　开票人：王明光　　　　销售方：（章）

表 1－26

上海市增值税专用发票

抵　扣　联

国家税务总局监制

3100143140　　　　№22000678

开票日期：2022 年 6 月 11 日

税总函〔2016〕××号　××××公司

购买方	名　　称：黄河有限责任公司 纳税人识别号：280602002234678 地 址、电 话：东海市解放街 208 号 0316－3133666 开户行及账号：工行东海紫荆分理处 180100112200100888				密码区	（略）	
货物或应税劳务、服务名称	规格型号	单　位	数　量	单　价	金　额	税　率	税　额
＊运输服务＊运费					5 700.00	9%	513.00
价税合计（大写）	⊗陆仟贰佰壹拾叁元整				（小写）￥6 213.00		
销售方	名　　称：上海货物运输公司 纳税人识别号：310005001372564 地 址、电 话：上海市中山路 166 号 021－52560999 开户行及账号：工行上海分行　020100100560187654				备注	上海至东海，货车沪 A05645，钢材 15 000 千克。 上海货物运输公司 310005001372564 发票专用章	

第二联：抵扣联　购买方扣税凭证

收款人：　　　　复核：　　　　开票人：王明光　　　　销售方：（章）

1

表 1－27

收 料 单

材料科目：原材料　　编号：003

材料类别：原料及主要材料　　收料仓库：2 号仓库

供应单位：上海长江有限责任公司　　2022 年 6 月 11 日　　发票号码：003217

材料编号	材料名称	规格	计量单位	数量		实际价格			
				应收	实收	单价	发票金额	运费	合计
001	钢材	A 型	千克	15 000	15 000	50	750 000	5 700	755 700
备注									

采购员：张一凡　　检验员：赵安康　　记账员：　　保管员：李大海

【业务 9】6 月 11 日，从东海粮食机械有限公司购入蒸锅一台。原始凭证如表 1－28 至表 1－31 所示。

表 1－28

东海增值税专用发票

发 票 联

（印章：全国统一发票监制章 国家税务总局监制）

2806143140　　№00540002

开票日期：2022 年 6 月 11 日

税总函〔2016〕××号 ××××公司

购买方	名称：黄河有限责任公司 纳税人识别号：280602002234678 地址、电话：东海市解放街 208 号 0316－3133666 开户行及账号：工行东海紫荆分理处 180100112200100888				密码区	（略）	
货物或应税劳务、服务名称	**规格型号**	**单位**	**数量**	**单价**	**金额**	**税率**	**税额**
＊通用设备＊蒸锅		台	1	50 000.00	50 000.00	13%	6 500.00
价税合计（大写）	⊗伍万陆仟伍佰元整						（小写）￥56 500.00
销售方	名称：东海市粮食机械有限公司 纳税人识别号：280602001118888 地址、电话：东海市大众街 345 号 0316－3133888 开户行及账号：工行东海分行 18010011022000 5666				备注	（印章：东海市粮食机械有限公司 280602001118888 发票专用章）	

第三联：发票联 购买方记账凭证

收款人：　　复核：　　开票人：卢欣　　销售方：

1

表 1-29

东海增值税专用发票

抵 扣 联

国家税务总局监制

2806143140 №00540002

开票日期：2022 年 6 月 11 日

购买方	名　　称：黄河有限责任公司 纳税人识别号：280602002234678 地 址 、电 话：东海市解放街 208 号 0316-3133666 开户行及账号：工行东海紫荆分理处 180100112200100888				密码区	（略）	
货物或应税劳务、服务名称	规格型号	单 位	数 量	单 价	金 额	税率	税 额
＊通用设备＊蒸锅		台	1	50 000.00	50 000.00	13%	6 500.00
价税合计（大写）	⊗伍万陆仟伍佰元整					（小写）￥56 500.00	
销售方	名　　称：东海市粮食机械有限公司 纳税人识别号：280602001118888 地 址 、电 话：东海市大众街 345 号 0316-3133888 开户行及账号：工行东海分行 180100110220005666				备注	东海市粮食机械有限公司 280602001118888 发票专用章	

税总函〔2016〕××号××××公司

第二联：抵扣联 购买方扣税凭证

收款人： 复核： 开票人：卢 欣 销售方：

表 1-30

固定资产入库单

收货单位：黄河有限责任公司 2022 年 6 月 11 日 编号：0601

类别	编号	资产名称	数量	原值	月摊销额	使用年限	累计已摊销额	净值	所在地	入账原因
机器	0601	蒸锅	1	50 000	833.33	5 年	0	50 000	一车间	购入

财务负责人：王大平 经办人：李志东

表 1-31

转账支票存根

中国工商银行 （东）
转账支票存根
XⅡ 00105455

科　　目

对方科目

出票日期 2022 年 6 月 11 日

收款人：东海市粮食机械有限公司
金　额：56 500.00
用　途：付购入蒸锅款
备　注：

单位主管 会计
复　　核 记账

1

【业务10】6月11日，向万泉市福源公司销售货物，款项收到，货物自提。原始凭证如表1-32、表1-33所示。

表1-32

东海增值税专用发票

2806143140　　此联不作报销、扣税凭证使用　　№22000004

开票日期：2022年6月11日

税总函〔2016〕××号 ×××××公司

购买方	名称：万泉福源有限责任公司 纳税人识别号：560801001782249 地址、电话：万泉市丁山路28号 0138-67078680 开户行及账号：工行万泉分行 510200620836083628				密码区	（略）	
货物或应税劳务、服务名称	规格型号	单位	数量	单价	金额	税率	税额
*通用设备*甲产品		件	600	780.00	468 000.00	13%	60 840.00
*通用设备*乙产品		件	800	500.00	400 000.00	13%	52 000.00
价税合计（大写）	⊗玖拾捌万零捌佰肆拾元整					（小写）¥980 840.00	
销售方	名称：黄河有限责任公司 纳税人识别号：280602002234678 地址、电话：东海市解放街208号 0316-3133666 开户行及账号：工行东海紫荆分理处 180100112200100888				备注	黄河有限责任公司 280602002234678 发票专用章	

第一联：记账联 销售方记账凭证

收款人：　　复核：　　开票人：许月宏　　销售方：（章）

表1-33

中国工商银行进账单（收账通知）

2022年6月11日　　第　号

付款人	全称	万泉福源有限责任公司	收款人	全称	黄河有限责任公司
	账号	510200620836083628		账号	180100112200100888
	开户银行	工行万泉分行		开户银行	工行东海紫荆分理处
人民币（大写）	玖拾捌万零捌佰肆拾元整		千 百 十 万 千 百 十 元 角 分	¥ 9 8 0 8 4 0 0 0	
票据种类	转账支票		工商银行东海分行 2022.06.11 转讫		
票据张数	1张				
单位主管 会计 复核 记账			收款人开户行盖章		

此联是持票人开户银行交给持票人的收账通知

【业务11】6月13日，银行转来“异地托收承付部分拒付款理由书”。原始凭证如表1-34所示。

表 1-34　托收承付 / 委托收款　结算　全部 / 部分　拒绝付款理由书（代通知或收账通知）　4

拒付日期　　2022 年 6 月 10 日　　原托收号码：

付款人	全　称	东海泰山有限责任公司			收款人	全　称	黄河有限责任公司									
	账　号	150200683322006688				账　号	18010011220010088 8									
	开户银行	工行东海分行	行号	23225		开户银行	工行东海紫荆分理处		行号	25123						
托收金额	￥453 200.00		拒付金额	￥9 040.00	部分付款金额		千	百	十	万	千	百	十	元	角	分
								￥	4	4	4	1	6	0	0	0
附寄单证	张	部分付款金额（大写）	肆拾肆万肆仟壹佰陆拾元整													
拒付理由：经验收商品存在瑕疵。							付款人盖章									

（印章：东海泰山有限责任公司财务专用章；王正东印；胡晓敏印；工商银行东海分行 2022.06.13 转讫）

此联银行给收款人作收账通知或全部拒付通知书

【业务 12】6 月 14 日，缴纳上月应交未交增值税。原始凭证如表 1-35 所示。

表 1-35

中华人民共和国
税收通用缴款书

（032）海　№1055806　国
国缴电

隶属关系：其他企业
注册类型：股份有限公司　　填发日期：2022 年 6 月 14 日　　征收机关：东海市国家税务局直属分局

缴款单位（人）	代　码	280602002234678		预算科目	编码	101010103
	全　称	黄河有限责任公司			名称	股份制企业增值税
	开户银行	工行东海紫荆分理处			级次	中央 50%，地方 50%
	账　号	180100112200100888		收款国库		东海市中心支库
税款所属时期	2022 年 5 月 1 日至 5 月 31 日			税款限缴日期		2022 年 6 月 15 日
品目名称	课税数量	计税金额或销售收入	税率或单位税额	已缴或扣除额		实缴金额
机械		700 000.00	13%			91 000.00
金额合计	（大写）玖万壹仟零佰零元零角零分					（小写）￥91 000.00
缴款单位（人）（盖章） 经办人（盖章）赵星			上列款项已收妥并划转收款单位账户 国库（银行）盖章　年　月　日			

（印章：黄河有限责任公司；东海市国家税务局征税专用章；工商银行东海分行 2022.06.14 转讫）

第一联（收据）国库（银行）收款盖章后退缴款单位（人）作完税凭证

逾期不缴按税法规定加收滞纳金

1

【业务 13】6 月 17 日，收到前委托本市包装用品公司加工的包装专用木箱，支付加工费和增值税税款。原始凭证如表 1－36 至表 1－39 所示。

表 1－36

转账支票存根

中国工商银行（东）
转账支票存根
XⅡ 00105461

科　　目
对方科目
出票日期　2022 年 6 月 17 日

收款人：市包装用品公司
金　额：33 900.00
用　途：木箱加工费
备　注：

单位主管　　　　会计
复　　核　　　　记账

表 1－37

东海增值税专用发票

发　票　联

（国家税务总局监制）

2806143140　　　　№28000362

开票日期：2022 年 6 月 13 日

购买方	名　　称：黄河有限责任公司 纳税人识别号：280602002234678 地 址 、电 话：东海市解放街 208 号 0316－3133666 开户行及账号：工行东海紫荆分理处 180100112200100888				密码区	（略）	
货物或应税劳务、服务名称	规格型号	单　位	数　量	单　价	金　额	税　率	税　额
＊劳务＊木箱加工费		只	5 000		30 000.00	13%	3 900.00
价税合计（大写）	⊗叁万叁仟玖佰元整				（小写）￥33 900.00		
销售方	名　　称：东海市包装用品公司 纳税人识别号：280602002231712 地 址 、电 话：东海市大桥路 32 号 0316－3263137 开户行及账号：工行南海分行　180100112200200415				备注	（东海市包装用品公司 280602002231712 发票专用章）	

税总函〔2016〕××号 ××××公司

第三联：发票联　购买方记账凭证

收款人：　　　复核：　　　开票人：李小敏　　　销售方：（章）

表 1-38

东海增值税专用发票

抵 扣 联

国家税务总局监制

2806143140　　　　　　　　№28000362

开票日期：2022 年 6 月 13 日

税总函〔2016〕××号××××公司

购买方	名　　称：黄河有限责任公司 纳税人识别号：280602002234678 地 址 、电 话：东海市解放街 208 号 0316-3133666 开户行及账号：工行东海紫荆分理处 18010011220010088				密码区	（略）	
货物或应税劳务、服务名称	规格型号	单　位	数　量	单　价	金　额	税　率	税　额
＊劳务＊木箱加工费		只	5 000		30 000.00	13%	3 900.00
价税合计（大写）	⊗叁万叁仟玖佰元整				（小写）￥33 900.00		
销售方	名　　称：东海市包装用品公司 纳税人识别号：280602002231712 地 址 、电 话：东海市大桥路 32 号 0316-3263137 开户行及账号：工行南海分行　18010011220020415				备注	东海市包装用品公司 280602002231712 发票专用章	

第二联：抵扣联　购买方扣税凭证

收款人：　　　　复核：　　　　开票人：李小敏　　　　销售方：（章）

表 1-39

委托加工收料单

材料科目：周转材料　　　　　　　　　　编号：014

材料类别：包装物　　　　　　　　　　收料仓库：1 号仓库

加工单位：市包装用品公司　　　2022 年 6 月 17 日　　　发票号码：003321

材料编号	材料名称	规格	计量单位	数量		实际成本			
				应　收	实　收	材料成本	加工费	运　费	合　计
008	木箱		只	5 000	5 000	45 000	30 000		75 000
备　注	木箱加工完毕，验收入库								

采购员：　　　　检验员：赵安康　　　　记账员：　　　　保管员：王　明

【业务 14】6 月 18 日，以自产机械设备 20 台作价 20 万元，与其他企业联合组建东海方正机械设备贸易公司，作为投资，同类设备对外不含税售价为 1 万元/台，成本价为 0.7 万元/台。黄河有限责任公司所占股份为 20%。原始凭证如表 1-40 所示。

1

表 1-40

东海市增值税专用发票

（全国统一发票监制 国家税务总局监制）

2806143140　　此联不作报销、扣税凭证使用　　№22000003

开票日期：2022 年 6 月 18 日

购买方	名　　称：东海方正机械设备贸易公司 纳税人识别号：280602000017982 地 址 、电 话：东海市沁春街 19 号 0316-4155868 开户行及账号：工行苏中分行 250012293350005874				密码区	（略）	
货物或应税劳务、服务名称	规格型号	单 位	数 量	单 价	金 额	税率	税 额
*通用设备*机械设备		台	20	10 000.00	200 000.00	13%	26 000.00
价税合计（大写）	贰拾贰万陆仟元整						￥226 000.00
销售方	名　　称：黄河有限责任公司 纳税人识别号：280602002234678 地 址 、电 话：东海市解放街 208 号 0316-3133666 开户行及账号：工行东海紫荆分理处 18010011220010088 8				备注	黄河有限责任公司 280602002234678 发票专用章	

税总函〔2016〕××号 ××××公司

第一联 记账联 销售方记账凭证

收款人：　　复核：　　开票人：陈晓庆　　销售方：（章）

提示：视同销售货物计税依据的确定

视同销售应税货物应以同类产品对外加权平均售价为计税价格，没有同类产品对外售价的，应以组成计税价格计税。

组成计税价格＝成本×（1＋成本利润率）＋消费税税额。其中，非消费税应税产品的成本利润率统一为 10%，消费税应税产品的成本利润率由国家统一规定。

【业务 15】6 月 18 日，向大东公司销售生产用多余材料，款项收到。原始凭证如表 1-41、表 1-42 所示。

表 1-41

东海增值税专用发票

（全国统一发票监制 国家税务总局监制）

2806143140　　此联不作报销、扣税凭证使用　　№22000006

开票日期：2022 年 6 月 18 日

购买方	名　　称：东海大东有限责任公司 纳税人识别号：280602001692754 地 址 、电 话：东海市天城工业区 8 号 0316-3105690 开户行及账号：工行东海分行 180208062600369378				密码区	（略）	
货物或应税劳务、服务名称	规格型号	单 位	数 量	单 价	金 额	税率	税 额
*黑色金属冶炼压延品*A材料		千克	1 000	55.00	55 000.00	13%	7 150.00
价税合计（大写）	⊗陆万贰仟壹佰伍拾元整						（小写）￥62 150.00
销售方	名　　称：黄河有限责任公司 纳税人识别号：280602002234678 地 址 、电 话：东海市解放街 208 号 0316-3133666 开户行及账号：工行东海紫荆分理处 180100112200100888				备注	黄河有限责任公司 280602002234678 发票专用章	

税总函〔2016〕××号 ××××公司

第一联：记账联 销售方记账凭证

收款人：　　复核：　　开票人：许月宏　　销售方：（章）

表 1-42 中国工商银行进账单（收账通知） 1

2022 年 6 月 18 日　　第　号

<table>
<tr><td rowspan="3">付款人</td><td>全　　称</td><td>东海大东有限责任公司</td><td rowspan="3">收款人</td><td>全　　称</td><td colspan="10">黄河有限责任公司</td></tr>
<tr><td>账　　号</td><td>180208062600369378</td><td>账　　号</td><td colspan="10">180100112200100888</td></tr>
<tr><td>开户银行</td><td>工行东海分行</td><td>开户银行</td><td colspan="10">工行东海分行</td></tr>
<tr><td colspan="5" rowspan="2">人民币（大写）陆万贰仟壹佰伍拾元整</td><td>千</td><td>百</td><td>十</td><td>万</td><td>千</td><td>百</td><td>十</td><td>元</td><td>角</td><td>分</td></tr>
<tr><td></td><td></td><td>¥</td><td>6</td><td>2</td><td>1</td><td>5</td><td>0</td><td>0</td><td>0</td></tr>
<tr><td colspan="2">票据种类</td><td>转账支票</td><td colspan="12" rowspan="3">工商银行 东海分行 2022.06.18 转讫
收款人开户行盖章</td></tr>
<tr><td colspan="2">票据张数</td><td>1 张</td></tr>
<tr><td colspan="3">单位主管　　会计　　复核　　记账</td></tr>
</table>

此联是持票人开户银行交给持票人的收账通知

【业务 16】6 月 19 日，向本市万盛贸易公司销售货物，款项未收。原始凭证如表 1-43 所示。

表 1-43 东海增值税专用发票　　付款条件：2/10；1/20；n/30

（印章：全国统一发票监制章 国家税务总局监制）

2806143140　　此联不作报销、扣税凭证使用　　№22000007

开票日期：2022 年 6 月 19 日

<table>
<tr><td>购买方</td><td colspan="4">名　　称：万盛贸易有限责任公司
纳税人识别号：280602002235891
地 址 、电 话：东海市延安街 108 号 0316-3106980
开户行及账号：工行东海分行 180100110022001019</td><td>密码区</td><td colspan="3">（略）</td></tr>
<tr><td>货物或应税劳务、服务名称</td><td>规格型号</td><td>单　位</td><td>数　量</td><td>单　价</td><td>金　额</td><td>税率</td><td>税　额</td></tr>
<tr><td>*通用设备*甲产品</td><td></td><td>件</td><td>800</td><td>800.00</td><td>640 000.00</td><td>13%</td><td>83 200.00</td></tr>
<tr><td>价税合计（大写）</td><td colspan="7">⊗柒拾贰万叁仟贰佰元整　　（小写）¥ 723 200.00</td></tr>
<tr><td>销售方</td><td colspan="4">名　　称：黄河有限责任公司
纳税人识别号：280602002234678
地 址 、电 话：东海市解放街 208 号 0316-3133666
开户行及账号：工行东海紫荆分理处 180100112200100888</td><td>备注</td><td colspan="2">黄河有限责任公司 280602002234678 发票专用章</td></tr>
</table>

税总函〔2016〕××号 ××××公司

第一联：记账联 销售方记账凭证

收款人：　　复核：　　开票人：许月宏　　销售方：（章）

提示：开出增值税专用发票，即实现销售

销售货物开出增值税专用发票，即实现销售，纳税人应及时进行销售业务的账务处理。

【业务 17】6 月 23 日，向东海市泰山公司销售货物，办妥托运手续，运费由本公司负担，并办妥货款托收手续。原始凭证如表 1－44 至表 1－48 所示。

表 1－44

转账支票存根

中国工商银行 （东）
转账支票存根
XⅡ 00105465

科 目
对方科目
出票日期 2022 年 6 月 23 日

收款人：东海货运有限责任公司
金 额：1 526.00
用 途：运费
备 注：

单位主管 会计
复 核 记账

表 1－45

东海增值税专用发票

发票联

（国家税务总局监制）

2806143140 №28000756

开票日期：2022 年 6 月 23 日

税总函〔2016〕××号 ××××公司

购买方	名称：黄河有限责任公司 纳税人识别号：280602002234678 地址、电话：东海市解放街 208 号 0316－3133666 开户行及账号：工行东海紫荆分理处 180100112200100888					密码区	（略）	
货物或应税劳务、服务名称	规格型号	单位	数量	单价		金额	税率	税额
＊运输费用＊运费						1 400.00	9％	126.00
价税合计（大写）	⊗壹仟伍佰贰拾陆元整					（小写）￥1 526.00		
销售方	名称：东海货运有限责任公司 纳税人识别号：280602002272864 地址、电话：东海市大桥路 67 号 0316－3263765 开户行及账号：工行东海分行 180100112200265432					备注	本地运输，甲产品 1 500 件，乙产品 1 000 件。 （东海货运有限责任公司 280602002272864 发票专用章）	

第三联：发票联 购买方记账凭证

收款人： 复核： 开票人：李三敏 销售方：（章）

表 1－46

东海增值税专用发票

抵　扣　联

2806143140　　　　№28000756

开票日期：2022 年 6 月 23 日

购买方	名　　称：黄河有限责任公司 纳税人识别号：280602002234678 地 址、电 话：东海市解放街 208 号 0316－3133666 开户行及账号：工行东海紫荆分理处 180100112200100888				密码区	（略）	
货物或应税劳务、服务名称	规格型号	单　位	数　量	单　价	金　额	税　率	税　额
＊运输费用＊运费					1 400.00	9%	126.00
价税合计（大写）	⊗壹仟伍佰贰拾陆元整				（小写）￥1 526.00		
销售方	名　　称：东海货运有限责任公司 纳税人识别号：280602002272864 地 址、电 话：东海市大桥路 67 号 0316－3263765 开户行及账号：工行东海分行　180100112200265432				备注	本地运输，甲产品 1 500 件；乙产品 1 000 件。	

税总函〔2016〕××号 ×××公司

第二联：抵扣联　购买方扣税凭证

东海货运有限责任公司 280602002272864 发票专用章

收款人：　　复核：　　开票人：李三敏　　销售方：（章）

表 1－47

东海增值税专用发票

此联不作报销、扣税凭证使用

2806143140　　　　№22000009

开票日期：2022 年 6 月 23 日

购买方	名　　称：东海泰山有限责任公司 纳税人识别号：280602001112248 地 址 、电 话：东海市人民路 17 号 0316－27708086 开户行及账号：工行东海分行 150200683322006688				密码区	（略）	
货物或应税劳务、服务名称	规格型号	单　位	数　量	单　价	金　额	税率	税　额
＊通用设备＊甲产品		件	1 500	800.00	1 200 000.00	13%	156 000.00
＊通用设备＊乙产品		件	1 000	500.00	500 000.00	13%	65 000.00
价税合计（大写）	⊗壹佰玖拾贰万壹仟元整				（小写）￥1 921 000.00		
销售方	名　　称：黄河有限责任公司 纳税人识别号：280602002234678 地 址 、电 话：东海市解放街 208 号 0316－3133666 开户行及账号：工行东海紫荆分理处 180100112200100888				备注		

税总函〔2016〕××号 ×××公司

第一联：记账联　销售方记账凭证

黄河有限责任公司 280602002234678 发票专用章

收款人：　　复核：　　开票人：许月宏　　销售方：（章）

表 1-48

托收承付凭证（回单） 1

托收号码：N0：2387567

电

委托日期 2022 年 6 月 23 日

付款人	全称	东海泰山有限责任公司	收款人	全称	黄河有限责任公司	
	账号或地址	15020068332200668		账号	18010011220010088	
	开户银行	工行东海分行		开户银行	工行东海分行	行号 25123

托收金额	人民币（大写） 壹佰玖拾贰万壹仟元整	千	百	十	万	千	百	十	元	角	分
		¥	1	9	2	1	0	0	0	0	0

附件		商品发运情况	合同名称号码
附寄单证张数或册数	2 张	于 2022 年 6 月 23 日发出	工商银行 东海分行 2022.06.23 0459 结算

备注： 电划	款项收妥日期 年 月 日	收款人开户银行盖章 月 日

此联是收款单位开户银行给收款人的回单

单位主管： 会计： 复核： 记账：

【业务 18】 6 月 28 日，收到本月 19 日向万盛贸易公司销售货物的款项。原始凭证如表 1-49 所示。

表 1-49

中国工商银行进账单（收账通知）

2022 年 6 月 28 日　　　　第　号

付款人	全称	东海万盛贸易有限公司	收款人	全称	黄河有限责任公司
	账号	280602002235891		账号	18010011220010088
	开户银行	工行东海分行		开户银行	工行东海分行紫金分理处

人民币（大写） 柒拾万捌仟柒佰叁拾陆元整	千	百	十	万	千	百	十	元	角	分
		¥	7	0	8	7	3	6	0	0

票据种类	转账支票	工商银行 东海分行 2022.06.28 转讫
票据张数	1 张	收款人开户行盖章
本月19日甲产品销售款项 723 200 元，扣除现金折扣 14 464 元后收回。 单位主管 会计 复核 记账		

此联是持票人开户银行交给持票人的收账通知

【业务 19】 6 月 30 日，仓库送来材料盘点报告单。原始凭证如表 1-50、表 1-51 所示。

表 1－50

材料盘点溢(缺)报告单

库号：2　　　　2022 年 6 月 30 日

名　称	规格型号	单　位	单　价	账面数	实有数	盘盈数		盘亏数		盈亏原因
						数量	金额	数量	金额	
A 材料		千克	50.2					20	1 004	合理损耗
审批意见	列管理费用　李林									

部门主管：　　　　保管员：李大海　　　　复查人：赵安康

表 1－51

材料盘点损失报告单

库号：1　　　　2022 年 6 月 30 日

名　称	规格型号	单　位	单　价	账面数	实有数	损失数		损失原因
						数量	金额	
B 材料		千克				100	3 050.00	管理不当意外损失
进项税额		元					396.50	
合　计							3 446.50	
审批意见	报废部分，仓库保管员赔偿 40%，其余作企业损失处理　李林							

部门主管：　　　　保管员：王　明　　　　复查人：赵安康

提示：进项税额抵扣原则

（1）对应抵扣原则：如果外购货物最终不能形成销项税额，其进项税额不得抵扣。

（2）凭票抵扣原则：外购货物必须取得合法的增值税专用发票或合法的农产品收购凭证、运输费发票、进口海关增值税缴纳凭证，否则不得抵扣进项税额。

（3）限额抵扣原则：当期可抵扣进项税额的最大金额不得超过当期的销项税额，超过部分留抵到下期抵扣。

（4）认证抵扣原则：纳税人外购货物取得专用发票抵扣联需经税务机关认证通过后才能计算抵扣进项税额。

3. 实训操作专用账表：增值税应纳税额汇总计算表（表 1－52）、增值税及附加税费申报表附列资料（一）（表 1－53）、增值税及附加税费申报表附列资料（二）（表 1－54）、增值税及附加税费申报表（表 1－55）、税收通用缴款书（表 1－56、表 1－57）。

提示：税率应用规则

（1）价外费用收入适用税率与对应货物、服务的适用税率相同。

（2）应税包装物押金收入适用税率与所包装货物适用的税率相同。

（3）加工费收入适用税率，一般纳税人为 13%，小规模纳税人为 3%。

（4）混合核算，征税率就高不就低，退税率就低不就高。

1

表 1-52 **增值税应纳税额汇总计算表**

年 月 日

项目				计税销售额	销项税额	记账凭证	发票类型
销项税额	应税行为	货物、服务名称	适用税率				
	简易办法计税应纳税额						
进项税额	本期进项税发生额						
	小计						
	进项税额转出		扣除率	计税金额	进项税转出	记账凭证	用途
	小计						
按适用税率计算应纳增值税额							
实际应纳增值税额							

会计主管： 填表人：

表 1－53

增值税及附加税费申报表附列资料(一)

(本期销售情况明细)

税款所属时间：　　年　月　日至　　年　月　日

纳税人名称：(公章)　　　　金额单位：元(列至角分)

项目及栏次				开具税控增值税专用发票		开具其他发票		未开具发票		纳税检查调整		合计			应税服务扣除项目本期实际扣除金额	扣除后	
				销售额	销项(应纳)税额	销售额	销项(应纳)税额	销售额	销项(应纳)税额	销售额	销项(应纳)税额	销售额	销项(应纳)税额	价税合计		含税(免税)销售额	销项(应纳)税额
				1	2	3	4	5	6	7	8	9＝1＋3＋5＋7	10＝2＋4＋6＋8	11＝9＋10	12	13＝11－12	14＝13÷(100%＋税率或征收率)×税率或征收率
一、一般计税方法计税	全部征税项目	13%税率的货物及加工修理修配劳务	1											—	—	—	—
		13%税率的服务、不动产和无形资产	2														
		9%税率的货物及加工修理修配劳务	3											—	—	—	—
		9%税率的服务、不动产和无形资产	4														
		6%税率	5														
	其中：即征即退项目	即征即退货物及加工修理修配劳务	6	—	—	—	—	—	—	—	—			—	—	—	—
		即征即退服务、不动产和无形资产	7	—	—	—	—	—	—	—	—						

续表

项目及栏次				开具税控增值税专用发票		开具其他发票		未开具发票		纳税检查调整		合计			应税服务扣除项目本期实际扣除金额	扣除后	
				销售额	销项（应纳）税额	销售额	销项（应纳）税额	销售额	销项（应纳）税额	销售额	销项（应纳）税额	销售额	销项（应纳）税额	价税合计		含税（免税）销售额	销项（应纳）税额
				1	2	3	4	5	6	7	8	9＝1＋3＋5＋7	10＝2＋4＋6＋8	11＝9＋10	12	13＝11－12	14＝13÷（100%＋税率或征收率）×税率或征收率
二、简易计税方法计税	全部征税项目	6%征收率	8							—	—			—	—	—	—
		5%征收率的货物及加工修理修配劳务	9a							—	—			—	—	—	—
		5%征收率的服务、不动产和无形资产	9b														
		4%征收率	10							—	—			—	—	—	—
		3%征收率的货物及加工修理修配劳务	11							—	—			—	—	—	—
		3%征收率的服务、不动产和无形资产	12							—	—						
		预征率 %	13a							—	—						
		预征率 %	13b							—	—						
		预征率 %	13c							—	—						
	其中：即征即退项目	即征即退货物及加工修理修配劳务	14	—	—	—	—	—	—	—	—			—	—	—	—
		即征即退服务、不动产和无形资产	15	—	—	—	—	—	—	—	—						
三、免抵退税	货物及加工修理修配劳务		16	—	—		—		—	—	—		—	—	—	—	—
	服务、不动产和无形资产		17	—	—		—		—	—	—		—				—
四、免税	货物及加工修理修配劳务		18				—		—	—	—		—	—	—	—	—
	服务、不动产和无形资产		19	—	—		—		—	—	—		—				—

表 1－54　　增值税及附加税费申报表附列资料(二)

(本期进项税额明细)

税款所属时间：　　年　月　日至　　年　月　日

纳税人名称：(公章)　　　　　　　　　　　　　　　　　　金额单位：元(列至角分)

一、申报抵扣的进项税额				
项　目	栏　次	份数	金　额	税　额
(一)认证相符的增值税专用发票	1=2+3			
其中：本期认证相符且本期申报抵扣	2			
前期认证相符且本期申报抵扣	3			
(二)其他扣税凭证	4=5+6+7+8a+8b			
其中：海关进口增值税专用缴款书	5			
农产品收购发票或者销售发票	6			
代扣代缴税收缴款凭证	7			
加计扣除农产品进项税额	8a	—	—	
其他	8b			
(三)本期用于购建不动产的扣税凭证	9	—	—	—
(四)本期用于抵扣的旅客运输服务扣税凭证	10	—	—	—
(五)外贸企业进项税额抵扣证明	11	—		
当期申报抵扣进项税额合计	12=1+4+11			
二、进项税额转出额				
项　目	栏　次	税　额		
本期进项税转出额	13=14至23之和			
其中：免税项目用	14			
集体福利、个人消费	15			
非正常损失	16			
简易计税方法征税项目用	17			
免抵退税办法不得抵扣的进项税额	18			
纳税检查调减进项税额	19			
红字专用发票通知单注明的进项税额	20			
上期留抵税额抵减欠税	21			
上期留抵税额退税	22			
异常凭证转出进项税额	23a			
其他应作进项税额转出的情形	23b			
三、待抵扣进项税额				
项　目	栏　次	份数	金　额	税　额
(一)认证相符的增值税专用发票	24	—	—	—
期初已认证相符但未申报抵扣	25			
本期认证相符且本期未申报抵扣	26			
期末已认证相符但未申报抵扣	27			
其中：按照税法规定不允许抵扣	28			
(二)其他扣税凭证	29=30至33之和			
其中：海关进口增值税专用缴款书	30			
农产品收购发票或者销售发票	31			
代扣代缴税收缴款凭证	32		—	
其他	33			
	34			
四、其　他				
项　目	栏　次	份数	金　额	税　额
本期认证相符的税控增值税专用发票	35			
代扣代缴税额	36	—	—	

表 1－55

增值税及附加税费申报表

（一般纳税人适用）

根据国家税收法律法规及增值税相关规定制定本表。纳税人不论有无销售额，均应按税务机关核定的纳税期限填写本表，并向当地税务机关申报。

税款所属时间：自　年　月　日至　年　月　日　填表日期：　年　月　日　金额单位：元（列至角分）

纳税人识别号		所属行业：					
纳税人名称		法定代表人姓名		注册地址		营业地址	
开户银行及账号			企业登记注册类型			电话号码	

项目		栏次	一般项目		即征即退项目	
			本月数	本年累计	本月数	本年累计
销售额	（一）按适用税率计税销售额	1				
	其中：应税货物销售额	2				
	应税劳务销售额	3				
	纳税检查调整的销售额	4				
	（二）按简易办法计税销售额	5				
	其中：纳税检查调整的销售额	6				
	（三）免、抵、退办法出口销售额	7			—	—
	（四）免税销售额	8			—	—
	其中：免税货物销售额	9			—	—
	免税劳务销售额	10			—	—
税款计算	销项税额	11				
	进项税额	12				
	上期留抵税额	13		—		—
	进项税额转出	14				
	免、抵、退应退税额	15			—	—
	按适用税率计算的纳税检查应补缴税额	16			—	—
	应抵扣税额合计	17＝12＋13－14－15＋16		—		—
	实际抵扣税额	18（如 17＜11，则为 17，否则为 11）				
	应纳税额	19＝11－18				
	期末留抵税额	20＝17－18		—		—
	简易计税办法计算的应纳税额	21				

续　表

项目		栏次	一般项目		即征即退项目	
			本月数	本年累计	本月数	本年累计
税款计算	按简易计税办法计算的纳税检查应补缴税额	22			—	—
	应纳税额减征额	23				
	应纳税额合计	24=19+21−23				
税款缴纳	期初未缴税额(多缴为负数)	25				
	实收出口开具专用缴款书退税额	26			—	—
	本期已缴税额	27=28+29+30+31				
	① 分次预缴税额	28		—		—
	② 出口开具专用缴款书预缴税额	29		—	—	—
	③ 本期缴纳上期应纳税额	30				
	④ 本期缴纳欠缴税额	31				
	期末未缴税额(多缴为负数)	32=24+25+26−27				
	其中：欠缴税额(≥0)	33=25+26−27		—		—
	本期应补(退)税额	34=24−28−29		—		—
	即征即退实际退税额	35	—	—		
	期初未缴查补税额	36			—	—
	本期入库查补税额	37			—	—
	期末未缴查补税额	38=16+22+36−37			—	—
附加税费	城市维护建设税本期应补(退)税额	39			—	—
	教育费附加本期应补(退)费额	40			—	—
	地方教育附加本期应补(退)费额	41			—	—

声明：此表是根据国家税收法律法规及相关规定填写的，本人(单位)对填报内容(及附带资料)的真实性、可靠性、完整性负责。

纳税人(签章)：　　　　年　　月　　日

经办人： 经办人身份证号： 代理机构签章： 代理机构统一社会信用代码：	受理人： 受理税务机关(章)：　　受理日期：　　年　　月　　日

表 1－56

中华人民共和国
税收通用缴款书

(032)海 №1055806
国缴电

隶属关系：
注册类型： 填发日期： 年 月 日 征收机关：

缴款单位（人）	代 码		预算科目	编码	
	全 称			名称	
	开户银行			级次	
	账 号		收款国库		
税款所属时期			税款限缴日期		

品 目 名 称	课 税 数 量	计税金额或销售收入	税率或单位税额	已缴或扣除额	实缴金额
金额合计					

缴款单位（人） （盖章） 经办人（盖章）	上列款项已收妥并划转收款单位账户 国库（银行）盖章 年 月 日

逾期不缴按税法规定加收滞纳金

第一联（收据）国库（银行）收款盖章后退缴款单位（人）作完税凭证

表 1－57

中华人民共和国
税收通用缴款书

(032)海 №1055680
国缴电

隶属关系：
注册类型： 填发日期： 年 月 日 征收机关：

缴款单位（人）	代 码		预算科目	编码	
	全 称			名称	
	开户银行			级次	
	账 号		收款国库		
税款所属时期			税款限缴日期		

品 目 名 称	课 税 数 量	计税金额或销售收入	税率或单位税额	已缴或扣除额	实缴金额
金额合计					

缴款单位（人） （盖章） 经办人（盖章）	上列款项已收妥并划转收款单位账户 国库（银行）盖章 年 月 日

逾期不缴按税法规定加收滞纳金

第一联（收据）国库（银行）收款盖章后退缴款单位（人）作完税凭证

项目二 增值税出口退税计算实训

一、实训要求

1. 逐笔审核经济业务的原始凭证，连同项目一资料运用“免、抵、退”方法计算增值税应免抵、应退的税款；

2. 填写“免、抵、退”计算表。

二、实训准备

1.《生产企业出口货物“免、抵、退”税管理操作规程(试行)》《出口货物退(免)税管理办法(试行)》和出口货物有关出口退税的其他相关规定；

2. 税务实训室，项目一黄河有限责任公司经济业务的原始凭证，出口货物相关原始凭证；

3. 生产企业出口货物“免、抵、退”税申报明细表，生产企业出口货物“免、抵、退”税申报汇总表，其他相关计算表单。

三、实训材料

假定黄河有限责任公司在项目一实训经济业务的基础上，发生了甲产品出口美国业务，采用“免、抵、退”业务，出口退税率为9%。相关原始凭证如表2-1至表2-7所示。

提示：退免税办法适用范围

“免、抵、退”办法主要适用于自营和委托出口自产货物的生产性企业，“先征后退”办法主要适用于收购货物出口的外(工)贸企业。

2

表 2-1 银行贷记通知书

CREDIT ADVICE
中国工商银行贷记通知书

DATE(日期)：2022.06.21　　OUR NO.(我方编号)：45128062345876543F
VCH SET(检票套号)：0370　　THE IR NO.(汇款编号)：0905210467329
BENEFICIARY(受益人)：黄河有限责任公司
ATM(汇款金额)：USD 100 000
NET AMT(入账金额)：655 000
FEE AMT(扣费金额)：@已从贵公司扣除
无兑换手续费
邮电费
FROM(发报行)：AEIBUS33XXX AMERICAN EXPRESS BANK,LTD.
(汇出行)：AEIBUS33
REMITTER(汇款人)：ASPERSORES DE CAL IOAO * * GOL
收支申报号码：33132109837645321784930　　银行签章：

工商银行
东海分行
2022.06.21
转
讫

表 2-2 出口货物销售发票

浙江省出口货物销售统一发票
ZHEJIANG EXPORT SALES UNIFORM INVOICE
出口专用

全国统一发票监制章
国家税务总局监制

发票代码 133100078765
发票号码 00058765

记 账 联
COUNTERFOIL

合同号码 Contract No. 09234004321
日期 Date：2022.6.21

装船口岸 From 东海　　目的地 To 美国
信用证号数 Letter of Credit No. 0934587645128765　　开户银行 Issued by 工行东海分行

唛号 Marks & Nos	货名数量 Quantities and Descriptions	单价 Unit Price	总值 Amount
甲产品	1 000	USD 100 USD=RMB6.55	USD100 000

开票单位(盖章)黄河有限责任公司　　开票人：杨伟霞

黄河有限责任公司
280602002234678
发票专用章

表 2-3　　中华人民共和国海关出口货物报关单　　记账联

预录入编号：　　　　　　　　　　海关编号：

收发货人： 黄河有限责任公司	出口口岸： 东海	出口日期： 2022.06.21	申报日期： 2022.06.21
生产销售单位： 黄河有限责任公司	运输方式： 江海运输	运输工具名称： BUEKCY110/653	提运单号： KHCLB236345
申报单位： 东海联合国际物流有限公司	监管方式： 一般贸易	征免性质： 一般征税	备案号：
贸易国(地区)：	运抵国(地区)： 美国	指运港： 美国旧金山	境内货源地： 东海

许可证号：	成交方式	运费	保费	杂费
合同协议号 09234004321	件数： 60	包装种类： 木箱	毛重(千克) 3 190	净重(千克) 2 750
集装箱号	随附单据		生产厂家	

标记唛码及备注

项号	商品编号	商品名称、规格型号	数量及单位	原产国(地区)	单价	总价	币制	征免
		甲产品	1 000 件	美国	100 USD	100 000	美元	照章征税

特殊关系确认：　　　　价格影响确认：　　　　支付特许权使用费确认：

录入员　　　录入单位	兹申明对以上内容承担如实申报、依法纳税之法律责任 （印章：东海联合国际物流有限公司 东海(1) 报关专用章） 申报单位(签章)	海关批注及签章 （印章：中华人民共和国东海海关 验讫章）
报关人员		

提示：报关单基本知识

(1) 进出口货物报关单，既是进出口货物报关凭证，也是进出口货物的纳税申报凭证，同时也是纳税人核算应收应付外汇账款的原始凭证。

(2) 出口货物报关单一式六联：第一联作业联，第二联海关留存联，第三联企业留存记账联，第四联海关核销联，第五联收汇证明联，第六联出口退税证明联。

2

表 2－4 **中华人民共和国海关出口货物报关单** 出口退税专用联

预录入编号： 海关编号：

收发货人： 黄河有限责任公司	出口口岸	出口日期： 2022.06.21	申报日期： 2022.06.21
经营单位： 黄河有限责任公司	运输方式： 江海运输	运输工具名称： BUEKCY110/653	提运单号： KHCLB236345
申报单位： 东海联合国际物流有限公司	监管方式： 一般贸易	征免性质： 一般征税	备案号：
贸易国(地区)：	运抵国(地区)： 美国	指运港： 美国旧金山	境内货源地： 东海

许可证号：	成交方式	运费	保费	杂费
合同协议号 09234004321	件数： 60	包装种类： 木箱	毛重(千克) 3 190	净重(千克) 2 750
集装箱号	随附单据		生产厂家	

标记唛码及备注

项号	商品编号	商品名称、规格型号	数量及单位	原产国(地区)	单 价	总 价	币 制	征 免
		甲产品	1 000 件	美国	100 USD	100 000	美元	照章征税

特殊关系确认： 价格影响确认： 支付特许权使用费确认：

录入员	录入单位	兹申明对以上内容承担如实申报、依法纳税之法律责任	海关批注及签章
报关人员		申报单位(签章)	

表 2-5 出口货物销售发票

浙江省出口货物销售统一发票

ZHEJIANG EXPORT SALES UNIFORM INVOICE

出口专用

全国统一发票监制章 国家税务总局监制

发票代码 133100078765

发票号码 00058765

退 税 联

COUNTERFOIL

合同号码 Contract No. 09234004321

日期 Date： 2022.6.21

装船口岸 From 东海

目的地 To 美国

信用证号数 Letter of Credit No. 0934587645128765

开户银行 Issued by 工行东海分行

唛号 Marks & Nos	货名数量 Quantities and Descriptions	单价 Unit Price	总值 Amount
甲产品	1 000	USD 100 USD＝RMB6.55	USD 100 000

开票单位(盖章)黄河有限责任公司

黄河有限责任公司 280602002234678 发票专用章

开票人：杨伟霞

2

表 2-6 **出口货物增值税"免、抵、退"计算表**

年　　月　　　　　　　　　　　　　　　　　单位：元

免税购进原材料价格	国内购进免税原材料价格	进料加工免税进口材料价格		
		进口材料到岸价	海关实征关税	海关实征消费税
	1	2	3	4
	小计	小计	小计	小计
	5. 免税购进原材料价格=1+2+3+4			
当期不得免抵税额的计算	出口货物离岸价	外汇人民币汇率	法定税率	退税率
	6	7	8	9
	小计			
	10. 当期不得免抵税额=(6×7－5)×(8－9)			
应纳税额的计算	当期内销货物销项税额	当期进项税额	进项税额转出	上期留抵税额
	11	12	13	14
	小计	小计	小计	小计
	15. 当期应纳税额=11－(12－13－10)－14			
免抵退税额的计算	出口货物离岸价	外汇人民币汇率	退税率	
	16	17	18	19
	小计			
	20. 当期免抵退税额=(16×17－5)×18			
当期应退税额确定	21. 当期期末留抵税额		22. 当期免抵退税额	
	当 21≤22 时，当期应退税额=21		当 21>22 时，当期应退税额=22	
当期免抵税额或留于下期续抵税额的计算	23. 当期免抵税额=22－21 24. 留于下期续抵税额=0		23. 当期免抵税额=0 24. 留于下期续抵税额=21－22	

表 2-7　　　　　　生产企业出口货物免、抵、退税申报汇总表

纳税人识别号：　　　　　　　　　　　　　　　　　　纳税人名称（公章）：

海关代码：　　　　　　　　　　　　　　　　税款所属期限：自　年　月　日　至　年　月　日

申报日期：　　　　　　　　　　　　　　　　　　　　　　　　　　单位：元（列至角分）

项　目	栏　次	当期	本年累计	与增值税及附加税费申报表差额
		(a)	(b)	(c)
当期免抵退出口货物销售额（美元）	1			—
当期免抵退出口货物销售额	2＝3＋4			
其中：单证不齐销售额	3			
单证齐全销售额	4			
前期出口货物当期收齐单证销售额	5			
单证齐全出口货物销售额	6＝4＋5			
不予免抵退出口货物销售额	7			
出口销售额乘征退税率之差	8			
上期结转免抵退税不得免征和抵扣税额抵减额	9			
免抵退税不得免征和抵扣税额抵减额	10			
免抵退税不得免征和抵扣税额	11（如 8＞9＋10 则为 8－9－10，否则为 0）			
结转下期免抵退税不得免征和抵扣税额抵减额	12（如 9＋10＞8 则为 9＋10－8，否则为 0）			
出口销售额乘退税率	13			
上期结转免抵退税额抵减额	14			
免抵退税额抵减额	15			
免抵退税额	16（如 13＞14＋15 则为 13－14－15，否则为 0）			
结转下期免抵退税额抵减额	17（如 14＋15＞13 则为 14＋15－13，否则为 0）			
增值税及附加税费申报表期末留抵税额	18			
计算退税的期末留抵税额	19＝18－11c			
当期应退税额	20（如 16＞19 则为 19，否则为 16）			
当期免抵税额	21＝16－20			
出口企业申明：		退　税　部　门		
兹声明以上申报无讹并愿意承担一切法律责任。 经办人： 财务负责人：　　　　（公章） 企业负责人：　　　　年　月　日		经办人： 复核人：　　　（章） 负责人：　　年　月　日		

项目三　消费税计算与申报实训

一、实训要求

1. 根据经济业务涉税原始凭证编制消费税应纳税额汇总计算表，计算2022年6月份应纳消费税税额；

2. 填制《消费税及附加税费申报表》，填开消费税税收缴款书。

二、实训准备

1.《中华人民共和国消费税暂行条例》《中华人民共和国消费税暂行条例实施细则》和消费税其他相关法规；

2. 税务实训室，企业基本情况，经济业务的原始凭证；

3. 消费税及附加税费申报表、通用税收缴款书。

三、实训材料

1. 企业基本情况如下：

黄河宏大集团股份有限公司，为增值税一般纳税人，按月缴纳增值税和消费税，执行《企业会计准则》，存货按实际成本计价核算。该公司的基本资料如下：

开户银行：中国工商银行东海市支行紫荆分理处

账　　号：180112200100666

纳税人识别号：280602002212345

主管税务机关：国家税务总局东海市税务局直属分局

经营地址：东海市和平街458号

电　　话：0316－3166333

注册资本：5 000万元人民币

法定代表人：张晓阳　　　　财务主管：李森林

会　　计：赵红星　　　　助理会计：张晓庆

出 纳 员：陈丽洁　　　　职工人数：280人

2. 2022年6月涉税相关资料如下：

【业务1】6月2日，向本市春林百货公司销售成套高档化妆品，货款已收。原始凭证如表3－1、表3－2所示。

表 3－1

东海增值税专用发票

2806143140　　此联不作报销、扣税凭证使用　　№22000001

开票日期：2022 年 6 月 2 日

税总函[2016]××号 ×××××公司

购买方	名　称：东海市春林百货公司 纳税人识别号：360801001112248 地址、电话：东海市中山路 17 号 0316－37708086 开户行及账号：工行东海分行 150200683322006688				密码区	（略）	
货物或应税劳务、服务名称	规格型号	单位	数量	单价	金额	税率	税额
*美容护肤品*高档化妆品		盒	1 000	200.00	200 000.00	13%	26 000.00
价税合计（大写）	⊗贰拾贰万陆仟元整					（小写）￥226 000.00	
销售方	名　称：黄河宏大集团股份有限公司 纳税人识别号：280602002212345 地址、电话：东海市和平街 458 号 0316－3166333 开户行及账号：工行东海紫荆分理处 180112200100666				备注	黄河宏大集团股份有限公司 280602002212345 发票专用章	

第一联：记账联　销售方记账凭证

收款人：　　复核：　　开票人：张红洁　　销售方：（章）

表 3－2

中国工商银行进账单（收账通知）

2022 年 6 月 2 日　　第　号

付款人	全　称	春林百货公司	收款人	全　称	黄河宏大集团股份有限公司
	账　号	150200683322006688		账　号	180112200100666
	开户银行	工行中山分行		开户银行	工行东海紫荆分理处
人民币（大写）	贰拾贰万陆仟元整			千百十万千百十元角分	￥ 2 2 6 0 0 0 0 0
票据种类	银行汇票		工商银行 东海分行 2022.06.02 转讫 收款人开户行盖章		
票据张数	1 张				
单位主管　会计　复核　记账					

此联是持票人开户银行交给持票人的收账通知

【业务 2】6 月 4 日，厂部决定给全厂的女同志每人发放一套化妆品。原始凭证如表 3－3、表 3－4 所示。

提示：视同销售应税货物的计价办法

视同销售应税货物应以同类产品对外加权平均售价为计税价格，没有同类产品对外售价的，应以组成计税价格计税。

组成计税价格＝成本×（1＋成本利润率）÷（1－消费税税率）。其中，成本利润率由国家统一规定。

表 3-3 化妆品领用登记表

部 门	数 量	领用人	备 注
办公室	1	王 颖	以部门为单位领取，凡本公司在职女工每人一盒。
人力资源部	2	李 英	
财务部	2	张明瑜	
综合部	3	李 娜	
一车间	14	王小陆	
二车间	15	廖思奇	
销售部	3	蔡依安	
合 计	40		

批准：张晓阳　　　　制单：张晓庆

表 3-4 发 货 单

字第 3701 号

领料部门：工会　　用途：女职工福利　　2022 年 6 月 4 日

品 名	单 位	数 量		对外销售		生产成本	
		请领	实领	单位价格	金额	单位成本	金额
高档A型化妆品	盒	40	40	200.00	8 000.00	120.00	4 800.00
备 注							

负责人：　　领料人：张东林　　发料人：叶志明

【业务 3】6 月 4 日，将外购的甲型香料运往东海市利智日用化工厂委托加工香水精。原始凭证如表 3-5 所示。

表 3-5 领 料 单

仓库：3 号　　2022 年 6 月 4 日　　字第 70 号

品 名	规格型号	单 位	数 量		单 价	金 额
			请领	实领		
香 料	甲型	千克	1 500	1 500	50	75 000.00
用 途	委托加工香水精		领料部门		发料部门	
			负责人	领料人	核准人	发料人
			王红达	张明发	郑长富	李达明

【业务 4】6 月 12 日，收回委托加工的香水精，支付加工费和代垫辅料。原始凭证如表 3-6 至表 3-8 所示。

表 3-6

东海增值税专用发票

发 票 联

国家税务总局监制

2806143140　　　　№28004861

开票日期：2022 年 6 月 12 日

税总函〔2016〕××号 ××××公司

购买方	名　　称：黄河宏大集团股份有限公司 纳税人识别号：280602002212345 地 址、电 话：东海市和平街 458 号 0316－3166333 开户行及账号：工行东海紫荆分理处 180112200100666				密码区	（略）	
货物或应税劳务、服务名称	规格型号	单 位	数 量	单 价	金 额	税率	税 额
*劳务*加工费		瓶	20	500.00	10 000.00	13%	1 300.00
*美容护肤品*代垫辅料费					2 000.00	13%	260.00
价税合计（大写）	⊗壹万叁仟伍佰陆拾元整			（小写）￥13 560.00			
销售方	名　　称：东海市利智日用化工厂 纳税人识别号：280602002297140 地 址、电 话：东海市曙光路 53 号 3133428 开户行及账号：工行东海分行 180100112200100667				备注	东海市利智日用化工厂 280602002297140 发票专用章	

收款人：　　复核：　　开票人：杨晓琴　　销售方：（章）

第三联：发票联 购买方记账凭证

3

表 3-7

东海增值税专用发票

抵 扣 联

国家税务总局监制

2806143140　　　　№28004861

开票日期：2022 年 6 月 12 日

税总函〔2016〕××号 ××××公司

购买方	名　　称：黄河宏大集团股份有限公司 纳税人识别号：280602002212345 地 址、电 话：东海市和平街 458 号 0316－3166333 开户行及账号：工行东海紫荆分理处 180112200100666				密码区	（略）	
货物或应税劳务、服务名称	规格型号	单 位	数 量	单 价	金 额	税率	税 额
*劳务*加工费		瓶	20	500.00	10 000.00	13%	1 300.00
*美容护肤品*代垫辅料费					2 000.00	13%	260.00
价税合计（大写）	⊗壹万叁仟伍佰陆拾元整			（小写）￥13 560.00			
销售方	名　　称：东海市利智日用化工厂 纳税人识别号：280602002297140 地 址、电 话：东海市暑光路 53 号 3133428 开户行及账号：工行东海分行 180100112200100667				备注	东海市利智日用化工厂 280602002297140 发票专用章	

收款人：　　复核：　　开票人：杨晓琴　　销售方：（章）

第二联：抵扣联 购买方扣税凭证

3

表 3-8

转账支票存根

中国工商银行
转账支票存根（东）
XⅡ 00105456

科　　目
对方科目
出票日期 2022 年 6 月 12 日

收款人：利智日用化工厂	
金　额：13 560.00	
用　途：加工费及辅料费	
备　注：	

单位主管　　　　会计
复　　核　　　　记账

【业务 5】6 月 12 日，受托方无同类香水精对外销售业务，计算受托方代垫的消费税税额，并填制转账支票（对方收据略）。收回的香水精作为原料继续加工。原始凭证如表 3-9、表 3-10 所示。

提示：委托加工环节消费税的计税依据

委托加工环节的消费税以受托方同类产品对外加权平均售价为计税依据，受托方没有同类产品对外销售的，应按组成计税价格计税：

组成计税价格＝（材料成本＋加工费）÷（1－消费税比例税率）

属于复合计税的：

组成计税价格＝（材料成本＋加工费＋委托加工数量×定额税率）÷（1－消费税比例税率）

表 3-9

委托加工代垫消费税计算单

材料科目：原材料　　　　编号：001
材料类别：原料及主要材料　　　　收料仓库：1 号仓库
加工单位：东海利智日用化工厂　　2022 年 6 月 12 日　　发票号码：004861

材料编号	材料名称	规格	计量单位	数量	计算过程				
					材料成本	加工费	计税金额	税率	税额
001	香水精		瓶	20				15%	
备注									

审核：　　　　制单：杨晓琴

表 3-10

转账支票存根

中国工商银行 （东）
转账支票存根
XⅡ 00105456

科　　目
对方科目
出票日期　2022 年 6 月 12 日

收款人：利智日用化工厂
金　额：
用　途：支付代垫消费税
备　注：

单位主管　　　　会计
复　　核　　　　记账

【业务 6】6 月 12 日，收回委托加工的香水精验收入库。原始凭证如表 3-11 所示。

表 3-11

委托加工收料单

材料科目：原材料　　　　编号：001
材料类别：原料及主要材料　　　　收料仓库：1 号仓库
供应单位：东海利智日用化工厂　　　　2022 年 6 月 12 日　　　　发票号码：004861

材料编号	材料名称	规格	计量单位	数量		实际成本			
				应收	实收	材料成本	加工费	运费	合计
001	香水精		瓶	20	20	75 000.00	12 000.00		87 000.00
备注									

采购员：张一凡　　　　检验员：赵安康　　　　记账员：　　　　保管员：王　明

【业务 7】6 月 15 日，缴纳 5 月份消费税、增值税，取得以下完税凭证。原始凭证如表 3-12 至表 3-13 所示。

提示：税收通用缴款书的填写

(1)《税收通用缴款书》实行一税一票制，不得一份税收通用缴款书上填写若干税种。

(2)《税收通用缴款书》的填写全部联次内容要一致，字迹清晰，不得涂改、擦刮和挖补。

(3) 要按规定的格式和口径规范填写，所有栏目不得空缺不填。其中“隶属关系”“注册类型”“预算科目”“收缴国库”和“品目名称”按照税务机关规定的口径填写，其他栏目按照实际情况填写。

3

表 3-12

中华人民共和国
税收通用缴款书

(032)海 №1055806

缴电

隶属关系：其他企业

注册类型：股份有限公司 填发日期：2022 年 6 月 15 日 征收机关：国家税务总局东海市税务局直属分局

缴款单位（人）	代码	280602002212345	预算科目	编码	101010103
	全称	黄河宏大集团股份有限公司		名称	股份制企业消费税
	开户银行	工行东海紫荆分理处		级次	中央
	账号	180112200100666	收款国库		东海市中心支库
税款所属时期		2022 年 5 月 1 日至 5 月 31 日	税款限缴日期		2022 年 6 月 15 日

品目名称	课税数量	计税金额或销售收入	税率或单位税额	已缴或扣除额	实缴金额
高档化妆品		100 000.00	15%		15 000.00
啤酒	200		250		50 000.00
白酒	8 000	19 200	20%；1 元/千克		11 840.00
金额合计	⊗柒万陆仟捌佰肆拾元整			(小写)￥76 840.00	
缴款单位(人)(盖章) 经办人(盖章) 赵红星			上列款项已收妥并划转收款单位账户 国库(银行)盖章 年 月 日		

逾期不缴按税法规定加收滞纳金

第一联(收据)国库(银行)收款盖章后退缴款单位(人)作完税凭证

表 3-13

中华人民共和国
税收通用缴款书

(032)海 №1055806

缴电

隶属关系：其他企业

注册类型：股份有限公司 填发日期：2022 年 6 月 15 日 征收机关：国家税务总局东海市税务局直属分局

缴款单位（人）	代码	280602002212345	预算科目	编码	101010103
	全称	黄河宏大集团股份有限公司		名称	股份制企业增值税
	开户银行	工行东海紫荆分理处		级次	中央 50%，省市 50%
	账号	180112200100666	收款国库		东海市中心支库
税款所属时期		2022 年 5 月 1 日至 5 月 31 日	税款限缴日期		2022 年 6 月 15 日

品目名称	课税数量	计税金额或销售收入	税率或单位税额	已缴或扣除额	实缴金额
酒		919 200	13%		119 496.00
高档化妆品		100 000	13%		13 000.00
金额合计	⊗壹拾叁万贰仟肆佰玖拾陆元整			(小写)￥132 496.00	
缴款单位(人)(盖章) 经办人(盖章) 赵红星			上列款项已收妥并划转收款单位账户 国库(银行)盖章 年 月 日		

逾期不缴按税法规定加收滞纳金

第一联(收据)国库(银行)收款盖章后退缴款单位(人)作完税凭证

【业务 8】6 月 18 日，将自产啤酒 20 吨销售给万家乐超市；另外将 10 吨让顾客免费品尝。原始凭证如表 3－14 至表 3－16 所示。

表 3－14

东海增值税专用发票

（全国统一发票监制章 国家税务总局监制）

2806143140　　此联不作报销、扣税凭证使用　　№22000009

开票日期：2022 年 6 月 18 日

税总函〔2016〕××号 ××××公司

购买方	名　　称：东海市万家乐超市 纳税人识别号：280602004811122 地 址、电 话：东海市宇雷路 17 号 0316-37080867 开户行及账号：工行东海分行 150200683382002668	密码区	（略）

货物或应税劳务、服务名称	规格型号	单位	数量	单价	金 额	税率	税 额
*酒*啤酒		吨	20	2 800.00	56 000.00	13%	7 280.00
价税合计（大写）	⊗陆万叁仟贰佰捌拾元整			（小写）￥63 280.00			

销售方	名　　称：黄河宏大集团股份有限公司 纳税人识别号：280602002212345 地 址、电 话：东海市和平街 458 号 0316-3166333 开户行及账号：工行东海紫荆分理处 180112200100666	备注	（黄河宏大集团股份有限公司 280602002212345 发票专用章）

收款人：　　复核：　　开票人：许丽宏　　销售方：（章）

第一联：记账联 销售方记账凭证

表 3－15

中国工商银行进账单（收账通知）

2022 年 6 月 18 日　　第　　号

付款人			收款人		
	全　称	东海市万家乐超市		全　称	黄河宏大集团股份有限公司
	账　号	150200683382002668		账　号	180112200100666
	开户银行	工行东海分行		开户银行	工行东海紫荆分理处

人民币（大写）	千	百	十	万	千	百	十	元	角	分
陆万叁仟贰佰捌拾元整			￥	6	3	2	8	0	0	0

票据种类	银行汇票	（工商银行 东海分行 2022.06.18 转 讫）
票据张数	1 张	
单位主管　会计　复核　记账		收款人开户行盖章

此联是持票人开户银行交给持票人的收账通知

3

表 3-16

商品出库单

字第 273 号

2022 年 6 月 18 日

品名	计量单位	数量	单位成本	金额	用途
啤酒	吨	20	2 000	40 000.00	销售
啤酒	吨	10	2 000	20 000.00	免费品尝
合计				60 000.00	

部门负责人： 领料人：李爱国 会计： 发货人：王明

【业务 9】6 月 28 日，销售自产散装粮食白酒 20 吨，单位售价为每吨 2 400 元，生产成本为每吨 1 600 元。随同白酒出售单独计价包装桶 400 只，每只售价为 20 元，成本价为 12 元。货款已通过银行转账收讫。原始凭证如表 3-17 至表 3-19 所示。

提示：包装物的征税规定

(1) 应税包装物单独计价出售或收取押金收入适用税率与所包装货物适用的税率相同。

(2) 一般货物包装物押金，单独核算、押期 1 年以内、且未过期，不计征增值税、消费税；不符合上述三个条件的应计征增值税；属于包装应税消费品的，还应征收消费税。

(3) 除啤酒、黄酒以外的其他酒类产品包装物押金，不论如何核算，是否过期，都应于收取押金时计征增值税、消费税。

表 3-17

东海增值税专用发票

2806143140

此联不作报销、扣税凭证使用

№22000015

开票日期：2022 年 6 月 28 日

税总函〔2016〕××号 ××××公司

购买方	名称：东海市东华百货商场 纳税人识别号：280602004811122 地址、电话：东海市寿尔福路 17 号 0316-37086708 开户行及账号：工行东海分行 150200620026688338					密码区	（略）
货物或应税劳务、服务名称	规格型号	单位	数量	单价	金额	税率	税额
*酒*粮食白酒 *木制品*包装桶		吨 只	20 400	2 400.00 20.00	48 000.00 8 000.00	13% 13%	6 240.00 1 040.00
价税合计（大写）	⊗陆万叁仟贰佰捌拾元整				（小写）￥63 280.00		
销售方	名称：黄河宏大集团股份有限公司 纳税人识别号：280602002212345 地址、电话：东海市和平街 458 号 0316-3166333 开户行及账号：工行东海紫荆分理处 18011220010066					备注	黄河宏大集团股份有限公司 280602002212345 发票专用章

第一联：记账联 销售方记账凭证

收款人： 复核： 开票人：许丽宏 销售方：（章）

表 3-18 商品出库单

2022年6月28日 字第 372 号

品名	计量单位	数量	单位成本	金额	用途
白酒	吨	20	1 600	32 000.00	销售
包装桶	只	400	12	4 800.00	销售
合计				36 800.00	

部门负责人： 领料人：李爱国 会计： 发货人：王明

表 3-19 中国工商银行进账单（收账通知）

2022年6月28日 第 号

付款人	全称	东海市东华百货商场	收款人	全称	黄河宏大集团股份有限公司
	账号	150200620026688338		账号	180112200100666
	开户银行	工行东海分行		开户银行	工行东海紫荆分理处
人民币（大写）	陆万叁仟贰佰捌拾元整		千百十万千百十元角分	¥ 6 3 2 8 0 0 0	
票据种类	转账支票				
票据张数	1张				
单位主管 会计 复核 记账			收款人开户行盖章（工商银行 东海分行 2022.06.28 转 讫）		

此联是持票人开户银行交给持票人的收账通知

【业务 10】 6月28日，由于业务需要，加工收回的香水精20%用于对外销售，货款已通过银行收讫；80%用于生产香水和高档化妆品，已领用投入生产。原始凭证如表3-20、表3-21所示。

提示：委托加工应税消费品收回后的应税处理

（1）委托加工收回的应税消费品直接对外销售的，根据消费税“税不重征”原则，不再征收消费税。

（2）委托加工收回的应税消费品用于连续生产应税消费品的，其加工环节的已纳消费税额可以从应纳税额的总额中扣除。

（3）下列情况下不得扣除已纳消费税额：酒及酒精、小汽车、高档手表、游艇；用购入或委托加工收回的应税消费品连续生产非应税消费品；工业企业从商贸企业购入已税消费品；用已税消费品生产不同税目的应税消费品。

3

表 3-20

东海增值税专用发票

2806143140　　此联不作报销、扣税凭证使用　　№22000016

开票日期：2022 年 6 月 28 日

购买方	名　　称：东海市天媛保健用品公司 纳税人识别号：280602002248111 地 址 、电 话：东海市丽阳路 17 号 0316-37086708 开户行及账号：工行东海分行 150200683326688200				密码区	（略）	
货物或应税劳务、服务名称	规格型号	单位	数量	单价	金额	税率	税额
*美容护肤品*香水精		瓶	4	8 000.00	32 000.00	13%	4 160.00
价税合计（大写）	⊗叁万陆仟壹佰陆拾元整				（小写）¥ 36 160.00		
销售方	名　　称：黄河宏大集团股份有限公司 纳税人识别号：280602002212345 地 址 、电 话：东海市和平街 458 号 0316-3166333 开户行及账号：工行东海紫荆分理处 180112200100666				备注		

税总函〔2016〕××号 ××××公司

第一联：记账联 销售方记账凭证

收款人：　　复核：　　开票人：许丽宏　　销售方：（章）

表 3-21

中国工商银行进账单（收账通知）

2022 年 6 月 28 日　　第　　号

付款人	全　称	东海市天媛保健用品公司	收款人	全　称	黄河宏大集团股份有限公司
	账　号	150200683326688200		账　号	180112200100666
	开户银行	工行东海分行		开户银行	工行东海紫荆分理处

人民币（大写）	千	百	十	万	千	百	十	元	角	分
叁万陆仟壹佰陆拾元整			¥	3	6	1	6	0	0	0

票据种类	银行汇票	
票据张数	1 张	
单位主管　会计　复核　记账		收款人开户行盖章

此联是持票人开户银行交给持票人的收账通知

【业务 11】6 月 30 日，根据 1 至 10 笔业务编制消费税应纳税额汇总计算表，如表 3-22 所示。

提示：消费税应纳税额汇总计算技巧

（1）销售业务的应纳消费税额与自产自用、对外投资等视同销售的应纳消费税额应分别计算，可扣除的已纳消费税额只能从销售业务的应纳消费税额中扣除。

（2）经过已纳消费税额扣除后销售业务的应纳消费税额加上视同销售的应纳消费税额即为本期应纳消费税额。

表 3－22 消费税应纳税额汇总计算表

单位：元

本期消费税计算	应税消费品名称	应税销售额/应税数量	适用税率/单位税额	本期消费税额
	小　计			
可扣除税额	已税消费品名称	生产领用金额/代扣代缴计税价	适用税率/单位税额	本期扣除税额
	小　计			
本期应纳税额	税　额		本　月　数	本年累计数
	应纳税额			
	可扣除税额			
	应纳消费税额			

【业务 12】 编制消费税及附加税费申报表(表 3－23)，填开税收缴款书(表 3－24)。

表 3－23 消费税及附加税费申报表

税款所属期：　年　月　日至　年　月　日

纳税人识别号：

纳税人名称：　　　　　　　　　　　　金额单位：元(列至角分)

项目 应税消费品名称	适用税率		计量单位	本期销售数量	本期销售额	本期应纳税额
	定额税率	比例税率				
	1	2	3	4	5	6＝1×4＋2×5

续 表

项目 应税消费品名称	适用税率		计量单位	本期销售数量	本期销售额	本期应纳税额
	定额税率	比例税率				
	1	2	3	4	5	6＝1×4＋2×5
合计	—	—		—	—	

	栏 次	本期税费额
本期减（免）额	7	
期初留抵税额	8	
本期准予扣除税额	9	
本期应扣除税额	10＝8＋9	
本期实际扣除税额	11[10＜(6－7)，则为10，否则为6－7]	
期末留抵税额	12＝10－11	
本期预缴税额	13	
本期应补（退）税额	14＝6－7－11－13	
城市维护建设税本期应补（退）税额	15	
教育费附加本期应补（退）费额	16	
地方教育附加本期应补（退）费额	17	

声明：此表是根据国家税收法律法规及相关规定填写的，本人（单位）对填报内容（及附带资料）的真实性、可靠性、完整性负责。

纳税人（签章）： 年 月 日

经办人： 经办人身份证号： 代理机构签章： 代理机构统一社会信用代码：	受理人： 受理税务机关（章）： 受理日期： 年 月 日

表 3-24

中华人民共和国
税收通用缴款书

全国统一发票监制章 国家税务总局监制

(032)海　　№1055807

缴电

隶属关系：

注册类型：　　　　　　填发日期：　　年　月　日　　　　征收机关：

<table>
<tr><td rowspan="4">缴款单位（人）</td><td>代　　码</td><td></td><td rowspan="3">预算科目</td><td>编码</td><td></td></tr>
<tr><td>全　　称</td><td></td><td>名称</td><td></td></tr>
<tr><td>开户银行</td><td></td><td>级次</td><td></td></tr>
<tr><td>账　　号</td><td></td><td colspan="2">收款国库</td><td></td></tr>
<tr><td colspan="3">税款所属时期</td><td colspan="3">税款限缴日期</td></tr>
</table>

<table>
<tr><td>品目名称</td><td>课税数量</td><td>计税金额或销售收入</td><td>税率或单位税额</td><td>已缴或扣除额</td><td>实缴金额</td></tr>
<tr><td></td><td></td><td></td><td></td><td></td><td></td></tr>
<tr><td>金额合计</td><td colspan="5"></td></tr>
<tr><td colspan="3">缴款单位（人）
（盖章）
经办人（盖章）</td><td colspan="3">上列款项已收妥并划转收款单位账户

国库（银行）盖章　　年　月　日</td></tr>
</table>

第一联（收据）国库（银行）收款盖章后退缴款单位（人）作完税凭证

逾期不缴按税法规定加收滞纳金

3

项目四　关税计算与缴纳实训

一、实训要求

1. 根据滨海市东风进出口公司的进口资料，确定进口货物的完税价格，计算进口货物应缴纳的关税和进口环节的增值税；

2. 根据滨海市东风进出口公司的出口资料，确定出口货物的完税价格，计算出口货物应缴纳的关税；

3. 根据进口资料，填写滨海市东风进出口公司进口货物报关单、进口货物关税专用缴款书、进口货物增值税专用缴款书；

4. 根据出口资料，填写滨海市东风进出口公司出口货物报关单、出口货物关税专用缴款书。

二、实训准备

1.《中华人民共和国海关法》《中华人民共和国进出口关税条例》和关税其他相关法规；

2. 税务实训室，企业基本情况，经济业务的原始凭证、进出口业务相关票证；

3. 进、出口货物报关单，进、出口关税专用缴款书，进口货物增值税专用缴款书。

三、实训材料

1. 企业基本情况：

企业名称：滨海市东风进出口公司

统一社会信用代码：3104007016547C

进出口货物许可证号：3321588457

企业地址：滨海市滨河路 456 号

法人代表：李大忠

注册资本：3 000 万元

经营范围：产品进口、产品出口

企业开户银行及账号：工商银行滨海市滨河支行　8522342260890859864

财务负责人：郑一春　报关员：吕伟霞

滨海市东风进出口公司，为增值税一般纳税人，2022 年 5 月 15 日从中国香港进口一批录像机，批准文号 090032487，进口关税税率为 5%，当日的外汇牌价为 USD1＝RMB6.58；2022 年 5 月 25 日出口鳗鱼苗，批准文号 090082654，出口关税税率为 10%，当日的外汇牌价为 USD1＝RMB6.60。

2. 相关票证资料如表 4－1 至表 4－6 所示，进口货物报关单如表 4－7 所示、海关进口关税专用缴款书如表 4－8 所示、海关进口增值税专用缴款书如表 4－9 所示、出口货物报关单如表 4－10 所示、海关出口关税专用缴款书如表 4－11 所示。

表 4－1　　报价单

好易发有限公司
香港湾仔希望路 18 号希望广场 123 室

报　价　单

致：滨海市东风进出口公司　本公司档号：09675432876　日期：2022.5.15

货品说明：录像机	来源地：中国香港
数量：50 台	包装：
单价：USD8 100	总金额：USD405 000
检验人：	付运费：USD3 050
付款方式：信用证结算	有效期：

备注：

好易发有限公司代表

＿＿＿＿＿＿＿＿＿＿＿＿

授权签名

表 4－2　　商业发票

好易发有限公司
香港湾仔希望路 18 号希望广场 123 室

商 业 发 票

订货单编号：09763456134	本公司档号：09675432876
发票日期：2022 年 5 月 15 日	发票编号：095432981
付款条件：FOB 价结算	计价货币：USD
买方：中国・滨海市东风进出口公司	付运费：USD3 050

货品说明	数量	单价	金额
录像机	50 台	USD8 100	USD405 000
		总计	USD408 050

备注：

好易发有限公司代表

＿＿＿＿＿＿＿＿＿＿＿＿

表 4-3 装箱单

好易发有限公司
香港湾仔希望路 18 号希望广场 123 室

装 箱 单

订货单编号：09763456134	本公司档号：09675432876
发票日期：2022 年 5 月 15 日	发票编号：095432981
买方：中国·滨海市东风进出口公司	运往：中国·宁波口岸
标志及货件编号：	

货品说明	净重	毛重	尺寸
录像机	200 千克	280 千克	5.69 m×2.13 m×2.18 m
总计件数：1 件			

备注：

好易发有限公司代表

—————————————

4

表 4-4 海运货物保险单

通财保险有限公司

海运货物保险单

订货单编号：09763456134	运输工具及名称：海运
投保人：中国·滨海市东风进出口公司	赔偿支付人：通财保险有限公司
保险金额：USD405000	保险费率：3‰
发货港：中国香港	所经港口/目的港：中国·宁波
承保内容： 条件： 根据 1982 年 1 月 1 日修订的协会货物条款(A) 根据 1982 年 1 月 1 日修订的协会货物条款(B) 根据 1982 年 1 月 1 日修订的协会货物条款(C)	

续 表

根据 1982 年 1 月 1 日修订的协会货物条款(战争险)
根据 1982 年 1 月 1 日修订的协会货物条款(罢工险)

(一般条件和条款)

保险单签署地点日期:

投保地点:

备注:

通财保险有限公司代表

表 4-5　出口货物销售发票

浙江省出口货物销售统一发票
ZHEJIANG EXPORT SALES UNIFORM INVOICE

全国统一发票监制章 国家税务总局监制

发票代码 133100070580
发票号码 00054895
合同号码
Contract No. 09234008645
日期
Date: 2022.5.25

记 账 联
COUNTERFOIL

装船口岸 中国·宁波
From

目的地 美国
To

信用证号数 0934587645123456
Letter of Credit No.

开户银行 工行滨海分行
Issued by

唛号 Marks &Nos	货名数量 Quantities and Descriptions	单价 Unit Price	总值 Amount
鳗鱼苗	110 000 条	USD1	USD110 000

开票单位(盖章)滨海市东风进出口公司

滨海市东风进出口公司 310345786309765 发票专用章

开票人: 吕伟霞

表 4-6　　应交关税税额汇总计算表

年　月　日至　　年　月　日　　　　单位：元(列至角分)

	商品名称	关税完税价格	适用税率	应交关税税额
进口业务				
	合　计			
出口业务				
	合　计			

财务主管：　　　　　　　　　　　　制表人：

表 4-7　　中华人民共和国海关进口货物报关单

预录入编号：　　　　　　　　　　海关编号：

<table>
<tr><td colspan="2">收发货人</td><td colspan="2">进口口岸</td><td>进口日期</td><td>申报日期</td></tr>
<tr><td colspan="2">消费使用单位</td><td colspan="2">运输方式</td><td>运输工具名称</td><td>提运单号</td></tr>
<tr><td colspan="2">申报单位</td><td colspan="2">监管方式</td><td>征免性质</td><td>备案号</td></tr>
<tr><td>贸易国(地区)</td><td colspan="3">启运国(地区)</td><td>装货港</td><td>境内目的地</td></tr>
<tr><td>许可证号</td><td colspan="2">成交方式</td><td>运费</td><td>保费</td><td>杂费</td></tr>
<tr><td>合同协议号</td><td colspan="2">件数</td><td>包装种类</td><td>毛重(千克)</td><td>净重(千克)</td></tr>
<tr><td>集装箱号</td><td colspan="5">随附单证</td></tr>
<tr><td colspan="6">标记唛码及备注</td></tr>
<tr><td colspan="6">项号　商品编号　商品名称、规格型号　数量及单位　原产国(地区)　单价　总价　币制　征免</td></tr>
<tr><td colspan="6"></td></tr>
<tr><td colspan="6"></td></tr>
<tr><td colspan="6"></td></tr>
<tr><td colspan="6"></td></tr>
<tr><td colspan="6">特殊关系确认：　　　　价格影响确认：　　　　支付特许权使用费确认：</td></tr>
<tr><td colspan="2">录入员　　　录入单位</td><td colspan="2">兹申明对以上内容承担如实申报、依法纳税之法律责任</td><td colspan="2" rowspan="2">海关批注及签章</td></tr>
<tr><td colspan="4">报关人员　　　　　　申报单位(签章)</td></tr>
</table>

表 4-8　海关进口关税专用缴款书(收据联)

收入系统：　　　　　　填发日期：　年　月　日　　　　　　No.

<table>
<tr><td rowspan="3">收款单位</td><td>收入机关</td><td colspan="3"></td><td rowspan="3">缴款单位(人)</td><td>名　称</td><td colspan="2"></td><td rowspan="13">第一联：(收据)国库收款签章后交缴款单位或缴款人</td></tr>
<tr><td>科　目</td><td></td><td>预算级次</td><td></td><td>科　目</td><td colspan="2"></td></tr>
<tr><td>收缴国库</td><td colspan="3"></td><td>开户银行</td><td colspan="2"></td></tr>
<tr><td>税号</td><td>货物名称</td><td>数量</td><td>单位</td><td colspan="2">完税价格(￥)</td><td>税率(%)</td><td colspan="2">税款金额(￥)</td></tr>
<tr><td></td><td></td><td></td><td></td><td colspan="2"></td><td></td><td colspan="2"></td></tr>
<tr><td></td><td></td><td></td><td></td><td colspan="2"></td><td></td><td colspan="2"></td></tr>
<tr><td></td><td></td><td></td><td></td><td colspan="2"></td><td></td><td colspan="2"></td></tr>
<tr><td></td><td></td><td></td><td></td><td colspan="2"></td><td></td><td colspan="2"></td></tr>
<tr><td colspan="7">金额人民币(大写)</td><td colspan="2">合计(￥)</td></tr>
<tr><td colspan="2">申请单位编号</td><td></td><td>报关单编号</td><td></td><td colspan="2">填制单位</td><td colspan="2">收缴国库(银行)</td></tr>
<tr><td colspan="2">合同(批文)号</td><td></td><td>运输工具号</td><td></td><td colspan="2" rowspan="3">制单人：
复核人：</td><td colspan="2" rowspan="3"></td></tr>
<tr><td colspan="2">缴款日期</td><td>年　月　日</td><td>提/装货单号</td><td></td></tr>
<tr><td>备注</td><td colspan="4">一般征税：
国际代码：</td></tr>
</table>

从填发缴款书之日起限 15 日内缴纳(期末遇法定节假日顺延)，逾期按日征收税款总额万分之五的滞纳金。

表 4-9　海关进口增值税专用缴款书(收据联)

收入系统：　　　　　　填发日期：　年　月　日　　　　　　No.

<table>
<tr><td rowspan="3">收款单位</td><td>收入机关</td><td colspan="3"></td><td rowspan="3">缴款单位(人)</td><td>名　称</td><td colspan="2"></td><td rowspan="11">第一联：(收据)国库收款签章后交缴款单位或缴款人</td></tr>
<tr><td>科　目</td><td></td><td>预算级次</td><td></td><td>账　号</td><td colspan="2"></td></tr>
<tr><td>收缴国库</td><td colspan="3"></td><td>开户银行</td><td colspan="2"></td></tr>
<tr><td>税号</td><td>货物名称</td><td>数量</td><td>单位</td><td colspan="2">计税价格(￥)</td><td>税率(%)</td><td colspan="2">税款金额(￥)</td></tr>
<tr><td></td><td></td><td></td><td></td><td colspan="2"></td><td></td><td colspan="2"></td></tr>
<tr><td></td><td></td><td></td><td></td><td colspan="2"></td><td></td><td colspan="2"></td></tr>
<tr><td colspan="7">金额人民币(大写)</td><td colspan="2">合计(￥)</td></tr>
<tr><td colspan="2">申请单位编号</td><td></td><td>报关单编号</td><td></td><td colspan="2">填制单位</td><td colspan="2">收缴国库(银行)</td></tr>
<tr><td colspan="2">合同(批文)号</td><td></td><td>运输工具号</td><td></td><td colspan="2" rowspan="3">制单人：
复核人：</td><td colspan="2" rowspan="3"></td></tr>
<tr><td colspan="2">缴款日期</td><td></td><td>提/装货单号</td><td></td></tr>
<tr><td>备注</td><td colspan="4">一般征税：
国际代码：</td></tr>
</table>

表 4－10　　中华人民共和国海关出口货物报关单

预录入编号：　　　　海关编号：

收发货人	出口口岸		出口日期	申报日期
生产销售单位	运输方式		运输工具名称	提运单号
申报单位	监管方式		征免性质	备案号
贸易国(地区)	运抵国(地区)		指运港	境内货源地
许可证号	成交方式	运费	保费	杂费
合同协议号	件数	包装种类	毛重(千克)	净重(千克)
集装箱号	随附单证			
标记唛码及备注				

项号	商品编号	商品名称、规格型号	数量及单位	原产国(地区)	单价	总价	币制	征免

特殊关系确认：	价格影响确认：	支付特许权使用费确认：
录入员　　录入单位	兹申明对以上内容承担如实申报、依法纳税之法律责任	海关批注及签章
报关人员	申报单位(签章)	

表 4－11　　海关出口关税专用缴款书(收据联)

收入系统：　　　　填发日期：　年　月　日　　　　No.

收款单位	收入机关			缴款单位(人)	名　称		第一联：(收据)国库收款签章后交缴款单位或缴款人
	科　目	预算级次			科　目		
	收缴国库				开户银行		
税号	货物名称	数量	单位	完税价格(￥)	税率(%)	税款金额(￥)	
金额人民币(大写)						合计(￥)	
申请单位编号		报关单编号		填制单位		收缴国库(银行)	
合同(批文)号		运输工具号					
缴款日期	年　月　日	提/装货单号					
备注	一般征税： 国际代码：			制单人： 复核人：			

从填发缴款书之日起限 15 日内缴纳(期末遇法定节假日顺延)，逾期按日征收税款总额万分之五的滞纳金。

项目五 企业所得税计算与申报实训

一、实训要求

1. 根据东海电器制造有限公司提供的第四季度收支资料，计算该企业第四季度应预缴的企业所得税税额；

2. 根据会计师事务所的审计意见，进行纳税调整，计算东海电器制造有限公司 2022 年应补缴的企业所得税税额；

3. 根据第四季度收支资料，按照分季据实预缴的办法填写第四季度企业所得税预缴纳税申报表；

4. 根据会计师事务所的审计情况，填写企业所得税纳税申报表的相关附表和企业所得税年度纳税申报表。

二、实训准备

1.《中华人民共和国企业所得税法》《中华人民共和国企业所得税法实施条例》和企业所得税其他相关法规；

2. 税务实训室，企业基本情况，各类收支业务等资料；

3. 企业所得税月(季)度预缴纳税申报表(A 类)、企业所得税年度纳税申报表及相关附表。

三、实训材料

1. 企业基本情况：

企业名称：东海电器制造有限公司

统一社会信用代码：3102005016738C

企业地址：东海市滨河路 234 号

法人代表：陈洪富

注册资本：5 000 万元

企业类型：有限责任公司

经营范围：电器制造、销售

企业开户银行及账号：工商银行东海市滨河支行 8522671260890859431

财务负责人：刘春

办税员：郑日照

东海电器制造有限公司为增值税一般纳税人，2022 年度有员工 480 人，平均每人的月工资薪金为 2 500 元，企业所得税实行按年计算、分季据实预缴的办法。

2. 2022 年度企业经营资料：

(1) 企业收入汇总表如表 5－1 所示。

表 5－1 2022 年收入汇总表 单位：万元

项 目	第一季度	第二季度	第三季度	第四季度	总 计
1. 主营业务收入小计	**1 925**	**1 700**	**2 000**	**2 100**	**7 725**
销售货物收入	1 925	1 700	2 000	2 100	7 725
2. 其他业务收入小计	**20**	**40**	**40**	**60**	**160**
(1) 材料销售收入	20	30	20	30	100
(2) 提供运输服务收入		10	20	30	60
3. 投资收益小计	**15**	**15**	**20**	**15**	**65**
4. 营业外收入小计			**10**	**40**	**50**
(1) 处置固定资产净收益				20	20
(2) 出售无形资产收益			10	20	30
总 计	**1 960**	**1 755**	**2 070**	**2 215**	**8 000**

5

(2) 企业成本费用汇总表如表 5－2 所示。

表 5－2 2022 年成本费用汇总表 单位：万元

项 目	第一季度	第二季度	第三季度	第四季度	总 计
1. 主营业务成本小计	**1 225**	**1 030**	**1 330**	**1 365**	**4 950**
销售货物成本	1 225	1 030	1 330	1 365	4 950
2. 其他业务成本小计	**15**	**20**	**20**	**35**	**90**
(1) 材料销售成本	15	15	10	20	60
(2) 提供运输服务成本		5	10	15	30
3. 营业外支出小计			**20**	**50**	**70**
(1) 固定资产盘亏				11	11
(2) 罚款支出			20	19	39
(3) 捐赠支出				20	20
4. 期间费用小计	**700**	**690**	**690**	**740**	**2 820**
(1) 销售费用	300	290	290	320	1 200
(2) 管理费用	395	395	395	415	1 600
(3) 财务费用	5	5	5	5	20
总 计	**1 940**	**1 740**	**2 060**	**2 190**	**7 930**

(3) 企业流转税汇总表(不考虑财政性规费如表 5-3 所示)

表 5-3　　2022 年流转税费汇总表　　单位：万元

项　目	第一季度	第二季度	第三季度	第四季度	总　计
1. 增值税	75	60.5	64	73.22	272.72
2. 城市维护建设税	5.25	4.24	4.48	5.13	19.10
3. 教育费附加	2.25	1.81	1.92	2.20	8.18
总　计	**82.5**	**66.55**	**70.40**	**80.55**	**300**

(4) 企业 1—3 季度已经预缴的企业所得税如表 5-4 所示。

表 5-4　　2022 年 1—3 季度企业会计利润及已缴的所得税汇总表　　单位：万元

项　目	第一季度	第二季度	第三季度	第四季度	合　计
1. 会计利润额	12.5	8.95	3.60		
2. 企业所得税	3.125	2.237 5	0.90		

3. 2023 年 3 月份，经聘请的会计师事务所审计，发现有关税收问题如下：

(1) 扣除的成本费用中包括全年的工资费用，职工福利费 206 万元、职工工会经费 28 万元和职工教育费 36 万元，该企业已成立工会组织，拨缴工会经费有上交的专用收据。

(2) 企业全年提取无形资产减值准备金 1.38 万元。

(3) 收入总额 8 000 万元中含国债利息收入 7 万元，金融债券利息收入 20 万元，从被投资的未上市的国有公司分回的税后股息 38 万元(被投资企业的企业所得税税率为 15%)。

(4) 当年 1 月向其他企业借款 200 万元，借款期限为 1 年，年利率为 8%，同期银行贷款利率为 6%。企业支付给银行的借款利息费用共计 16 万元，全部计入了财务费用。

(5) 企业全年发生的业务招待费 45 万元、广告费和业务宣传费 1 190 万元，全部作了扣除。

(6) 12 月份通过当地政府机关向贫困山区捐赠家电产品一批，成本价为 20 万元，市场销售价格为 23 万元，企业核算时按成本价值直接冲减了库存商品，按市场销售价格计算的增值税销项税额 2.99 万元与成本价合计 22.99 万元记入“营业外支出”账户。

(7) “营业外支出”账户中还列支缴纳的税款滞纳金 3 万元，银行借款超期罚息 6 万元，给购货方的回扣 12 万元，意外事故净损失 8 万元，非广告性赞助 10 万元，全都如实作了扣除。

(8) “管理费用”账户中含有新技术的研究费用为 30 万元。

4. 企业所得税纳税调整工作底稿如表 5-5 所示，应纳税所得额计算表如表 5-6 所示，企业所得税应纳税额计算表如表 5-7 所示，企业所得税月(季)度预缴纳税申报表如表 5-8 所示，企业所得税年度纳税申报表及封面如表 5-9、表 5-10 所示，企业所得税年度纳税申报表相关附表如表 5-11 至表 5-20、表 5-22 所示，税收缴款书如表 5-21 所示。

表 5-5 企业所得税纳税调整工作底稿

序号	项目	计算过程	纳税调整增加额	纳税调整减少额

表 5-6 应纳税所得额计算表 单位：元（列至角分）

行次	项目	金额
1	纳税调整前所得	
2	加：纳税调整增加额	
3	其中：	
4		
5		
6		
7		
8		
9		
10		
11		
12		
13		
14	减：纳税调整减少额	
15	其中：	
16		
17		
18		
19		
20	纳税调整后所得	
21	减：弥补以前年度亏损	
22	减：免税所得	
23	其中：	
24		
25		
26	应纳税所得额	

表 5-7　　企业所得税应纳税额计算表　　单位：元（列至角分）

行 次	项　　目	金　额
1	应税所得额	
2	适用税率	
3	应缴所得税额	
4	减：预缴所得税额	
5		
6		
7	应补（退）的所得税额	

表 5-8　　中华人民共和国企业所得税月（季）度预缴纳税申报表（A 类）

税款所属期间：　　年　　月　　日至　　年　　月　　日

纳税人识别号（统一社会信用代码）：□□□□□□□□□□□□□□□□□□□□

纳税人名称：　　金额单位：人民币元（列至角分）

优惠及附报事项有关信息									
项　　目	一季度		二季度		三季度		四季度		季度平均值
	季初	季末	季初	季末	季初	季末	季初	季末	
从业人数									
资产总额（万元）									
国家限制或禁止行业	□ 是　□ 否				小型微利企业				□ 是 □ 否
	附　报　事　项　名　称								金额或选项
事项 1	（填写特定事项名称）								
事项 2	（填写特定事项名称）								

行次	预　缴　税　款　计　算	本年累计
1	营业收入	
2	营业成本	
3	利润总额	
4	加：特定业务计算的应纳税所得额	
5	减：不征税收入	
6	减：资产加速折旧、摊销（扣除）调减额（填写 A201020）	
7	减：免税收入、减计收入、加计扣除（7.1＋7.2＋…）	
7.1	（填写优惠事项名称）	
7.2	（填写优惠事项名称）	
8	减：所得减免（8.1＋8.2＋…）	

续 表

行次	预缴税款计算		本年累计
8.1	（填写优惠事项名称）		
8.2	（填写优惠事项名称）		
9	减：弥补以前年度亏损		
10	实际利润额(3＋4－5－6－7－8－9)\ 按照上一纳税年度应纳税所得额平均额确定的应纳税所得额		
11	税率(25％)		
12	应纳所得税额(10×11)		
13	减：减免所得税额(13.1＋13.2＋…)		
13.1	（填写优惠事项名称）		
13.2	（填写优惠事项名称）		
14	减：本年实际已缴纳所得税额		
15	减：特定业务预缴(征)所得税额		
16	本期应补(退)所得税额(12－13－14－15)\ 税务机关确定的本期应纳所得税额		
汇总纳税企业总分机构税款计算			
17	总机构填报	总机构本期分摊应补(退)所得税额(18＋19＋20)	
18		其中：总机构分摊应补(退)所得税额(16×总机构分摊比例____％)	
19		财政集中分配应补(退)所得税额(16×财政集中分配比例____％)	
20		总机构具有主体生产经营职能的部门分摊所得税额(16×全部分支机构分摊比例____％×总机构具有主体生产经营职能部门分摊比例____％)	
21	分支机构填报	分支机构本期分摊比例	
22		分支机构本期分摊应补(退)所得税额	
实际缴纳企业所得税计算			
23	减：民族自治地区企业所得税地方分享部分：□ 免征 □ 减征：减征幅度____％	本年累计应减免金额[(12－13－15)×40％×减征幅度]	
24	实际应补(退)所得税额		

谨声明：本纳税申报表是根据国家税收法律法规及相关规定填报的，是真实的、可靠的、完整的。 纳税人(签章)：　　年　月　日	
经办人： 经办人身份证号： 代理机构签章： 代理机构统一社会信用代码：	受理人： 受理税务机关(章)： 受理日期：　年　月　日

国家税务总局监制

表 5-9　　中华人民共和国企业所得税年度纳税申报表(A 类)

A100000

类别	行次	项　　目	金　额
利润总额计算	1	一、营业收入(填写 A101010\101020\103000)	
	2	减：营业成本(填写 A102010\102020\103000)	
	3	税金及附加	
	4	销售费用(填写 A104000)	
	5	管理费用(填写 A104000)	
	6	财务费用(填写 A104000)	
	7	资产减值损失	
	8	加：公允价值变动收益	
	9	投资收益	
	10	二、营业利润(1－2－3－4－5－6－7＋8＋9)	
	11	加：营业外收入(填写 A101010\101020\103000)	
	12	减：营业外支出(填写 A102010\102020\103000)	
	13	三、利润总额(10＋11－12)	
应纳税所得额计算	14	减：境外所得(填写 A108010)	
	15	加：纳税调整增加额(填写 A105000)	
	16	减：纳税调整减少额(填写 A105000)	
	17	减：免税、减计收入及加计扣除(填写 A107010)	
	18	加：境外应税所得抵减境内亏损(填写 A108000)	
	19	四、纳税调整后所得(13－14＋15－16－17＋18)	
	20	减：所得减免(填写 A107020)	
	21	减：抵扣应纳税所得额(填写 A107030)	
	22	减：弥补以前年度亏损(填写 A106000)	
	23	五、应纳税所得额(19－20－21－22)	
应纳税额计算	24	税率(25%)	
	25	六、应纳所得税额(23×24)	
	26	减：减免所得税额(填写 A107040)	
	27	减：抵免所得税额(填写 A107050)	
	28	七、应纳税额(25－26－27)	
	29	加：境外所得应纳所得税额(填写 A108000)	
	30	减：境外所得抵免所得税额(填写 A108000)	
	31	八、实际应纳所得税额(28＋29－30)	
	32	减：本年累计实际已预缴的所得税额	
	33	九、本年应补(退)所得税额(31－32)	

续 表

类别	行次	项目	金额
应纳税额计算	34	其中：总机构分摊本年应补(退)所得税额(填写 A109000)	
	35	财政集中分配本年应补(退)所得税额(填写 A109000)	
	36	总机构主体生产经营部门分摊本年应补(退)所得税额(填写 A109000)	
实际应纳税额计算	37	减：民族自治地区企业所得税地方分享部分：(免征减征：减征幅度____%)	
	38	十、本年实际应补(退)所得税额(33－37)	

表 5-10 企业所得税年度纳税申报表封面

中华人民共和国企业所得税年度纳税申报表		
(A 类,2018 年版)		
税款所属期间： 年 月 日至 年 月 日		
纳税人识别号：□□□□□□□□□□□□□□□□□□		
纳税人名称：		
金额单位：人民币元(列至角分)		
谨声明：此纳税申报表是根据《中华人民共和国企业所得税法》《中华人民共和国企业所得税法实施条例》、有关税收政策以及国家统一会计制度的规定填报的，是真实的、可靠的、完整的。		
法定代表人(签章)： 年 月 日		
纳税人公章：	代理申报中介机构公章：	主管税务机关受理专用章：
会计主管：	经办人： 经办人执业证件号码：	受理人：
填表日期： 年 月 日	代理申报日期： 年 月 日	受理日期： 年 月 日

国家税务总局监制

表 5-11 一般企业收入明细表

A101010

行次	项 目	金 额
1	一、营业收入(2+9)	
2	(一) 主营业务收入(3+5+6+7+8)	
3	1. 销售商品收入	
4	其中：非货币性资产交换收入	
5	2. 提供劳务收入	
6	3. 建造合同收入	
7	4. 让渡资产使用权收入	
8	5. 其他	
9	(二) 其他业务收入(10+12+13+14+15)	
10	1. 销售材料收入	
11	其中：非货币性资产交换收入	
12	2. 出租固定资产收入	
13	3. 出租无形资产收入	
14	4. 出租包装物和商品收入	
15	5. 其他	
16	二、营业外收入(17+18+19+20+21+22+23+24+25+26)	
17	(一) 非流动资产处置利得	
18	(二) 非货币性资产交换利得	
19	(三) 债务重组利得	
20	(四) 政府补助利得	
21	(五) 盘盈利得	
22	(六) 捐赠利得	
23	(七) 罚没利得	
24	(八) 确实无法偿付的应付款项	
25	(九) 汇兑收益	
26	(十) 其他	

表 5-12 一般企业成本支出明细表

A102010

行次	项 目	金 额
1	一、营业成本(2+9)	
2	(一) 主营业务成本(3+5+6+7+8)	
3	1. 销售商品成本	
4	其中：非货币性资产交换成本	

5

续 表

行次	项　　目	金 额
5	2. 提供劳务成本	
6	3. 建造合同成本	
7	4. 让渡资产使用权成本	
8	5. 其他	
9	(二) 其他业务成本(10+12+13+14+15)	
10	1. 材料销售成本	
11	其中：非货币性资产交换成本	
12	2. 出租固定资产成本	
13	3. 出租无形资产成本	
14	4. 包装物出租成本	
15	5. 其他	
16	二、营业外支出(17+18+19+20+21+22+23+24+25+26)	
17	(一) 非流动资产处置损失	
18	(二) 非货币性资产交换损失	
19	(三) 债务重组损失	
20	(四) 非常损失	
21	(五) 捐赠支出	
22	(六) 赞助支出	
23	(七) 罚没支出	
24	(八) 坏账损失	
25	(九) 无法收回的债券股权投资损失	
26	(十) 其他	

5

表 5－13　　期间费用明细表

A104000

行次	项　　目	销售费用	其中：境外支付	管理费用	其中：境外支付	财务费用	其中：境外支付
		1	2	3	4	5	6
1	一、职工薪酬		*		*	*	*
2	二、劳务费					*	*
3	三、咨询顾问费					*	*
4	四、业务招待费		*		*	*	*
5	五、广告费和业务宣传费		*		*	*	*
6	六、佣金和手续费						
7	七、资产折旧摊销费		*		*	*	*

续 表

行次	项　　目	销售费用	其中：境外支付	管理费用	其中：境外支付	财务费用	其中：境外支付
		1	2	3	4	5	6
8	八、财产损耗、盘亏及毁损损失		*		*	*	*
9	九、办公费		*		*	*	*
10	十、董事会费		*		*	*	*
11	十一、租赁费					*	*
12	十二、诉讼费		*		*	*	*
13	十三、差旅费		*		*	*	*
14	十四、保险费		*		*	*	*
15	十五、运输、仓储费					*	*
16	十六、修理费					*	*
17	十七、包装费		*		*	*	*
18	十八、技术转让费					*	*
19	十九、研究费用					*	*
20	二十、各项税费		*		*	*	*
21	二十一、利息收支	*	*	*	*		
22	二十二、汇兑差额	*	*	*	*		
23	二十三、现金折扣	*	*	*	*		*
24	二十四、党组织工作经费						
25	二十五、其他						
26	合计(1＋2＋3＋…25)						

表 5－14　　纳税调整项目明细表

A105000

行次	项　　目	账载金额	税收金额	调增金额	调减金额
		1	2	3	4
1	一、收入类调整项目(2＋3＋4＋5＋6＋7＋8＋10＋11)	*	*		
2	(一) 视同销售收入(填写 A105010)	*			*
3	(二) 未按权责发生制原则确认的收入(填写 A105020)				
4	(三) 投资收益(填写 A105030)				
5	(四) 按权益法核算长期股权投资对初始投资成本调整确认收益	*	*	*	
6	(五) 交易性金融资产初始投资调整	*	*		*
7	(六) 公允价值变动净损益		*		
8	(七) 不征税收入	*	*		

续 表

行次	项　　目	账载金额	税收金额	调增金额	调减金额
		1	2	3	4
9	其中：专项用途财政性资金(填写 A105040)	*	*		
10	(八) 销售折扣、折让和退回				
11	(九) 其他				
12	二、扣除类调整项目 (13+14+15+16+17+18+19+20+21+22+23+24+26+27+28+29)	*	*		
13	(一) 视同销售成本(填写 A105010)	*		*	
14	(二) 职工薪酬(填写 A105050)				
15	(三) 业务招待费支出				*
16	(四) 广告费和业务宣传费支出(填写 A105060)	*	*		
17	(五) 捐赠支出(填写 A105070)				*
18	(六) 利息支出				
19	(七) 罚金、罚款和被没收财物的损失		*		*
20	(八) 税收滞纳金、加收利息		*		*
21	(九) 赞助支出		*		*
22	(十) 与未实现融资收益相关在当期确认的财务费用				
23	(十一) 佣金和手续费支出(保险企业填写 A105060)				*
24	(十二) 不征税收入用于支出所形成的费用	*	*		*
25	其中：专项用途财政性资金用于支出所形成的费用(填写 A105040)	*	*		*
26	(十三) 跨期扣除项目				
27	(十四) 与取得收入无关的支出		*		*
28	(十五) 境外所得分摊的共同支出	*	*		*
29	(十六) 党组织工作经费				
30	(十七) 其他				
31	三、资产类调整项目(31+32+33+34)	*	*		
32	(一) 资产折旧、摊销 (填写 A105080)				
33	(二) 资产减值准备金		*		
34	(三) 资产损失(填写 A105090)				
35	(四) 其他				
36	四、特殊事项调整项目(37+38+…+42)	*	*		
37	(一) 企业重组及递延纳税事项(填写 A105100)				
38	(二) 政策性搬迁(填写 A105110)	*	*		

续　表

行次	项　　　目	账载金额	税收金额	调增金额	调减金额
		1	2	3	4
39	（三）特殊行业准备金(39.1＋39.2＋39.4＋39.5＋39.6＋39.7)	*	*		
39.1	1. 保险公司保险保障基金				
39.2	2. 保险公司准备金				
39.3	其中：已发生未报案未决赔款准备金				
39.4	3. 证券行业准备金				
39.5	4. 期货行业准备金				
39.6	5. 中小企业融资(信用)担保机构准备金				
39.7	6. 金融企业、小额贷款公司准备金(填写A105120)	*	*		
40	（四）房地产开发企业特定业务计算的纳税调整额(填写 A105010)	*			
41	（五）有限合伙企业法人合伙方应分得的应纳税所得额				
42	（六）发行永续债利息支出				
43	（七）其他	*	*		
44	五、特别纳税调整应税所得	*	*		
45	六、其他	*	*		
46	合计(1＋12＋31＋36＋43＋44＋45)	*	*		

表 5－15　　　视同销售和房地产开发企业特定业务纳税调整明细表

A105010

行次	项　　　目	税收金额	纳税调整金额
		1	2
1	一、视同销售(营业)收入(2＋3＋4＋5＋6＋7＋8＋9＋10)		
2	（一）非货币性资产交换视同销售收入		
3	（二）用于市场推广或销售视同销售收入		
4	（三）用于交际应酬视同销售收入		
5	（四）用于职工奖励或福利视同销售收入		
6	（五）用于股息分配视同销售收入		
7	（六）用于对外捐赠视同销售收入		
8	（七）用于对外投资项目视同销售收入		
9	（八）提供劳务视同销售收入		
10	（九）其他		
11	二、视同销售(营业)成本(12＋13＋14＋15＋16＋17＋18＋19＋20)		

5

续 表

行次	项目	税收金额	纳税调整金额
		1	2
12	（一）非货币性资产交换视同销售成本		
13	（二）用于市场推广或销售视同销售成本		
14	（三）用于交际应酬视同销售成本		
15	（四）用于职工奖励或福利视同销售成本		
16	（五）用于股息分配视同销售成本		
17	（六）用于对外捐赠视同销售成本		
18	（七）用于对外投资项目视同销售成本		
19	（八）提供劳务视同销售成本		
20	（九）其他		
21	三、房地产开发企业特定业务计算的纳税调整额(22－26)		
22	（一）房地产企业销售未完工开发产品特定业务计算的纳税调整额(24－25)		
23	1. 销售未完工产品的收入		*
24	2. 销售未完工产品预计毛利额		
25	3. 实际发生的税金及附加、土地增值税		
26	（二）房地产企业销售的未完工产品转完工产品特定业务计算的纳税调整额(28－29)		
27	1. 销售未完工产品转完工产品确认的销售收入		*
28	2. 转回的销售未完工产品预计毛利额		
29	3. 转回实际发生的税金及附加、土地增值税		

表 5－16　职工薪酬支出及纳税调整明细表

A105050

行次	项目	账载金额	实际发生额	税收规定扣除率	以前年度累计结转扣除额	税收金额	纳税调整金额	累计结转以后年度扣除额
		1	2	3	4	5	6(1－5)	7(1＋4－5)
1	一、工资薪金支出			*	*			*
2	其中：股权激励			*	*			*
3	二、职工福利费支出				*			*
4	三、职工教育经费支出			*				
5	其中：按税收规定比例扣除的职工教育经费							
6	按税收规定全额扣除的职工培训费用				*			*

续　表

行次	项　　目	账载金额	实际发生额	税收规定扣除率	以前年度累计结转扣除额	税收金额	纳税调整金额	累计结转以后年度扣除额
		1	2	3	4	5	6(1－5)	7(1＋4－5)
7	四、工会经费支出			2%	*			*
8	五、各类基本社会保障性缴款			*	*			*
9	六、住房公积金			*	*			*
10	七、补充养老保险				*			*
11	八、补充医疗保险				*			*
12	九、其他			*				
13	合计 (1＋3＋4＋7＋8＋9＋10＋11＋12)			*				

表 5－17　　广告费和业务宣传费等跨年度纳税调整明细表

A105060

行次	项　　目	广告费和业务宣传费	保险企业手续费及佣金支出
		1	2
1	一、本年支出		
2	减：不允许扣除的支出		
3	二、本年符合条件的支出(1－2)		
4	三、本年计算扣除限额的基数		
5	乘：税收规定扣除率		
6	四、本企业计算的扣除限额(4×5)		
7	五、本年结转以后年度扣除额(3＞6，本行＝3－6；3≤6，本行＝0)		
8	加：以前年度累计结转扣除额		
9	减：本年扣除的以前年度结转额[3＞6，本行＝0；3≤6，本行＝8或(6－3)孰小值]		
10	六、按照分摊协议归集至其他关联方的金额(10≤3 或 6 孰小值)		
11	按照分摊协议从其他关联方归集至本企业的金额		
12	七、本年支出纳税调整金额(3＞6，本行＝2＋3－6＋10－11；3≤6，本行＝2＋10－11－9)		
13	八、累计结转以后年度扣除额(7＋8－9)		

5

表 5－18　　捐赠支出及纳税调整明细表

A105070

行次	项　　目	账载金额	以前年度结转可扣除的捐赠额	按税收规定计算的扣除限额	税收金额	纳税调增金额	纳税调减金额	可结转以后年度扣除的捐赠额
		1	2	3	4	5	6	7
1	一、非公益性捐赠		*	*	*		*	*
2	二、限额扣除的公益性捐赠（3＋4＋5＋6）							
3	前三年度（　　年）	*		*	*	*		
4	前二年度（　　年）	*		*	*	*		
5	前一年度（　　年）	*		*	*	*		
6	本年（2022 年）						*	
7	三、全额扣除的公益性捐赠		*	*		*	*	*
8	1.		*	*		*	*	*
9	2.		*	*		*	*	*
10	3.		*	*		*	*	*
11	合计（1＋2＋7）							
附列资料	2016 年度至本年发生的公益性扶贫捐赠合计金额		*	*		*	*	*

表 5－19　　免税、减计收入及加计扣除优惠明细表

A107010

行次	项　　目	金　额
1	一、免税收入（2＋3＋6＋7＋…＋16）	
2	（一）国债利息收入免征企业所得税	
3	（二）符合条件的居民企业之间的股息、红利等权益性投资收益免征企业所得税（4＋5＋6＋7＋8）	
4	1. 一般股息红利等权益性投资收益免征企业所得税（填写 A107011）	
5	2. 内地居民企业通过沪港通投资且连续持有 H 股满 12 个月取得的股息红利所得免征企业所得税（填写 A107011）	
6	3. 内地居民企业通过深港通投资且连续持有 H 股满 12 个月取得的股息红利所得免征企业所得税（填写 A107011）	
7	4. 居民企业持有创新企业 CDR 取得的股息红利所得免征企业所得税（填写 A107011）	

续　表

行次	项　　目	金　额
8	5. 符合条件的永续债利息收入免征企业所得税(填写 A107011)	
9	(三) 符合条件的非营利组织的收入免征企业所得税	
10	(四) 中国清洁发展机制基金取得的收入免征企业所得税	
11	(五) 投资者从证券投资基金分配中取得的收入免征企业所得税	
12	(六) 取得的地方政府债券利息收入免征企业所得税	
13	(七) 中国保险保障基金有限责任公司取得的保险保障基金等收入免征企业所得税	
14	(八) 中国奥委会取得北京冬奥组委支付的收入免征企业所得税	
15	(九) 中国残奥委会取得北京冬奥组委分期支付的收入免征企业所得税	
16	(十) 其他	
17	二、减计收入(18＋19＋23＋24)	
18	(一) 综合利用资源生产产品取得的收入在计算应纳税所得额时减计收入	
19	(二) 金融、保险等机构取得的涉农利息、保费减计收入(20＋21＋22)	
20	1. 金融机构取得的涉农贷款利息收入在计算应纳税所得额时减计收入	
21	2. 保险机构取得的涉农保费收入在计算应纳税所得额时减计收入	
22	3. 小额贷款公司取得的农户小额贷款利息收入在计算应纳税所得额时减计收入	
23	(三) 取得铁路债券利息收入减半征收企业所得税	
24	(四) 其他	
24.1	1. 取得的社区家庭服务收入在计算应纳税所得额时减计收入	
24.2	2. 其他	
25	三、加计扣除(26＋27＋28＋29＋30)	
26	(一) 开发新技术、新产品、新工艺发生的研究开发费用加计扣除(填写 A107012)	
27	(二) 科技型中小企业开发新技术、新产品、新工艺发生的研究开发费用加计扣除(填写 A107012)	
28	(三) 企业为获得创新性、创意性、突破性的产品进行创意设计活动而发生的相关费用加计扣除(加计扣除比例____%)	
29	(四) 安置残疾人员所支付的工资加计扣除	
30	(五) 其他	
31	合计(1＋17＋25)	

表 5-20 研发费用加计扣除优惠明细表

A107012

基本信息			
1	□一般企业　　□科技型中小企业	科技型中小企业登记编号	
2	本年可享受研发费用加计扣除项目数量		
研发活动费用明细			
3	一、自主研发、合作研发、集中研发(4+8+17+20+24+35)		
4	（一）人员人工费用(5+6+7)		
5	1. 直接从事研发活动人员工资薪金		
6	2. 直接从事研发活动人员五险一金		
7	3. 外聘研发人员的劳务费用		
8	（二）直接投入费用(9+10+…+16)		
9	1. 研发活动直接消耗材料		
10	2. 研发活动直接消耗燃料		
11	3. 研发活动直接消耗动力费用		
12	4. 用于中间试验和产品试制的模具、工艺装备开发及制造费		
13	5. 用于不构成固定资产的样品、样机及一般测试手段购置费		
14	6. 用于试制产品的检验费		
15	7. 用于研发活动的仪器、设备的运行维护、调整、检验、维修等费用		
16	8. 通过经营租赁方式租入的用于研发活动的仪器、设备租赁费		
17	（三）折旧费用(18+19)		
18	1. 用于研发活动的仪器的折旧费		
19	2. 用于研发活动的设备的折旧费		
20	（四）无形资产摊销(21+22+23)		
21	1. 用于研发活动的软件的摊销费用		
22	2. 用于研发活动的专利权的摊销费用		
23	3. 用于研发活动的非专利技术(包括许可证、专有技术、设计和计算方法等)的摊销费用		
24	（五）新产品设计费等(25+26+27+28)		
25	1. 新产品设计费		
26	2. 新工艺规程制定费		
27	3. 新药研制的临床试验费		
28	4. 勘探开发技术的现场试验费		
29	（六）其他相关费用(30+31+32+33+34)		
30	1. 技术图书资料费、资料翻译费、专家咨询费、高新科技研发保险费		
31	2. 研发成果的检索、分析、评议、论证、鉴定、评审、评估、验收费用		
32	3. 知识产权的申请费、注册费、代理费		
33	4. 职工福利费、补充养老保险费、补充医疗保险费		
34	5. 差旅费、会议费		
35	（七）经限额调整后的其他相关费用		

续 表

研发活动费用明细		
36	二、委托研发[(37－38)×80%]	
37	委托外部机构或个人进行研发活动所发生的费用	
38	其中:委托境外进行研发活动所发生的费用	
39	三、年度研发费用小计(3＋36)	
40	(一)本年费用化金额	
41	(二)本年资本化金额	
42	四、本年形成无形资产摊销额	
43	五、以前年度形成无形资产本年摊销额	
44	六、允许扣除的研发费用合计(40＋42＋43)	
45	减:特殊收入部分	
46	七、允许扣除的研发费用抵减特殊收入后的金额(44－45)	
47	减:当年销售研发活动直接形成产品(包括组成部分)对应的材料部分	
48	减:以前年度销售研发活动直接形成产品(包括组成部分)对应材料部分结转金额	
49	八、加计扣除比例	
50	九、本年研发费用加计扣除总额(46－47－48)×49	
51	十、销售研发活动直接形成产品(包括组成部分)对应材料部分结转以后年度扣减金额(当46－47－48≥0,本行＝0;当46－47－48＜0,本行＝46－47－48的绝对值)	

表 5－21

中华人民共和国

税收(企业所得税)缴款书 (032)海 №1055683

全国统一发票监制章 国家税务总局监制

隶属关系: 缴电

注册类型: 填发日期: 年 月 日 征收机关:

<table>
<tr><td rowspan="4">缴款单位(人)</td><td>代 码</td><td colspan="2"></td><td rowspan="3">预算科目</td><td>编码</td><td></td></tr>
<tr><td>全 称</td><td colspan="2"></td><td>名称</td><td></td></tr>
<tr><td>开户银行</td><td colspan="2"></td><td>级次</td><td></td></tr>
<tr><td>账 号</td><td colspan="2"></td><td colspan="2">收款国库</td><td></td></tr>
<tr><td colspan="3">税款所属时期</td><td colspan="4">税款限缴日期</td></tr>
<tr><td>品目名称</td><td>课税数量</td><td>计税金额或销售收入</td><td>税率或单位税额</td><td>已缴或扣除额</td><td colspan="2">实缴金额</td></tr>
<tr><td></td><td></td><td></td><td></td><td></td><td colspan="2"></td></tr>
<tr><td>金额合计</td><td colspan="6"></td></tr>
<tr><td colspan="3">缴款单位(人)
(盖章)
经办人(盖章)</td><td colspan="4">上列款项已收妥并划转收款单位账户
国库(银行)盖章 年 月 日</td></tr>
</table>

第一联(收据)国库(银行)收款盖章后退缴款单位(人)作完税凭证

逾期不缴按税法规定加收滞纳金

5

表 5-22　符合条件的居民企业之间的股息、红利等权益性投资收益优惠明细表

A107011

行次	被投资企业	被投资企业统一社会信用代码（纳税人识别号）	投资性质	投资成本	投资比例	被投资企业利润分配确认金额		被投资企业清算确认金额			撤回或减少投资确认金额						合计
						被投资企业做出利润分配或转股决定时间	依决定归属于本公司的股息、红利等权益性投资收益金额	分得的被投资企业清算剩余资产	被清算企业累计未分配利润和累计盈余公积应享有部分	应确认的股息所得	从被投资企业撤回或减少投资取得的资产	减少投资比例	收回初始投资成本	取得资产中超过收回初始投资成本部分	撤回或减少投资应享有被投资企业累计未分配利润和累计盈余公积	应确认的股息所得	
	1	2	3	4	5	6	7	8	9	10(8 与 9 孰小)	11	12	13 (4×12)	14 (11—13)	15	16(14 与 15 孰小)	17(7＋10＋16)
1																	
2																	
3																	
4																	
5																	
6																	
7																	
8	合计																
9	其中：直接投资或非 H 股票投资																
10	股票投资——沪港通 H 股																
11	股票投资——深港通 H 股																
12	创新企业 CDR																
13	永续债																

项目六　个人所得税计算与申报实训

一、实训要求

1. 逐项计算李泉之应缴的个人所得税税额，汇总计算李泉之2022年度应缴纳的个人所得税税额；

2. 根据李泉之2022年的工资薪金所得，填写李泉之的个人所得税专项附加扣除信息表和泰华网络有限公司12月份个人所得税扣缴申报表；

3. 根据李泉之2022年全部的收入，办理汇算清缴工作。

二、实训准备

1.《中华人民共和国个人所得税法》《中华人民共和国个人所得税实施条例》和个人所得税其他相关法规；

2. 税务实训室，个人收入情况，各类收入凭证、计算表格等资料；

3. 扣缴个人所得税月份报告表、支付个人收入明细表、个人所得税纳税申报表。

三、实训材料

1. 李泉之个人的基本情况如下：

纳税人姓名：李泉之

国籍：中国

身份证号码：33012319650606××××

经常居住地：浙江杭州大山路96号

邮政编码：310001

联系电话：1370571××××

受雇企业：泰华网络有限公司

2. 假定李泉之2022年1至12月收入情况如下：

(1) 每月取得工资和年终奖及扣缴的"三险一金"情况如表6-1所示，另外，李泉之有一小孩在读大学，由李泉之一方享受子女教育专项附加扣除，泰华网络公司每月按规定预扣预缴了个人所得税。

(2) 7月份转让一项专利给甲公司，取得收入14 500元，甲公司按规定预扣个人所得税。

(3) 8月份为东海外贸公司翻译资料，取得收入20 000元，从中先后拿出6 000元、5 000

表 6-1 李泉之工资薪金所得情况表 单位：元

月份	基本及岗位工资	伙食补助	月奖	住房补贴	季度奖	应发工资	住房公积金	基本养老保险费	基本医疗保险费	失业保险费	三险一金合计
	①	②	③	④	⑤	⑥	⑦	⑧	⑨	⑩	
1月	5 000	1 000	1 200	2 000		9 200	1 000	960	240	100	2 300
2月	5 000	1 000	1 200	2 000		9 200	1 000	960	240	100	2 300
3月	5 000	1 000	1 200	2 000	3 000	12 200	1 000	960	240	100	2 300
4月	5 000	1 000	1 200	2 000		9 200	1 000	960	240	100	2 300
5月	5 000	1 000	1 200	2 000		9 200	1 000	960	240	100	2 300
6月	5 000	1 000	1 200	2 000	3 000	12 200	1 000	960	240	100	2 300
7月	5 000	1 000	1 200	2 000		9 200	1 000	960	240	100	2 300
8月	5 000	1 000	1 200	2 000		9 200	1 000	960	240	100	2 300
9月	5 000	1 000	1 200	2 000	3 000	12 200	1 000	960	240	100	2 300
10月	5 000	1 000	1 200	2 000		9 200	1 000	960	240	100	2 300
11月	5 000	1 000	1 200	2 000		9 200	1 000	960	240	100	2 300
12月	5 000	1 000	1 200	2 000	3 000	12 200	1 000	960	240	100	2 300
年终奖金	—	—	—	—	—	24 000	—	—	—	—	
合计						146 400					27 600

元，通过农村义务教育基金会和国家机关分别捐给了农村义务教育和贫困地区。东海外贸公司在支付时未预扣个人所得税。

(4) 小说在报刊上连载 50 次后出版，10 月份分别取得报社支付的稿酬 50 000 元、出版社支付的稿酬 80 000 元，报社和出版社均按规定预扣了个人所得税。

(5) 11 月份购买体育彩票获奖 25 000 元，按规定缴纳了个人所得税。

(6) 9 月份在 A、B 两国讲学分别取得收入 18 000 元和 35 000 元，已分别按收入来源国税法缴纳了个人所得税 2 000 元和 6 000 元。

3. 相关表单：平时代(预)扣代(预)缴个人所得税应纳税额汇总计算表如表 6-2 所示，个人所得税专项附加扣除信息表如表 6-3 所示，个人所得税扣缴申报表如表 6-5 所示，个人所得税年度自行纳税申报表如表 6-4 所示。

提示：公益性捐赠的扣除规定

个人将其所得通过中国境内的社会团体、国家机关向教育和其他社会公益事业以及遭受严重自然灾害地区、贫困地区的公益、救济性捐赠，捐赠额未超过纳税义务人申报的应纳税所得额 30%的部分，准予从其应纳税所得额中扣除。个人通过非营利性的社会团体和国家机关，向红十字事业、农村义务教育以及公益性青少年活动场所的捐赠，可以全额税前扣除。

表 6－2 平时代(预)扣代(预)缴个人所得税应纳税额汇总计算表 单位：元

序号	所得项目	收入额	扣除额	应纳税所得额	税率	速算扣除数	应纳税额	已缴(扣)税金	应补(退)税额
1									
2									
3									
4									
5									
6									
7									
8									
9									
10									
11									
12									
13									
14									
15									
16									
17									
18									
19									
20									
21									
合计									

表 6-3

个人所得税专项附加扣除信息表

填报日期：　　年　　月　　日　　　　扣除年度：

纳税人姓名：　　　　纳税人识别号：□□□□□□□□□□□□□□□□□□

纳税人信息	手机号码				电子邮箱	
	联系地址				配偶情况	□有配偶　□无配偶
纳税人配偶信息	姓　名		身份证件类型		身份证件号码	□□□□□□□□□□□□□□□□□□
一、子女教育						
较上次报送信息是否发生变化：□首次报送（请填写全部信息）　□无变化（不需重新填写）　□有变化（请填写发生变化项目的信息）						
子女一	姓　名		身份证件类型		身份证件号码	□□□□□□□□□□□□□□□□□□
	出生日期		当前受教育阶段	□学前教育阶段　□义务教育　□高中阶段教育　□高等教育		
	当前受教育阶段起始时间	年　月	当前受教育阶段结束时间	年　月	子女教育终止时间 *不再受教育时填写	年　月
	就读国家（或地区）		就读学校		本人扣除比例	□100%（全额扣除）　□50%（平均扣除）
子女二	姓　名		身份证件类型		身份证件号码	□□□□□□□□□□□□□□□□□□
	出生日期		当前受教育阶段	□学前教育阶段　□义务教育　□高中阶段教育　□高等教育		
	当前受教育阶段起始时间	年　月	当前受教育阶段结束时间	年　月	子女教育终止时间 *不再受教育时填写	年　月
	就读国家（或地区）		就读学校		本人扣除比例	□100%（全额扣除）　□50%（平均扣除）
子女三	姓　名		身份证件类型		身份证件号码	□□□□□□□□□□□□□□□□□□
	出生日期		当前受教育阶段	□学前教育阶段　□义务教育　□高中阶段教育　□高等教育		
	当前受教育阶段起始时间	年　月	当前受教育阶段结束时间	年　月	子女教育终止时间 *不再受教育时填写	年　月
	就读国家（或地区）		就读学校		本人扣除比例	□100%（全额扣除）　□50%（平均扣除）
二、继续教育						
较上次报送信息是否发生变化：□首次报送（请填写全部信息）　□无变化（不需重新填写）　□有变化（请填写发生变化项目的信息）						
学历（学位）继续教育	当前继续教育起始时间	年　月	当前继续教育结束时间	年　月	学历（学位）继续教育阶段	□专科　□本科　□硕士研究生　□博士研究生　□其他
职业资格继续教育	职业资格继续教育类型	□技能人员　□专业技术人员			证书名称	
	证书编号		发证机关		发证（批准）日期	
三、住房贷款利息						
较上次报送信息是否发生变化：□首次报送（请填写全部信息）　□无变化（不需重新填写）　□有变化（请填写发生变化项目的信息）						
房屋信息	住房坐落地址	省（区、市）　市　县（区）　街道（乡、镇）				
	产权证号/不动产登记号/商品房买卖合同号/预售合同号					
房贷信息	本人是否借款人	□是　□否			是否婚前各自首套贷款，且婚后分别扣除50%	□是　□否
	公积金贷款丨贷款合同编号					
	贷款期限（月）				首次还款日期	
	商业贷款丨贷款合同编号				贷款银行	
	贷款期限（月）				首次还款日期	
四、住房租金						
较上次报送信息是否发生变化：□首次报送（请填写全部信息）　□无变化（不需重新填写）　□有变化（请填写发生变化项目的信息）						
房屋信息	住房坐落地址	省（区、市）　市　县（区）　街道（乡、镇）				
租赁情况	出租方（个人）姓名		身份证件类型		身份证件号码	□□□□□□□□□□□□□□□□□□
	出租方（单位）名称				纳税人识别号 （统一社会信用代码）	
	主要工作城市 （*填写市一级）				住房租赁合同编号 （非必填）	
	租赁期起				租赁期止	

续 表

五、赡养老人						
较上次报送信息是否发生变化：□首次报送(请填写全部信息) □无变化(不需重新填写) □有变化(请填写发生变化项目的信息)						
纳税人身份					□独生子女 □非独生子女	
被赡养人一	姓　名		身份证件类型		身份证件号码	□□□□□□□□□□□□□□□□□□
	出生日期		与纳税人关系		□父亲 □母亲 □其他	
被赡养人二	姓　名		身份证件类型		身份证件号码	□□□□□□□□□□□□□□□□□□
	出生日期		与纳税人关系		□父亲 □母亲 □其他	
共同赡养人信息	姓　名		身份证件类型		身份证件号码	□□□□□□□□□□□□□□□□□□
	姓　名		身份证件类型		身份证件号码	□□□□□□□□□□□□□□□□□□
	姓　名		身份证件类型		身份证件号码	□□□□□□□□□□□□□□□□□□
	姓　名		身份证件类型		身份证件号码	□□□□□□□□□□□□□□□□□□
分摊方式	*独生子女不需填写	□平均分摊 □赡养人约定分摊 □被赡养人指定分摊			本年度月扣除金额	
六、大病医疗(仅限综合所得年度汇算清缴申报时填写)						
较上次报送信息是否发生变化：□首次报送(请填写全部信息) □无变化(不需重新填写) □有变化(请填写发生变化项目的信息)						
患者一	姓　名		身份证件类型		身份证件号码	□□□□□□□□□□□□□□□□□□
	医药费用总金额		个人负担金额		与纳税人关系	□本人 □配偶 □未成年子女
患者二	姓　名		身份证件类型		身份证件号码	□□□□□□□□□□□□□□□□□□
	医药费用总金额		个人负担金额		与纳税人关系	□本人 □配偶 □未成年子女
患者三	姓　名		身份证件类型		身份证件号码	□□□□□□□□□□□□□□□□□□
	医药费用总金额		个人负担金额		与纳税人关系	□本人 □配偶 □未成年子女
七、3岁以下婴幼儿照护						
较上次报送信息是否发生变化：□首次报送(请填写全部信息) □无变化(不需重新填写) □有变化(请填写发生变化项目的信息)						
子女一	姓　名		身份证件类型		身份证件号码	□□□□□□□□□□□□□□□□□□
	出生日期				本人扣除比例	□100%(全额扣除) □50%(平均扣除)
子女二	姓　名		身份证件类型		身份证件号码	□□□□□□□□□□□□□□□□□□
	出生日期				本人扣除比例	□100%(全额扣除) □50%(平均扣除)
子女三	姓　名		身份证件类型		身份证件号码	□□□□□□□□□□□□□□□□□□
	出生日期				本人扣除比例	□100%(全额扣除) □50%(平均扣除)
需要在任职受雇单位预扣预缴工资、薪金所得个人所得税时享受专项附加扣除的，填写本栏						
重要提示：当您填写本栏，表示您已同意该任职受雇单位使用本表信息为您办理专项附加扣除。						
扣缴义务人名称					扣缴义务人纳税人识别号(统一社会信用代码)	□□□□□□□□□□□□□□□□□□
本人承诺：我已仔细阅读填表说明，并根据《中华人民共和国个人所得税法》及其实施条例、《个人所得税专项附加扣除暂行办法》《个人所得税专项附加扣除操作办法(试行)》等相关法律法规规定填写本表。本人已就所填扣除信息进行了核对，并对所填内容的真实性、准确性、完整性负责。 纳税人签字：　　年　月　日						
扣缴义务人签章： 经办人签字： 接收日期：　年　月　日	代理机构签章： 代理机构统一社会信用代码： 经办人签字： 经办人身份证件号码：			受理人： 受理税务机关(章)： 受理日期：　年　月　日		

国家税务总局监制

表 6－4　　个人所得税年度自行纳税申报表(A 表)

(仅取得境内综合所得年度汇算适用)

税款所属期：　　年　　月　　日至　　年　　月　　日

纳税人姓名：

纳税人识别号：□□□□□□□□□□□□□□□□□□□□－□□　　　　金额单位：人民币元(列至角分)

基　本　情　况					
手机号码		电子邮箱		邮政编码	□□□□□□
联系地址	____省(区、市)____市____区(县)________街道(乡、镇)________________				
纳税地点(单选)					
1. 有任职受雇单位的，需选本项并填写“任职受雇单位信息”：			□ 任职受雇单位所在地		
任职受雇单位信息	名　　称				
	纳税人识别号	□□□□□□□□□□□□□□□□□□□□			
2. 没有任职受雇单位的，可以从本栏次选择一地：			□ 户籍所在地　　□ 经常居住地		
户籍所在地/经常居住地	____省(区、市)____市____区(县)____街道(乡、镇)________				
申报类型(单选)					
□ 首次申报			□ 更正申报		

综合所得个人所得税计算		
项　　目	行次	金　额
一、收入合计(第 1 行＝第 2 行＋第 3 行＋第 4 行＋第 5 行)	1	
(一) 工资、薪金	2	
(二) 劳务报酬	3	
(三) 稿酬	4	
(四) 特许权使用费	5	
二、费用合计［第 6 行＝(第 3 行＋第 4 行＋第 5 行)×20%］	6	
三、免税收入合计(第 7 行＝第 8 行＋第 9 行)	7	
(一) 稿酬所得免税部分［第 8 行＝第 4 行×(1－20%)×30%］	8	
(二) 其他免税收入(附报《个人所得税减免税事项报告表》)	9	
四、减除费用	10	
五、专项扣除合计(第 11 行＝第 12 行＋第 13 行＋第 14 行＋第 15 行)	11	
(一) 基本养老保险费	12	
(二) 基本医疗保险费	13	
(三) 失业保险费	14	
(四) 住房公积金	15	
六、专项附加扣除合计(附报《个人所得税专项附加扣除信息表》) (第 16 行＝第 17 行＋第 18 行＋第 19 行＋第 20 行＋第 21 行＋第 22 行＋第 23 行)	16	
(一) 子女教育	17	
(二) 继续教育	18	
(三) 大病医疗	19	
(四) 住房贷款利息	20	
(五) 住房租金	21	
(六) 赡养老人	22	
(七) 3 岁以下婴幼儿照护	23	
七、其他扣除合计(第 24 行＝第 25 行＋第 26 行＋第 27 行＋第 28 行＋第 29 行)	24	
(一) 年金	25	

续 表

项　　目	行次	金额
（二）商业健康保险（附报《商业健康保险税前扣除情况明细表》）	26	
（三）税延养老保险（附报《个人税收递延型商业养老保险税前扣除情况明细表》）	27	
（四）允许扣除的税费	28	
（五）其他	29	
八、准予扣除的捐赠额（附报《个人所得税公益慈善事业捐赠扣除明细表》）	30	
九、应纳税所得额 （第 31 行＝第 1 行－第 6 行－第 7 行－第 10 行－第 11 行－第 16 行－第 24 行－第 30 行）	31	
十、税率（%）	32	
十一、速算扣除数	33	
十二、应纳税额（第 34 行＝第 31 行×第 32 行－第 33 行）	34	
全年一次性奖金个人所得税计算 （无住所居民个人预判为非居民个人取得的数月奖金，选择按全年一次性奖金计税的填写本部分）		
一、全年一次性奖金收入	35	
二、准予扣除的捐赠额（附报《个人所得税公益慈善事业捐赠扣除明细表》）	36	
三、税率（%）	37	
四、速算扣除数	38	
五、应纳税额［第 39 行＝（第 35 行－第 36 行）×第 37 行－第 38 行］	39	
税　额　调　整		
一、综合所得收入调整额（需在“备注”栏说明调整具体原因、计算方式等）	40	
二、应纳税额调整额	41	
应补/退个人所得税计算		
一、应纳税额合计（第 42 行＝第 34 行＋第 39 行＋第 41 行）	42	
二、减免税额（附报《个人所得税减免税事项报告表》）	43	
三、已缴税额	44	
四、应补/退税额（第 45 行＝第 42 行－第 43 行－第 44 行）	45	

无住所个人附报信息

纳税年度内在中国境内居住天数		已在中国境内居住年数	

退税申请
（应补/退税额小于 0 的填写本部分）

☐ 申请退税（需填写“开户银行名称”“开户银行省份”“银行账号”）　☐ 放弃退税

开户银行名称		开户银行省份	
银行账号			

备　　注

谨声明：本表是根据国家税收法律法规及相关规定填报的，本人对填报内容（附带资料）的真实性、可靠性、完整性负责。

纳税人签字：　　　　年　　月　　日

经办人签字： 经办人身份证件类型： 经办人身份证件号码： 代理机构签章： 代理机构统一社会信用代码：	受理人： 受理税务机关（章）： 受理日期：　　　年　　月　　日

国家税务总局监制

6

表 6-5

个人所得税扣缴申报表

税款所属期：　　年　　月　　日至　　年　　月　　日

扣缴义务人名称：

扣缴义务人纳税人识别号(统一社会信用代码)：□□□□□□□□□□□□□□□□□□

金额单位：人民币元(列至角分)

序号	姓名	身份证件类型	身份证件号码	纳税人识别号	是否为非居民个人	所得项目	本月(次)情况														累计情况(工资、薪金)										减按计税比例	准予扣除的捐赠额	税款计算							备注
							收入额计算			减除费用	专项扣除				其他扣除						累计收入额	累计减除费用	累计专项扣除	累计专项附加扣除						累计其他扣除			应纳税所得额	税率/预扣率	速算扣除数	应纳税额	减免税额	已扣缴税额	应补(退)税额	
							收入	费用	免税收入		基本养老保险费	基本医疗保险费	失业保险费	住房公积金	年金	商业健康保险	税延养老保险	财产原值	允许扣除的税费	其他				子女教育	继续教育	住房贷款利息	住房租金	赡养老人	3岁以下婴幼儿照护											
1	2	3	4	5	6	7	8	9	10	11	12	13	14	15	16	17	18	19	20	21	22	23	24	25	26	27	28	29	30	31	32	33	34	35	36	37	38	39	40	41
合计																																								

谨声明：本扣缴申报表是根据国家税收法律法规及相关规定填报的，是真实的、可靠的、完整的。

扣缴义务人(签章)：　　　　年　　月　　日

代理机构签章： 代理机构统一社会信用代码： 经办人签字： 经办人身份证件号码：	受理人： 受理税务机关(章)： 受理日期：　年　月　日

国家税务总局制

项目七　其他税计算与申报实训

实训7.1　城市维护建设税计算与申报

一、实训要求

根据项目一、项目二黄河有限责任公司2022年6月缴纳增值税税额和出口货物实行“免、抵、退”税资料，计算该企业6月份应缴纳的城市维护建设税税额及教育费附加。

二、实训准备

1.《中华人民共和国城市维护建设税法》和城市维护建设税、教育费附加的相关法规；

2. 税务实训室进行，企业基本情况，企业流转税缴纳情况，各类税收计算表等资料。

三、实训材料

1. 2022年6月项目一、项目二相关资料；

2. 城市维护建设税及教育费附加计算表(表7-1)。

表7-1　城市维护建设税及教育费附加计算表

年　月　　金额单位：元(列至角分)

税费名称	计税依据			税率(征收率)	应交税(费)金额
	实际缴纳增值税税额	出口免抵税额	合计		
城市维护建设税					
教育费附加					
地方教育附加					
合　计					

实训 7.2 房产税计算与申报

一、实训要求

1. 根据东海集团有限公司提供的 2022 年资料，计算该企业 2022 年应缴纳的房产税税额；
2. 填写东海集团有限公司房产税的财产和行为税纳税申报表。

二、实训准备

1.《中华人民共和国房产税暂行条例》和房产税的相关法规；
2. 税务实训室，企业与房产税的相关材料，税收计算、纳税申报表等。

三、实训材料

1. 企业基本情况如下：

企业名称：东海集团有限公司　　企业性质：国有企业　　法定代表：潘刚
财务负责人：陈杰　　办税人：王珍　　财会人员共 4 人
营业地址：东海市酒仙桥 238 号　　开户银行：工商银行酒仙桥分理处
账　　号：955001236415171245　　税务登记号：280632873744378

2. 2022 年涉及房产税的相关资料如下：房屋登记卡如表 7－2 至表 7－7 所示，该地区扣除率一律为 30%。

表 7－2　　**房屋登记卡(正面)**

房屋编号：1 号楼　　金额单位：万元

<table>
<tr><td rowspan="3">财产</td><td>统一</td><td colspan="2"></td><td colspan="4" rowspan="3">设卡日期：
2007 年 6 月 1 日</td></tr>
<tr><td>分类</td><td colspan="2">房屋及建筑物</td></tr>
<tr><td>编号</td><td colspan="2">01</td></tr>
<tr><td rowspan="9">建筑物标示</td><td>基地坐落</td><td colspan="2">东海市酒仙桥 238 号</td><td colspan="2">使用单位</td><td colspan="2">用　途</td></tr>
<tr><td>楼号或门牌</td><td colspan="2">1 号楼</td><td colspan="2" rowspan="2">集团公司</td><td colspan="2" rowspan="2">行政办公用房</td></tr>
<tr><td>保存登记</td><td colspan="2"></td></tr>
<tr><td>来源</td><td colspan="2">自建</td><td>屋顶</td><td>屋架</td><td>墙面</td><td>地面</td></tr>
<tr><td>建筑日期</td><td colspan="2">2005 年 12 月 5 日</td><td rowspan="5">水泥顶、琉璃瓦</td><td rowspan="5">框架结构</td><td rowspan="5">混砖</td><td rowspan="5">大理石</td></tr>
<tr><td>使用年限</td><td colspan="2">20 年</td></tr>
<tr><td>原始总值</td><td colspan="2">2 000</td></tr>
<tr><td>式样</td><td colspan="2"></td></tr>
<tr><td colspan="3"></td></tr>
<tr><td rowspan="4">建筑面积</td><td>层次</td><td>面积(平方米)</td><td>户　型</td><td colspan="4">备　　注</td></tr>
<tr><td>合计</td><td>5 000</td><td></td><td colspan="4" rowspan="3"></td></tr>
<tr><td>其中：</td><td></td><td></td></tr>
<tr><td></td><td></td><td></td></tr>
</table>

表 7－3 房屋登记卡(正面)

房屋编号：2 号楼 金额单位：万元

<table>
<tr><td rowspan="3">财产</td><td colspan="2">统一</td><td colspan="2"></td><td colspan="4" rowspan="3">设卡日期：
2007 年 6 月 1 日</td></tr>
<tr><td colspan="2">分类</td><td colspan="2">房屋及建筑物</td></tr>
<tr><td colspan="2">编号</td><td colspan="2">02</td></tr>
<tr><td rowspan="8">建筑物标示</td><td colspan="2">基地坐落</td><td colspan="2">东海市酒仙桥 238 号</td><td colspan="2">使用单位</td><td colspan="2">用　途</td></tr>
<tr><td colspan="2">楼号或门牌</td><td colspan="2">2 号楼</td><td colspan="2" rowspan="2">集团公司</td><td colspan="2" rowspan="2">生产用房</td></tr>
<tr><td colspan="2">保存登记</td><td colspan="2"></td></tr>
<tr><td colspan="2">来源</td><td colspan="2">自建</td><td>屋顶</td><td>屋架</td><td>墙面</td><td>地面</td></tr>
<tr><td colspan="2">建筑日期</td><td colspan="2">2005 年 6 月 5 日</td><td rowspan="4">水泥顶</td><td rowspan="4">框架结构</td><td rowspan="4">混砖</td><td rowspan="4">水泥</td></tr>
<tr><td colspan="2">使用年限</td><td colspan="2">20 年</td></tr>
<tr><td colspan="2">原始总值</td><td colspan="2">2 200</td></tr>
<tr><td colspan="2">式样</td><td colspan="2"></td></tr>
<tr><td rowspan="5">建筑面积</td><td>层次</td><td colspan="2">面积(平方米)</td><td>户　型</td><td colspan="4">备　注</td></tr>
<tr><td>合计</td><td colspan="2">12 000</td><td></td><td colspan="4" rowspan="4"></td></tr>
<tr><td>其中：</td><td colspan="2"></td><td></td></tr>
<tr><td></td><td colspan="2"></td><td></td></tr>
<tr><td></td><td colspan="2"></td><td></td></tr>
</table>

表 7－4 房屋登记卡(正面)

房屋编号：3 号楼 金额单位：万元

<table>
<tr><td rowspan="3">财产</td><td colspan="2">统一</td><td colspan="2"></td><td colspan="4" rowspan="3">设卡日期：
2007 年 6 月 1 日</td></tr>
<tr><td colspan="2">分类</td><td colspan="2">房屋及建筑物</td></tr>
<tr><td colspan="2">编号</td><td colspan="2">03</td></tr>
<tr><td rowspan="8">建筑物标示</td><td colspan="2">基地坐落</td><td colspan="2">东海市酒仙桥 238 号</td><td colspan="2">使用单位</td><td colspan="2">用　途</td></tr>
<tr><td colspan="2">楼号或门牌</td><td colspan="2">3 号楼</td><td colspan="2" rowspan="2"></td><td colspan="2" rowspan="2">空闲</td></tr>
<tr><td colspan="2">保存登记</td><td colspan="2"></td></tr>
<tr><td colspan="2">来源</td><td colspan="2">自建</td><td>屋顶</td><td>屋架</td><td>墙面</td><td>地面</td></tr>
<tr><td colspan="2">建筑日期</td><td colspan="2">2006 年 6 月 5 日</td><td rowspan="4">水泥顶</td><td rowspan="4">框架结构</td><td rowspan="4">混砖</td><td rowspan="4">水泥</td></tr>
<tr><td colspan="2">使用年限</td><td colspan="2">20 年</td></tr>
<tr><td colspan="2">原始总值</td><td colspan="2">100</td></tr>
<tr><td colspan="2">式样</td><td colspan="2"></td></tr>
<tr><td rowspan="5">建筑面积</td><td>层次</td><td colspan="2">面积(平方米)</td><td>户　型</td><td colspan="4">备　注</td></tr>
<tr><td>合计</td><td colspan="2">500</td><td></td><td colspan="4" rowspan="4">2022 年 6 月 30 日，投资给杭州佳艺广告公司使用，协议规定，每月向杭州佳艺广告公司收取固定收入 3 万元，期限 3 年</td></tr>
<tr><td>其中：</td><td colspan="2"></td><td></td></tr>
<tr><td></td><td colspan="2"></td><td></td></tr>
<tr><td></td><td colspan="2"></td><td></td></tr>
</table>

7

表 7－5 **房屋登记卡(正面)**

房屋编号：4 号楼 金额单位：万元

<table>
<tr><td rowspan="3">财
产</td><td>统一</td><td></td><td colspan="4" rowspan="3">设卡日期：
2007 年 6 月 1 日</td></tr>
<tr><td>分类</td><td>房屋及建筑物</td></tr>
<tr><td>编号</td><td>04</td></tr>
<tr><td rowspan="8">建筑物标示</td><td>基地坐落</td><td>东海市酒仙桥 238 号</td><td colspan="2">使用单位</td><td colspan="2">用　　途</td></tr>
<tr><td>楼号或门牌</td><td>4 号楼</td><td colspan="2" rowspan="2"></td><td colspan="2" rowspan="2">空闲</td></tr>
<tr><td>保存登记</td><td></td></tr>
<tr><td>来源</td><td>自建</td><td>屋顶</td><td>屋架</td><td>墙面</td><td>地面</td></tr>
<tr><td>建筑日期</td><td>2006 年 12 月 5 日</td><td rowspan="4">水泥顶</td><td rowspan="4">框架结构</td><td rowspan="4">混砖</td><td rowspan="4">水泥</td></tr>
<tr><td>使用年限</td><td>20 年</td></tr>
<tr><td>原始总值</td><td>150</td></tr>
<tr><td>式样</td><td></td></tr>
</table>

<table>
<tr><td rowspan="6">建筑面积</td><td>层次</td><td>面积(平方米)</td><td>户　型</td><td>备　　注</td></tr>
<tr><td>合计</td><td>700</td><td></td><td rowspan="5">2022 年 8 月 31 日，转让给杭州好利来宾馆，收到转让款 120 万元，支付转让过程中发生的税金及费用 10 万元，账面显示该房产已提折旧 85 万元</td></tr>
<tr><td>其中：</td><td></td><td></td></tr>
<tr><td></td><td></td><td></td></tr>
<tr><td></td><td></td><td></td></tr>
</table>

表 7－6 **房屋登记卡(正面)**

房屋编号：5 号楼 金额单位：万元

<table>
<tr><td rowspan="3">财
产</td><td>统一</td><td></td><td colspan="4" rowspan="3">设卡日期：
2007 年 6 月 1 日</td></tr>
<tr><td>分类</td><td>房屋及建筑物</td></tr>
<tr><td>编号</td><td>05</td></tr>
<tr><td rowspan="8">建筑物标示</td><td>基地坐落</td><td>东海市酒仙桥 238 号</td><td colspan="2">使用单位</td><td colspan="2">用　　途</td></tr>
<tr><td>楼号或门牌</td><td>5 号楼</td><td colspan="2" rowspan="2"></td><td colspan="2" rowspan="2">空闲</td></tr>
<tr><td>保存登记</td><td></td></tr>
<tr><td>来源</td><td>自建</td><td>屋顶</td><td>屋架</td><td>墙面</td><td>地面</td></tr>
<tr><td>建筑日期</td><td>2006 年 12 月 5 日</td><td rowspan="4">水泥顶</td><td rowspan="4">框架结构</td><td rowspan="4">混砖</td><td rowspan="4">水泥</td></tr>
<tr><td>使用年限</td><td>20 年</td></tr>
<tr><td>原始总值</td><td>150</td></tr>
<tr><td>式样</td><td></td></tr>
</table>

<table>
<tr><td rowspan="6">建筑面积</td><td>层次</td><td>面积(平方米)</td><td>户　型</td><td>备　　注</td></tr>
<tr><td>合计</td><td>700</td><td></td><td rowspan="5">2022 年 1 月 1 日出租给杭州龙发批发商场，协议规定，每月收取房租 24 000 元，期限 5 年</td></tr>
<tr><td>其中：</td><td></td><td></td></tr>
<tr><td></td><td></td><td></td></tr>
<tr><td></td><td></td><td></td></tr>
</table>

表 7-7　　　　**房屋登记卡（正面）**

房屋编号：6 号楼　　　　金额单位：万元

<table>
<tr><td rowspan="3">财产</td><td>统一</td><td></td><td colspan="4" rowspan="3">设卡日期：
2015 年 3 月 14 日</td></tr>
<tr><td>分类</td><td>房屋及建筑物</td></tr>
<tr><td>编号</td><td>06</td></tr>
<tr><td rowspan="9">建筑物标示</td><td>基地坐落</td><td>东海市酒仙桥 238 号</td><td colspan="2">使用单位</td><td colspan="2">用　途</td></tr>
<tr><td>楼号或门牌</td><td>6 号楼</td><td colspan="2" rowspan="2">集团公司</td><td colspan="2" rowspan="2">生产用房</td></tr>
<tr><td>保存登记</td><td></td></tr>
<tr><td>来源</td><td>自建</td><td>屋顶</td><td>屋架</td><td>墙面</td><td>地面</td></tr>
<tr><td>建筑日期</td><td>2015 年 3 月 14 日</td><td rowspan="5">水泥顶</td><td rowspan="5">框架结构</td><td rowspan="5">混砖</td><td rowspan="5">水泥</td></tr>
<tr><td>使用年限</td><td>20 年</td></tr>
<tr><td>原始总值</td><td>1 200</td></tr>
<tr><td>式样</td><td></td></tr>
</table>

<table>
<tr><td rowspan="3">建筑面积</td><td>层次</td><td>面积（平方米）</td><td>户　型</td><td>备　　注</td></tr>
<tr><td>合计</td><td>8 000</td><td></td><td rowspan="2"></td></tr>
<tr><td>其中：</td><td></td><td></td></tr>
</table>

3. 房产税应纳税额计算表如表 7-8 所示，财产和行为税纳税申报表如表 7-9 所示。

表 7-8　　　　**2022 年度房产税应纳税额计算表**

金额单位：元（列至角分）

楼号	房产原值	按房产余值计征房产税				按租金收入计征房产税			全年应纳税额
		扣除率	房产余值	适用税率	应纳税额	租金收入	适用税率	应纳税额	
合计									

表 7－9　财产和行为税纳税申报表

纳税人识别号(统一社会信用代码)：

纳税人名称：　　　　金额单位：人民币元(列至角分)

序号	税种	税目	税款所属期起	税款所属期止	计税依据	税率	应纳税额	减免税额	已缴税额	应补(退)税额
1										
2										
3										
4										
5										
6										
7										
8										
9										
10										
11										
12	合计	—	—	—	—	—				

声明：此表是根据国家税收法律法规及相关规定填写的，本人(单位)对填报内容(及附带资料)的真实性、可靠性、完整性负责。 纳税人：　　年　月　日	
经办人： 经办人身份证号： 代理机构签章： 代理机构统一社会信用代码：	受理人： 受理税务机关(章)： 受理日期：　　年　月　日

本表一式两份，一份纳税人留存，一份税务机关留存。

实训 7.3　印花税计算与申报

一、实训要求

1. 根据东海科技有限公司提供的 2022 年资料，计算该企业 2022 年应缴纳的印花税税额；

2. 填写东海科技有限公司印花税的财产和行为税纳税申报表。

二、实训准备

1.《中华人民共和国印花税法》和印花税的相关法规；

2. 税务实训室进行，企业与印花税相关的材料，税收计算、纳税申报表等。

三、实训材料

1. 企业基本情况如下：

企业名称：东海科技有限公司　　企业性质：有限责任公司
法定代表：张东立　　财务负责人：王立新
办税人：李高业　财会人员共 3 人　　营业地址：东海市百城汇路 321 号
开户银行：工商银行黄龙分理处　　开户银行：工商银行黄龙分理处
账　　号：9550013674151512778

2. 2022 年涉及印花税的相关资料如下：

(1) 东海科技有限公司于 2022 年 7 月在百城汇路开业，到东海市市场监督管理局办理企业法人营业执照正副本各一件，如图 7－1、图 7－2 所示。

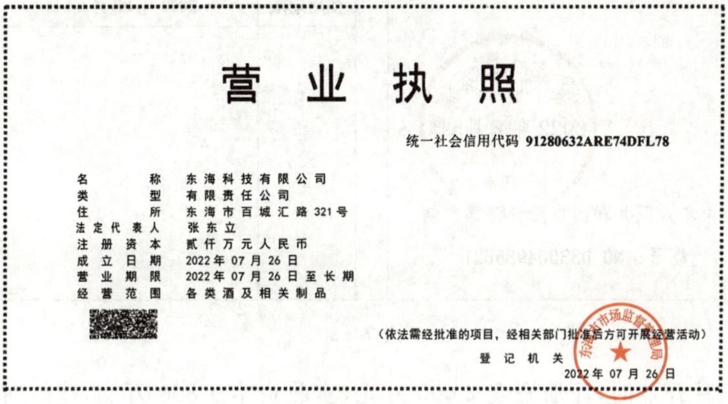
营　业　执　照

统一社会信用代码 91280632ARE74DFL78

名　　称　东海科技有限公司
类　　型　有限责任公司
住　　所　东海市百城汇路 321 号
法定代表人　张东立
注册资本　贰仟万元人民币
成立日期　2022 年 07 月 26 日
营业期限　2022 年 07 月 26 日至长期
经营范围　各类酒及相关制品

（依法需经批准的项目，经相关部门批准后方可开展经营活动）

登记机关　东海市市场监督管理局

2022 年 07 月 26 日

图 7－1

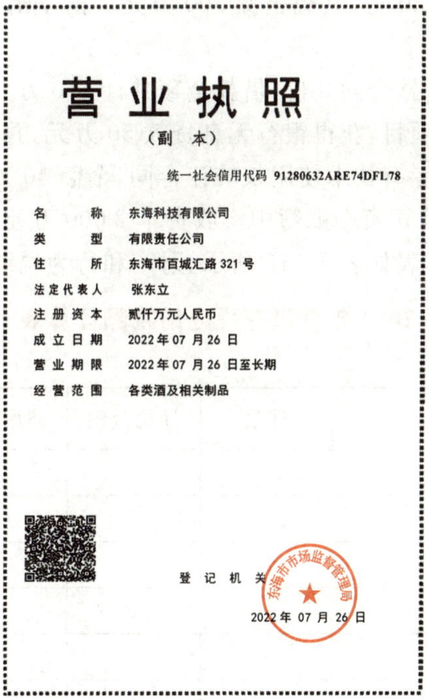
营业执照

（副　本）

统一社会信用代码 91280632ARE74DFL78

名　　称　东海科技有限公司
类　　型　有限责任公司
住　　所　东海市百城汇路 321 号
法定代表人　张东立
注册资本　贰仟万元人民币
成立日期　2022 年 07 月 26 日
营业期限　2022 年 07 月 26 日至长期
经营范围　各类酒及相关制品

登记机关　东海市市场监督管理局

2022 年 07 月 26 日

图 7－2

(2) 2022 年 8 月 5 日，因从东海市自然资源局受让新城区 08 号商业用地，办理土地使用证一件，如图 7－3 所示。

东（2022）东海市 不动产权第 001682345 号

根据《中华人民共和国物权法》等法律法规，为保护不动产权利人合法权益，对不动产权利人申请登记的本证所列不动产权利，经审查核实，准予登记，颁发此证。

登记机构（章）

2022 年 8 月 5 日

中华人民共和国自然资源部监制

编号：NO D33004985621

权利人	东海科技有限公司
共有情况	
坐落	东海市百城汇路 321 号
不动产单元号	331100001063GB01271F00037
权利类型	出让
用途	商服用地
面积	60000 平方米
使用期限	2072 年 08 月 04 日

图 7－3

（3）企业 7 月开业时，注册资金 2 000 万元，实收资本 1 800 万元，建账时共设 3 个营业账簿，1 个资金账簿。3 个营业账簿均各设 1 个副本。

（4）正式签订购销合同 20 份，共载金额 500 万元。由于销货方违约，其中 1 份金额 10 万元的购货合同没有按期履行。

（5）向银行借款，签订借款合同 3 份，借款金额共计 150 万元，利率 8%。

（6）开发一项国家重点项目，获得银行无息贷款 50 万元，并签订无息贷款合同。

（7）与某公司签订一份专有技术使用权转让合同，金额 40 万元。

（8）2022 年年底，假定公司资金账簿中实收资本 2 000 万元，资本公积 300 万元。

3. 印花税应纳税额计算表如表 7－10 所示、财产和行为税纳税申报表如表 7－11 所示。

表 7－10　　2022 年度印花税应纳税额计算表

金额单位：元（列至角分）

序号	应税凭证名称	件数	计税金额	适用税率	应纳税额	备注
1	一、合同					
2						
3						
4						
5						
6						
7	小　计					
8	二、产权转移书据					
9						

续 表

序号	应税凭证名称	件数	计税金额	适用税率	应纳税额	备注
10						
11						
12						
13						
14	小 计					
15	三、营业账簿					
16						
17						
18						
19						
20	小 计					
22	总 计					

表 7-11　财产和行为税纳税申报表

纳税人识别号(统一社会信用代码):

纳税人名称:　　　　　　　　　　　　　　　　金额单位：人民币元(列至角分)

序号	税种	税目	税款所属期起	税款所属期止	计税依据	税率	应纳税额	减免税额	已缴税额	应补(退)税额
1										
2										
3										
4										
5										
6										
7										
8										
9										
10										
11										
12	合计	—	—	—	—	—				

声明：此表是根据国家税收法律法规及相关规定填写的，本人(单位)对填报内容(及附带资料)的真实性、可靠性、完整性负责。 纳税人：　　年　　月　　日	
经办人： 经办人身份证号： 代理机构签章： 代理机构统一社会信用代码：	受理人： 受理税务机关(章)： 受理日期：　　年　　月　　日

本表一式两份，一份纳税人留存，一份税务机关留存。

7

实训 7.4 车船税计算与申报

一、实训要求

1. 根据东风鹏景集团有限公司提供的 2022 年资料，计算该企业 2022 年应缴纳的车船税税额；

2. 填写东风鹏景集团有限公司车船税的财产和行为税纳税申报表。

二、实训准备

1.《中华人民共和国车船税法》和车船税的相关法规；

2. 税务实训室，企业与车船税相关的材料，税收计算、纳税申报表等。

三、实训材料

1. 企业基本情况如下：

企业名称：东风鹏景集团有限公司

企业性质：国有企业

法定代表：潘小春

财务负责人：罗小闫　　办税人：罗小闫

营业地址：浙江省杭州工业园区工业大道 238 号

开户银行：工商银行杭州工业园区分理处

账　　号：955661365845451370

税务登记号：024106741843690

2. 东风鹏景集团 2022 年有关资料，如表 7－12 至表 7－16 所示。

表 7－12　　固定资产登记卡(正面)

总账科目：固定资产　　本卡编号：101

明细科目：车辆　　财产编号：车辆 001　　设卡日期：2015 年 5 月 15 日

中文名称	帕萨特领驭	抵押权设定、解除及保险记录	设定日期					
整备质量	1.522 吨		抵押行库					
规格型号	1.8 升 自动尊杰型		解除日期					
车牌号码	浙 A－×××××		投保日期					
购置日期	2015.5.15		承保公司					
购置金额	215 000		保单号码					
载客人数	4 人		险　　别					
使用年限	10 年		费　　率					
用　　途	领导用车		保 险 费					
备注	浙江省乘用车车船税年税额规定如下：排气量 1.0(含)升以下的 180 元；1.0 升以上至 1.6(含)升的 300 元；1.6 升以上至 2.0 升(含)的 360 元；2.0 升以上至 2.5 升(含)的 660 元；2.5 升以上至 3.0 升(含)的 1 500 元；3.0 升以上至 4.0 升(含)的 3 000 元；4.0 升以上的 4 500 元。							

表 7－13 固定资产登记卡(正面)

总账科目：固定资产　　本卡编号：102

明细科目：车辆　　财产编号：车辆 002　　设卡日期：2015 年 6 月 15 日

中文名称	金杯面包车	抵押权设定、解除及保险记录	设定日期					
整备质量	2.6 吨		抵押行库					
规格型号	2.4 升 商务旗舰型		解除日期					
车牌号码	浙 A－×××××		投保日期					
购置日期	2015.6.15		承保公司					
购置金额	185 000		保单号码					
载客人数	14 人		险　别					
使用年限	10 年		费　率					
用　途	公务用车		保 险 费					
备注	浙江省商用车车船税年税额规定如下：核定载客人数 20(含)人以上的大型客车年税额为 540 元，核定载客人数 9 人以上 20 人以下的小型客车年税额为 480 元。							

表 7－14 固定资产登记卡(正面)

总账科目：固定资产　　本卡编号：103

明细科目：车辆　　财产编号：车辆 003　　设卡日期：2020 年 7 月 10 日

中文名称	东风货车	抵押权设定、解除及保险记录	设定日期					
整备质量	4.325 吨		抵押行库					
规格型号	EQ1080TJ12D5		解除日期					
车牌号码	浙 A－×××××		投保日期					
购置日期	2020.7.10		承保公司					
购置金额	60 000		保单号码					
载客人数			险　别					
使用年限	5 年		费　率					
用　途	货运用车		保 险 费					
备注	浙江省商用车车船税年税额规定如下：货车按整备质量每吨年税额为 60 元，挂车按货车税额的 50%计算。							

表 7-15 **固定资产登记卡(正面)**

总账科目：固定资产　　本卡编号：104

明细科目：车辆　　财产编号：车辆 004　　设卡日期：2020 年 9 月 12 日

中文名称	全挂车	抵押权设定、解除及保险记录	设定日期					
整备质量	4 吨		抵押行库					
规格型号	×××××		解除日期					
车牌号码	浙 A-×××××		投保日期					
购置日期	2020.9.12		承保公司					
购置金额	30 000		保单号码					
载客人数			险　别					
使用年限	5 年		费　率					
用　途	货运用车		保险费					
备注	浙江省商用车车船税年税额规定如下：货车按整备质量每吨年税额为 60 元，挂车按货车税额的 50%计算。							

表 7-16 **固定资产登记卡(正面)**

总账科目：固定资产　　本卡编号：105

明细科目：车辆　　财产编号：车辆 005　　设卡日期：2015 年 10 月 11 日

中文名称	叉车	抵押权设定、解除及保险记录	设定日期					
整备质量	3 吨		抵押行库					
规格型号	×××××		解除日期					
车牌号码	浙 A-×××××		投保日期					
购置日期	2015.10.11		承保公司					
购置金额	50 000		保单号码					
载客人数			险　别					
使用年限	10 年		费　率					
用　途	货物装卸		保险费					
备注	浙江省商用车车船税年税额规定如下：货车按整备质量每吨年税额为 60 元，挂车按货车税额的 50%计算。							

7

3. 车船税应纳税额计算表如表 7－17 所示、财产和行为税纳税申报表如表 7－18 所示。

表 7－17　　2022 年度车船税应纳税额计算表

金额单位：元(列至角分)

序号	车辆编号	车船类别	计税标准	数量	单位税额	全年应纳税额	备注
合　计							

表 7－18　　财产和行为税纳税申报表

纳税人识别号(统一社会信用代码)：

纳税人名称：　　　　金额单位：人民币元(列至角分)

序号	税种	税目	税款所属期起	税款所属期止	计税依据	税率	应纳税额	减免税额	已缴税额	应补(退)税额
1										
2										
3										
4										
5										
6										
7										
8										
9										
10										
11										
12	合计	—	—	—	—	—				

声明：此表是根据国家税收法律法规及相关规定填写的，本人(单位)对填报内容(及附带资料)的真实性、可靠性、完整性负责。 纳税人：　　年　　月　　日	
经办人： 经办人身份证号： 代理机构签章： 代理机构统一社会信用代码：	受理人： 受理税务机关(章)： 受理日期：　　年　　月　　日

本表一式两份，一份纳税人留存，一份税务机关留存。

7

实训 7.5 契税计算与申报

一、实训要求

1. 根据东海新城房地产开发集团公司提供的 2022 年 2 月资料，计算该企业 2022 年 2 月应缴纳的契税税额；

2. 填写东海新城房地产开发集团公司契税的财产和行为税纳税申报表。

二、实训准备

1.《中华人民共和国契税法》和契税的相关法规；

2. 税务实训室，企业与契税的相关资料，税收计算表单、纳税申报表等。

三、实训材料

1. 企业基本情况如下：

企业名称：东海新城房地产开发集团公司

企业性质：股份有限企业

经营范围：房地产开发、物业管理、房地产租赁等业务

法定代表：王则业

财务负责人：陈直娇　　办税人：张业东　　财会人员共 4 人

营业地址：东海市牛膏街 340 号

开户银行：工商银行黄龙分理处

账　　号：955001367465438765

税务登记号：280632565437865

2. 2022 年 2 月涉及契税的相关资料如下：

2022 年 2 月 18 日，经东海市人民政府批准，取得了开发区 08 号商业用地，并与东海市自然资源局签订了东海市开发区 08 号土地受让合同，计划开发商品住宅，土地面积为 35 000 平方米，每平方出让价格为 3 000 元，2 月 21 日通过银行转账付清了土地价款，2 月 27 日支付了土地登记费，当地政府核定的契税税率为 4%。相关原始凭证如表 7 - 19 至表 7 - 22 所示。

表 7 - 19

转账支票存根

中国工商银行
转账支票存根 （东）
XⅡ　00206455

科　　目

对方科目

出票日期　2022 年 2 月 21 日

收款人：东海市自然资源局	
金　额：105 000 000.00	
用　途：付土地出让金	
备　注：	

单位主管　　会计
复　　核　　记账

表 7－20

东海市国有土地使用权出让金专用票据

收据联

NO：20105678

开票日期：2022 年 2 月 21 日

缴纳单位(人)	东海新城房地产开发集团公司														
缴纳内容	出让　东海市开发区 08 号商业地块														
缴纳金额	币种单位		十	亿	千	百	十	万	千	百	十	元	角	分	汇率
	小写	元													
		人民币	￥	1	0	5	0	0	0	0	0	0	0	0	
	大写	元													
		人民币	⊗壹亿零伍佰万元整												

收款单位:(章)　　　　经手人:李一红

表 7－21

转账支票存根

中国工商银行（东）
转账支票存根
XⅡ　00206459

科　　目
对方科目
出票日期　2022 年 2 月 27 日

收款人:东海市自然资源局
金　额:38 000.00
用　途:付土地登记费
备　注:

单位主管　　　　会计
复　　核　　　　记账

7

表 7-22

东海市政府非税收入统一票据

收据联

NO：0020107654

开票日期：2022 年 2 月 21 日　　　　收款单位名称：东海市自然资源局

缴 纳 人：东海新城房地产开发集团公司　　　　收款单位编码：××××××××

项目编码	项目名称	单位	数量	收标准	金额
015	土地登记费	宗	1	38 000.00	38 000.00
人民币（大写）⊗叁万捌仟元整					（小写）￥38 000.00

制单：刘小红　　　　收款单位（章）

提示：契税的会计处理

（1）取得土地使用权所支付的费用（包括地价款和土地登记费）和契税，一般企业计入“无形资产”；房地产开发企业计入“开发成本”。

（2）承受房屋权属所缴纳的契税，都应计入固定资产价值。

3. 契税应纳税额计算表如表 7-23 所示、财产和行为税纳税申报表如表 7-24 所示。

表 7-23　　契税应纳税额计算表

项　目	计税依据	适用税率（%）	应纳税额（元）	备　注
一、受让土地使用权				
二、受让房屋所有权				
合　计				

表 7-24 财产和行为税纳税申报表

纳税人识别号(统一社会信用代码):

纳税人名称: 金额单位:人民币元(列至角分)

序号	税种	税目	税款所属期起	税款所属期止	计税依据	税率	应纳税额	减免税额	已缴税额	应补(退)税额
1										
2										
3										
4										
5										
6										
7										
8										
9										
10										
11										
12	合计	—	—	—	—	—				

声明:此表是根据国家税收法律法规及相关规定填写的,本人(单位)对填报内容(及附带资料)的真实性、可靠性、完整性负责。 纳税人: 年 月 日	
经办人: 经办人身份证号: 代理机构签章: 代理机构统一社会信用代码:	受理人: 受理税务机关(章): 受理日期: 年 月 日

本表一式两份,一份纳税人留存,一份税务机关留存。

实训 7.6 土地增值税计算与申报

一、实训要求

1. 根据东海新城房地产开发集团公司提供的资料,计算该企业蓝天花苑项目应缴纳的土地增值税税额;

2. 填写东海新城房地产开发集团公司土地增值税的财产和行为税纳税申报表。

二、实训准备

1.《中华人民共和国土地增值税暂行条例》和土地增值税的相关法规;

2. 税务实训室,企业与土地增值税的相关资料,税收计算表单、纳税申报表等。

三、实训材料

1. 企业基本情况如下:

企业名称:东海新城房地产开发集团公司

企业性质:股份有限企业

经营范围:房地产开发、物业管理、房地产租赁等业务

法定代表:王则业

财务负责人:陈直娇　　办税人:张业东　　财会人员共4人

营业地址:东海市牛膏街340号

开户银行:工商银行黄龙分理处

账　　号:955001367465438765

税务登记号:280632565437865

2. 2022年、2023年涉及土地增值税的相关资料如下:

(1) 2022年2月18日,经东海市人民政府批准,取得了开发区08号商业用地,开发蓝天花苑商品住宅,土地面积为35 000平方米,每平方出让价格为3 000元,2月21日通过银行转账付清了土地价款10 500万元,2月27日支付了土地登记费3.8万元,当地政府核定的契税税率为4%,并缴纳了契税。原始凭证见实训7.5的相关表格。

(2) 2022年3月5日,按照市政府相关文件要求,支付市政公共基础设施配套费、代绿化工程款、审图费等费用和支付地质、勘察等费用。相关原始凭证如表7-25至表7-28所示。

表7-25

东海市政府非税收入统一票据

收据联

(印章:财政部票据监制章 东海市财政局监制)

NO:0020108743

开票日期:2022年3月5日　　收款单位名称:东海市城市建设局

缴 纳 人:东海新城房地产开发集团公司　　收款单位编码:××××××××

项目编码	项目名称	单位	数量	收费标准	金额
019	公共基础设施配套费	平方米	50 000	75.00/m^2	3 750 000.00
020	代绿化工程款	平方米	15 000	300.00/m^2	4 500 000.00
021	审图费	平方米	50 000	0.75/m^2	37 500.00
人民币(大写)⊗捌佰贰拾捌万柒仟伍佰元整				(小写)¥8 287 500.00	

(印章:东海市城市建设局 (03) 收费专用章)

第二联　交款方记账凭证

制单:刘一红　　收款单位:(章)

表 7-26

转账支票存根

中国工商银行（东）
转账支票存根
XⅡ 00206461

科 目

对方科目

出票日期 2022 年 3 月 5 日

收款人：东海市城市建设局
金 额：8 287 500.00
用 途：付公共基础设施费、代绿化工程款、审图费等
备 注：

单位主管 会计
复 核 记账

表 7-27

东海市政府非税收入统一票据

收据联

（东海市财政局监制）

NO：0020206523

开票日期：2022 年 3 月 5 日　　收款单位名称：东海市城市规划局
缴 纳 人：东海新城房地产开发集团公司　　收款单位编码：××××××××

项目编码	项目名称	单位	数量	收费标准	金额
056	水文地质勘察费	平方米	25 000	5.00/m^2	125 000.00
057	规划设计费	平方米	50 000	1.50/m^2	75 000.00
人民币（大写）⊗贰拾万元整					（小写）￥200 000.00

第二联 交款方记账凭证

（东海市城市规划局 (05) 收费专用章）

制单：刘一红　　收款单位：（章）

表 7-28

转账支票存根

中国工商银行（东）
转账支票存根
XⅡ 00206461

科 目

对方科目

出票日期 2022 年 3 月 5 日

收款人：东海市城市规划局
金 额：200 000.00
用 途：付水文地质勘察、规划设计费等
备 注：

单位主管 会计
复 核 记账

(3) 向东海新城建设工程有限公司支付工程款，相关原始凭证如表 7-29、表 7-30 所示。

表 7-29

建筑业统一发票(自开)

发票联

发票代码：008765043211
发票号码：00564321

开票日期：2022 年 12 月 20 日

机打代码 机打号码 机器号码	008765043211 00564321 43764321-12	税控码	(略)		
付款方名称	东海新城房地产开发集团公司	身份证号/组织机构代码证号/纳税人识别码	330632565437865	是否为总承包人	
收款方名称	东海新城建设工程有限公司	身份证号/组织机构代码证号/纳税人识别码	330632565437654	是否为总承包人	
工程项目名称	工程项目编号	结算项目	金额(元)	完税凭证编号代扣代缴税款	
蓝天花苑	006	住宅工程款等	65 000 000.00		
合计金额(大写)陆仟伍佰万元整			(小写)￥65 000 000.00		
备注		主管税务机关及代码	东海市地方税务局直属分局 1234500		

第三联 发票联 付款方记账凭证

开票人： 开票单位盖章：

表 7-30

转账支票存根

中国工商银行 (东)
转账支票存根
XⅡ 00506765

科 目
对方科目
出票日期 2022 年 12 月 20 日

收款人：东海新城建设工程有限公司
金 额：65 000 000.00
用 途：付工程款等
备 注：

单位主管 会计
复 核 记账

（4）2023 年 6 月份蓝天花苑商品住宅统一售给东海市电信股份有限公司，原始凭证如表 7 - 31、表 7 - 32 所示。

表 7 - 31　　东海增值税专用发票

3300143140　　此联不作报销、扣税凭证使用　　№22004501

开票日期：2023 年 6 月 20 日

税总函〔2016〕××号 ××××公司

购买方	名　　称：东海市电信股份有限公司 纳税人识别号：280632565654325 地 址 、电 话：东海市人民路 129 号 0316 - 27708765 开户行及账号：工行中山分行 150200683322004433					密码区	（略）
货物或应税劳务、服务名称	规格型号	单位	数量	单价	金　额	税率	税　额
＊不动产＊蓝天花苑		平方米	50 000	6 500.00	325 000 000.00	9%	29 250 000.00
价税合计（大写）	⊗叁亿伍仟肆佰贰拾伍万元整					（小写）￥354 250 000.00	
销售方	名　　称：东海新城房地产开发集团公司 纳税人识别号：280632565437865 地 址 、电 话：东海市牛膏街 340 号 0316 - 3133888 开户行及账号：工行黄龙分理处 955001367465438765					备注	蓝天花苑地址：东海市开发区 8 号。

第一联：记账联　销售方记账凭证

收款人：　　复核：　　开票人：许三宏　　销售方：（章）

东海新城房地产开发集团公司
280632565437865
发票专用章

表 7 - 32

中国工商银行进账单（收账通知）

2023 年 6 月 20 日　　第　　号

付款人	全　　称	东海市电信股份有限公司	收款人	全称	东海新城房地产开发集团公司
	账　　号	150200683322004433		账号	955001367465438765
	开户银行	工行中山分行		开户银行	工商银行黄龙分理处

人民币（大写）	亿	千	百	十	万	千	百	十	元	角	分
叁亿伍仟肆佰贰拾伍万元整	3	5	4	2	5	0	0	0	0	0	0

票据种类	银行汇票	收款人开户行盖章
票据张数	1 张	
单位主管　会计　复核　记账		

工商银行
黄龙分理处
2023.06.20
转
讫

此联是持票人开户银行交给持票人的收账通知

（5）2022 年 12 月份，根据市政府的相关文件，蓝天花苑项目，上缴城建局质量监督费 28 万元，上缴城管局垃圾处置费 3 万元，上缴市人防办人防建设费 76 万元（原始凭证略）。

（6）根据公司成本费用明细账记录，蓝天花苑住宅项目开发间接费用如表 7 - 33 所示。

表 7－33 蓝天花苑住宅项目开发间接费用

2023 年 5 月 25 日

序号	费用项目	会计科目	金额(元)	备注
1	工资薪金	开发间接费用	300 000.00	
2	职工福利费	开发间接费用	42 000.00	
3	折旧费	开发间接费用	50 000.00	
4	修理费	开发间接费用	30 000.00	
5	办公费	开发间接费用	100 000.00	
6	水电费	开发间接费用	200 000.00	
7	劳动保护费	开发间接费用	30 000.00	
8	周转房摊销费	开发间接费用	350 000.00	
9				
10				
合计			1 102 000.00	

会计： 复核： 制表：

提示：房地产开发费用的扣除办法

(1) 纳税人能够按房地产项目计算分摊利息支出，并能提供金融机构的贷款证明的，其允许扣除的房地产开发费用为：利息＋(取得土地使用权所支付的费用＋房地产开发成本)×5%以内。

(2) 纳税人不能按房地产项目计算分摊利息支出或不能提供金融机构的贷款证明的，其允许扣除的房地产开发费用为：(取得土地使用权所支付的费用＋房地产开发成本)×10%以内。

(7) 本企业不能单独提供银行贷款利息资料。该地区人民政府规定房地产开发费用的计算扣除比例为 10%。

(8) 2023 年 7 月份缴纳了蓝天花苑住宅项目销售的增值税 1 625 万元，城市维护建设税 113.75 万元，教育费附加(含地方教育附加)81.25 万元，印花税 9.75 万元(原始凭证略)。

提示：与转让房地产有关税金的扣除办法

(1) 可以扣除的与房地产转让有关的税金包括在转让房地产时缴纳的城市维护建设税、印花税、教育费附加等，在计算土地增值税时，可以列入房地产转让费中进行扣除。

(2) “营改增”后，扣除项目涉及的增值税进项税额，允许在销项税额中计算抵扣的，不计入扣除项目，不允许在销项税额中计算抵扣的，可以计入扣除项目。

3. 土地增值税应纳税额计算表如表 7－34 所示、财产和行为税纳税申报表如表 7－35 所示。

表 7-34　土地增值税应纳税额计算表

单位：元

序号	项　　目	金额	备　注
1	**一、转让房地产收入总额**		
2	1. 货币收入		
3	2. 实物收入		
4	3. 其他收入		
5	**二、扣除项目金额合计**		
6	**1. 取得土地使用权所支付的金额**		
7	地价款或土地出让金		
8	土地交易费用		
9			
10	**2. 房地产开发成本**		
11	土地征用及拆迁补偿费		
12	前期工程费		
13	建设安装工程费		
14	基础设施费		
15	公共配套设施费		
16	开发间接费用		
17			
18	**3. 房地产开发费用**		
19	管理费用		
20	营业费用		
21	财务费用		
22			
23	**4. 转让房地产税金**		
24	城市建设维护税		
25	教育费附加		
26			
27			
28	**5. 其他扣除项目**		
29			
30	**三、土地增值额**		
31	**四、土地增值率**		
32	**五、适用税率**		
33	**六、速算扣除率**		
34	**七、应缴土地增值税税额**		

7

表 7－35 财产和行为税纳税申报表

纳税人识别号（统一社会信用代码）：

纳税人名称： 金额单位：人民币元（列至角分）

序号	税种	税目	税款所属期起	税款所属期止	计税依据	税率	应纳税额	减免税额	已缴税额	应补（退）税额
1										
2										
3										
4										
5										
6										
7										
8										
9										
10										
11										
12	合计	—	—	—	—	—				
声明：此表是根据国家税收法律法规及相关规定填写的，本人（单位）对填报内容（及附带资料）的真实性、可靠性、完整性负责。 纳税人： 年 月 日										
经办人： 经办人身份证号： 代理机构签章： 代理机构统一社会信用代码：					受理人： 受理税务机关（章）： 受理日期： 年 月 日					

本表一式两份，一份纳税人留存，一份税务机关留存。

实训 7.7 城镇土地使用税计算与申报

一、实训要求

1. 根据东海电器有限公司提供的 2022 年资料，计算该企业 2022 年应缴纳的城镇土地使用税税额；

2. 填写东海电器有限公司城镇土地使用税的财产和行为税纳税申报表。

二、实训准备

1.《中华人民共和国城镇土地使用税暂行条例》和城镇土地使用税的相关法规；

2. 税务实训室，企业与城镇土地使用税的相关资料，税收计算表单、纳税申报表等。

三、实训材料

1. 企业基本情况如下：

企业名称：东海电器有限公司

企业性质：国有企业

法定代表：俞东业

财务负责人：陈冬衣　　办税人：张业东　　财会人员共 4 人

营业地址：东海市牛膏街 328 号

开户银行：工商银行黄龙分理处

账　　号：955001367415171279

税务登记号：280632584744358

2. 2022 年涉及城镇土地使用税的相关资料如下：

(1) 政府部门核发的土地使用证书(简称 1 号地，图 7－4)。

(2) 2022 年 3 月 30 日，东海电器有限公司将一块 2 000 平方米的土地使用权对外出租给另一个企业生产经营使用。

(3) 2022 年 4 月 30 日，将一块 900 平方米的土地使用权无偿借给某国家机关作公务使用。

(4) 与某外商投资企业共同拥有一块面积为 3 000 平方米的土地使用权(简称 2 号地)，其中东海电器有限公司实际使用 2 000 平方米，其余归外商投资企业使用。

(5) 2022 年 5 月 16 日，新征用厂区附近的两块土地共计 2 500 平方米，其中一块征用的是耕地(简称 3 号地)，面积为 1 000 平方米；另一块征用的是非耕地(简称 4 号地)，面积为 1 500 平方米。

(6) 该地区土地等级为Ⅰ级，每平方米土地年税额为 5 元。

3. 城镇土地使用税应纳税额计算表如表 7－36 所示、财产和行为税纳税申报表如表 7－37 所示。

提示：城镇土地使用税纳税义务发生时间

(1) 纳税人购置新建商品房，自房屋交付使用之次月起纳税。

(2) 纳税人购置存量房，自办理房屋权属转移、变更登记手续，房地产权属登记机关签发房屋权属证书之次月起纳税。

(3) 纳税人出租、出借房产，自交付出租、出借房产之次月起纳税。

(4) 以出让或转让方式有偿取得土地使用权的，应由受让方从合同约定交付土地时间的次月起纳税；合同未约定交付时间的，由受让方从合同签订的次月起纳税。

(5) 纳税人新征用的耕地，自批准征用之日起满 1 年时开始纳税。

(6) 纳税人新征用的非耕地，自批准征用次月起纳税。

国有土地使用证

国有土地使用证

东海　国有(2007)第 1182345 号

<table>
<tr><td>土地使用权人</td><td colspan="4">东海电器有限公司</td></tr>
<tr><td>座　　落</td><td colspan="4">东海市牛膏街 328 号</td></tr>
<tr><td>地　　号</td><td>070128743</td><td colspan="2">图　　号</td><td></td></tr>
<tr><td>地类(用途)</td><td>商服用地</td><td colspan="2">取得价格</td><td></td></tr>
<tr><td>使用权类型</td><td>出让</td><td colspan="2">终止日期</td><td>2057 年 11 月 14 日</td></tr>
<tr><td rowspan="2">使用权面积</td><td rowspan="2">50 000 m²</td><td rowspan="2">其中</td><td>独用面积</td><td>50 000 m²</td></tr>
<tr><td>分摊面积</td><td></td></tr>
</table>

根据《中华人民共和国宪法》、《中华人民共和国土地管理法》和《中华人民共和国城市房地产管理法》等法律法规，为保护土地使用权人的合法权益，对土地使用权人申请登记的本证所列土地权利，经审查核实，准予登记，颁发此证。

东海市人民政府(章)

东海市人民政府 土地证书专用章

记　　事

其中：

企业内学校和医院占地 1 000 m^2；

厂区内公用绿化用地 5 000 m^2；

厂区内生活小区的绿化用地 600 m^2。

东海市国土资源局 (章)

2007 年 11 月 15 日

中华人民共和国国土资源部 土地证书管理专用章

NO：0026703745

图 7-4

表 7－36　　2022 年度城镇土地使用税应纳税额计算表

金额单位：元(列至角分)

地号	本期实际占地面积(m^2)	法定免税面积(m^2)	应税面积(m^2)	土地等级		适用税额		全年应纳税额	已纳税额	应补(退)税额
				Ⅰ	Ⅱ	Ⅰ	Ⅱ			
合　计										

表 7－37　　财产和行为税纳税申报表

纳税人识别号(统一社会信用代码)：

纳税人名称：　　　　　　　　　　　　　　　　　　　　金额单位：人民币元(列至角分)

序号	税种	税目	税款所属期起	税款所属期止	计税依据	税率	应纳税额	减免税额	已缴税额	应补(退)税额
1										
2										
3										
4										
5										
6										
7										
8										
9										
10										
11										
12	合计	—	—	—	—	—				

声明：此表是根据国家税收法律法规及相关规定填写的，本人(单位)对填报内容(及附带资料)的真实性、可靠性、完整性负责。

纳税人：　　　年　　月　　日

经办人信息	受理信息
经办人： 经办人身份证号： 代理机构签章： 代理机构统一社会信用代码：	受理人： 受理税务机关(章)： 受理日期：　　年　　月　　日

本表一式两份，一份纳税人留存，一份税务机关留存。

实训 7.8 资源税计算与申报

一、实训要求

1. 根据东海新风盐业有限公司提供的 2022 年 11 月份资料，计算该企业 2022 年 11 月份应缴纳的资源税税额；

2. 填写东海新风盐业有限公司资源税的财产和行为税纳税申报表。

二、实训准备

1.《中华人民共和国资源税法》和资源税的相关法规；

2. 税务实训室，与资源税相关的资料，税收计算表单、纳税申报表等。

三、实训材料

1. 企业基本情况如下：

企业名称：东海新风盐业有限公司　　企业性质：有限责任公司

法定代表：蔡东风　　营业地址：东海市惠风路 328 号

财务负责人：王青　　办税人：廖一东　　财会人员共 4 人

开户银行：工商银行惠风分理处　　账　　号：955001367467543254

税务登记号：280632509876545

2. 2022 年涉及资源税的相关资料如下：

东海新风盐业有限公司 11 月份生产钾盐 1 000 吨，其中对外销售 500 吨，每吨售价(不含增值税)200 元；当月生产固体海盐 2 000 吨(本月已全部对外销售)，每吨售价(不含增值税)300 元。已知东海地区液体钾盐资源税税率为 3.5%，固体海盐资源税税率为 3%(原始凭证略)。

3. 资源税应纳税额计算表如表 7 - 38 所示，财产和行为税纳税申报表如表 7 - 39 所示。

表 7 - 38　　资源税纳税计算表

产品名称	课税单位	课税数量(金额)	单位税额(税率)	应纳税额(元)
一、应纳税项目				
1.				
2.				
3.				
4.				
5.				
合　计				
二、减免税项目				
1.				
2.				
3.				
合　计				
本期应纳税额合计				

7

表 7-39　　财产和行为税纳税申报表

纳税人识别号(统一社会信用代码)：

纳税人名称：　　　　　　　　　　　　　　　　　　　　金额单位：人民币元(列至角分)

序号	税种	税目	税款所属期起	税款所属期止	计税依据	税率	应纳税额	减免税额	已缴税额	应补(退)税额
1										
2										
3										
4										
5										
6										
7										
8										
9										
10										
11										
12	合计	—	—	—	—	—				

声明：此表是根据国家税收法律法规及相关规定填写的，本人(单位)对填报内容(及附带资料)的真实性、可靠性、完整性负责。 纳税人：　　年　　月　　日	
经办人： 经办人身份证号： 代理机构签章： 代理机构统一社会信用代码：	受理人： 受理税务机关(章)： 受理日期：　　年　　月　　日

本表一式两份，一份纳税人留存，一份税务机关留存。

项目八 涉税票证填制实训

一、实训要求

以东海集团股份有限公司6月份部分经营业务为依据填开下列涉税票证：

(1) 销售货物的商业零售发票、增值税专用发票；

(2) 提供运输服务、销售不动产的增值税专用发票、增值税普通发票；

(3) 税收通用缴款书、税收通用完税证、海关进口增值税专用缴款书。

二、实训准备

1.《中华人民共和国发票管理办法》《中华人民共和国发票管理办法实施细则》和办理发票领购的其他相关规定；

2. 税务实训室进行，具备相关表单材料。

三、实训资料

1. 企业基本情况如下：

企业名称：东海集团股份有限公司

法定代表：陈大力，身份证号为3301021957120278××

财务负责人：王小平

办税员：李金刚，身份证号为3301021970120286××

财会人员共4人

注册资本：20 000万　　成立时间：2010年7月26日

税务登记号：280632584747645

主管国税机关：东海市国家税务局直属分局　代码：54350023

主管地税机关：东海市地方税务局直属分局　代码：12650026

开户银行及账号：工行东海分行　180100112200106543

企业地址及电话：东海市东京路118号　8806529

经营范围：各类服装、白酒的生产、销售、出口，房地产开发，宾馆旅游经营、货物运输等。

2. 该企业2022年6月份部分经营业务

【业务1】 6月3日，东海市湖滨小区28幢403室居民王冬山到本公司非独立核算门市部购买二件东海牌服装，单价350元，收取现金700元。

要求：根据上述资料填制一份商业零售发票，如表 8－1 所示。

表 8－1　东海市商业零售普通发票

发票联

650234567　　　　东国税函字(11)商零三职

年　月　日　　　　NO：5743254567

购货单位(人)		地址									
品名、规格、型号	单　位	数　量	单　价	金额							
				十	万	千	百	十	元	角	分
金额合计(大写)											
销货单位	名称		纳税人识别码								
	地址		电　　话								

第三联：发票联

（印章：东海集团股份有限公司　280632584747645　发票专用章）

【业务 2】　6 月 5 日，东海集团股份有限公司向顺达有限责任公司销售白酒 250 箱，每箱售价 600 元，增值税税率 13%。顺达有限责任公司资料：

纳税人识别号：280600000001678；

地 址、电 话：东海市灯塔街 66 号 0316－2345689；

开户行及账号：工商行灯塔路分理处 654321。

要求：根据以上资料填开增值税专用发票，如表 8－2 所示。

注意：下列增值税专用发票属于用防伪税控装置开具的增值税专用发票，实训操作时，密码区部分不必填写，其他栏目需填写完整。

提示：增值税专用发票的联次

增值税专用发票常用有两种即三联和六联，企业可以根据自己需要选择使用。增值税专用发票前三联分别是：

第一联为记账联：是销售方的记账凭证，即开票方作为销售的原始凭证，在票面上的“税额”指的是“销项税额”，“金额”指的是销售方的“不含税金额收入”；

第二联为抵扣联：是购买方扣税凭证，即购买方可以进行抵扣的进项发票，在票面上的“税额”指的是“进项税额”，“金额”指的是购买方的“不含税金额价格”；

第三联为发票联：是购买方的记账凭证，即购买方作为购进货物的原始凭证。

发票三联是具有复写功能的，一次开具，三联的内容一致。

四、五、六联可根据纳税人不同需要使用。增值税专用发票具复写功能，要求一次填开，内容一致。

表 8－2

东海增值税专用发票

抵扣联

国家税务总局监制

2806143140 №00660408

开票日期： 年 月 日

税总函[2016]××号 ××××公司

购买方	名称： 纳税人识别号： 地址、电话： 开户行及账号：				密码区	（略）	
货物或应税劳务、服务名称	规格	单位	数量	单价	金额	税率	税额
价税合计（大写）							
销售方	名称： 纳税人识别号： 地址、电话： 开户行及账号：				备注	东海集团股份有限公司 280632584747645 发票专用章	

第二联：抵扣联 购买方作抵扣税凭证

收款人： 复核： 开票人： 销售方：

【业务 3】 6 月 10 日，东海集团股份有限公司职工李明杰到本公司开发的滨江花园订购一套住房，楼牌号 5 幢 5 单元 305 室，建筑面积 140 平方米，每平方米 7 000 元，金额 98 万元，采用简易计税办法，增值税额 4.9 万元，已通过银行转账收讫。防伪税控收款开票机器号码 AE－018－654321。李明杰身份证号：330521196407101×××。

要求：根据以上资料，为李明杰开具 1 份销售住房的发票，如表 8－3 所示。

表 8－3

东海增值税普通发票

发票联

国家税务总局监制

2806143320 №00660408

开票日期： 年 月 日

税总函[2016]××号 ××××公司

购买方	名称： 纳税人识别号： 地址、电话： 开户行及账号：				密码区	（略）	
货物或应税劳务、服务名称	规格	单位	数量	单价	金额	税率	税额
价税合计（大写）							
销售方	名称： 纳税人识别号： 地址、电话： 开户行及账号：				备注	东海集团股份有限公司 280632584747645 发票专用章	

第二联：发票联 购买方记账凭证

收款人： 复核： 开票人： 销售方：

【业务 4】 6 月 12 日，公司运输部承接一项从东海到上海的货物运输业务，运费收入 5 000 元，税款 450 元。款已通过银行转账收讫。

发货人：东海天宝化工股份有限公司，税务登记号：280665987645321；

收货人：上海民强化工股份有限公司（受票方），税务登记号：458732130987456；

税控装置号：AE－018－654321。

要求：根据上述资料，填开 1 份收取运费的增值税专用发票，如表 8－4 所示。

表 8－4

东海增值税专用发票

抵扣联

国家税务总局监制

3300143140　　　　　　　　　　　　　　　　　　　　　　　　　　№00660408

开票日期：　　年　　月　　日

<table>
<tr><td rowspan="4">税总函〔2016〕××号 ××××公司</td><td>购买方</td><td colspan="4">名　　称：
纳税人识别号：
地 址 、电 话：
开户行及账号：</td><td>密码区</td><td colspan="3">（略）</td><td rowspan="4">第二联：抵扣联　购买方作抵扣税凭证</td></tr>
<tr><td colspan="2">货物或应税劳务、服务名称</td><td>规格</td><td>单位</td><td>数量</td><td>单价</td><td>金　额</td><td>税率</td><td>税　额</td></tr>
<tr><td colspan="2">价税合计（大写）</td><td colspan="7"></td></tr>
<tr><td>销售方</td><td colspan="4">名　　称：
纳税人识别号：
地 址 、电 话：
开户行及账号：</td><td>备注</td><td colspan="3">东海集团股份有限公司
280632584747645
发票专用章</td></tr>
</table>

收款人：　　　　复核：　　　　开票人：　　　　销售方：

【业务 5】 6 月 15 日，东海集团股份有限公司向主管税务机关报送 5 月份财务报表和增值税纳税申报表，申报表中列示该企业 5 月份销售收入 4 000 万元，销项税额 520 万元，已认证的进项税额 450 万元，5 月份应纳税额 70 万元。

要求：按上述资料，以税务机关办税员的身份为该企业填开 1 份税收缴款书，如表 8－5 所示。

注意：税收缴款书中的预算科目已填写。

提示：税收通用完税证和税收通用缴款书的区别

（1）用途不同：税收通用完税证是税务机关和委托代征单位自收现金税款时使用的一种完税凭证，是直接开给纳税人的；税收通用缴款书是纳税人直接向银行缴纳税款时使用的一种凭证，是税款入金库的凭证（唯一合法要件）。

（2）格式不同：税收通用缴款书栏目设计比税收通用完税证复杂，除两者相同的栏目之外，缴款书中还包括缴款单位开户银行和账号、预算科目编码、名称、级次，收款国库，税款限缴日期，国库（银行）盖章、缴款单位盖章等栏目。

（3）联次不同：税收通用缴款书联次较多，一般为一式五联，税收通用完税证一式三联。

（4）生效方式不同：税收通用缴款书必须经收款国库（银行）盖章后生效。税收通用完税证无需银行盖章。

表 8-5

中华人民共和国
税收通用缴款书

（全国统一发票监制章 国家税务总局监制）

(032)海 №1055806

隶属关系： 缴电

注册类型： 填发日期： 年 月 日 征收机关：

缴款单位（人）	代码		预算科目	编码	101010103
	全称			名称	股份制企业增值税
	开户银行			级次	中央50%，地方50%
	账号		收款国库		东海市中心支库
税款所属时期 年 月 日至 月 日			税款限缴日期：		
品目名称	课税数量	计税金额或销售收入	税率或单位税额	已缴或扣除额	实缴金额
金额合计	（大写）				￥
缴款单位（人）（盖章） 经办人（盖章） 东海集团股份有限公司财务专用章		上列款项已收妥并划转收款单位账户 国库（银行）盖章 年 月 日 国家税务总局东海市税务局直属分局 征税专用章			工商银行东海分行 2022.06.15 转讫

第一联（收据）国库（银行）收款盖章后退缴款单位（人）作完税凭证

逾期不缴按税法规定加收滞纳金

【业务6】 公司所属非独立核算的湖滨酒楼实行定额征收，6月15日，公司用现金缴纳5月份应交税费，其中应交增值税1 300元，应交城建税91元，应交教育费附加39元，合计1 430元。

要求：按上述资料，以税务机关办税员的身份为该企业填开1份税收通用完税证，如表8-6所示。

表 8-6

中华人民共和国
税收通用完税书

（全国统一发票监制章 国家税务总局监制）

印刷序号：A234543

纳税人编号： 预算级次： (2022)东税完字：020383746593 号

收款单位				纳税单位（人）				
税种	税目	税款所属期限	计税金额	计税数量	税率（%）	扣除或预缴税额	纳税金额	滞纳天数
备注	国家税务总局东海市税务局直属分局 (1) 征税专用章			汇率		结算金额		
合计人民币（大写）						￥		
经手人				填发日期				

第一联（收据）国库（银行）收款盖章后退缴款单位（人）作完税凭证

【业务 7】　6 月 16 日，东海集团股份有限公司从美国进口一批 XL－7654 生产原料，共计 100 桶，到岸价 150 万美元，假定该批化工原料进口关税完税价格与到岸价相同，进口关税税率为 10%，即应缴关税 15 万美元；汇率 1∶6.5；合同号：18－03－115；报关单编号 TX－0011305，提货单号：E－987654；收款国库：东海市中心支库。

要求：按照上述资料，以海关办税员的身份为企业填制 1 份进口增值税缴款书，如表 8－7 所示。

表 8－7　　海关　进口增值税　专用缴款书

收入系统：　　　　　　填发日期：　年　月　日　　　　　　号码：0432875434

<table>
<tr><td rowspan="3">收款单位</td><td>收入机关</td><td colspan="3"></td><td rowspan="3">缴款单位(人)</td><td>名称</td><td></td></tr>
<tr><td>科　目</td><td></td><td>预算级次</td><td></td><td>账号</td><td></td></tr>
<tr><td>收缴国库</td><td colspan="3"></td><td>开户银行</td><td></td></tr>
<tr><td>税号</td><td>货物名称</td><td>数量</td><td>单位</td><td colspan="2">完税价格(￥)</td><td>税率(%)</td><td>税款金额(￥)</td></tr>
<tr><td></td><td></td><td></td><td></td><td colspan="2"></td><td></td><td></td></tr>
<tr><td></td><td></td><td></td><td></td><td colspan="2"></td><td></td><td></td></tr>
<tr><td></td><td></td><td></td><td></td><td colspan="2"></td><td></td><td></td></tr>
<tr><td colspan="6">金额人民币(大写)</td><td colspan="2">合计(￥)</td></tr>
<tr><td>申请单位编号</td><td></td><td>报关单编号</td><td colspan="3"></td><td rowspan="2">填制单位
填制人：</td><td rowspan="3">收款国库(银行)
业务公章</td></tr>
<tr><td>合同(批文)号</td><td></td><td>运输工具(号)</td><td colspan="3"></td></tr>
<tr><td>缴款期限</td><td></td><td>提/装货单号</td><td colspan="3"></td><td>复核人：</td></tr>
<tr><td>备注</td><td colspan="5">一般征税
USD
国际代码：</td><td>单证专用章</td><td></td></tr>
</table>

东海集团股份有限公司财务专用章

中华人民共和国东海海关　单证专用章

中华人民共和国国家金库　东海市中心支库

提示：有关发票的法律责任

(1) 非法印制发票的，由税务机关销毁非法印制的发票，没收违法所得和作案工具，并处 1 万元以上 5 万元以下的罚款；构成犯罪的，依法追究刑事责任。

(2) 伪造或者出售伪造的增值税专用发票的，处 3 年以下有期徒刑、拘役或者管制，并处 2 万元以上 20 万元以下罚金；数量较大或者有其他严重情节的，处 3 年以上 10 年以下有期徒刑，并处 5 万元以上 50 万元以下罚金。数量巨大或有其他特别严重情节的，处 10 年以上有期徒刑或者无期徒刑，并处 5 万元以上 50 万元以下罚金。

8

项目九　涉税争议处理实训

实训 9.1　涉税争议分析

一、实训要求

根据提供的事实，结合相关法规，分别指出企业和税务机关不符合税收征管法的地方。

二、实训准备

1.《中华人民共和国税收征收管理法》《中华人民共和国税收征收管理法实施细则》《中华人民共和国国家赔偿法》《中华人民共和国行政诉讼法》和税务行政复议的相关规定；

2. 税务实训室。

三、实训材料

A 县某餐饮部属承包经营，该县城关征管分局接群众反映，该餐饮部利用收入不入账的方法偷逃税款。2022 年 5 月 25 日，分局派两名税务干部（李某与钱某）对其实施检查，税务人员在出示税务检查证后，对相关人员进行了询问，但没有线索，于是对餐饮部经理宿舍进行了搜查，发现了流水账，经与实际申报纳税情况核对，查出该餐饮部利用收入不入账方法，偷逃税款 50 000 元的事实。5 月 28 日，该分局依法下达了税务行政处罚事项告知书，拟作出追缴税款，加收滞纳金，并处 30 000 元罚款的决定。5 月 29 日，下达了税务行政处罚决定书。5 月 30 日，该餐饮部提出税务行政处罚听证要求，6 月 5 日由李某、钱某二人和其他一名干部共同主持了听证会，经听取意见后，当场作出税务行政处罚决定，并要求听证所花费用由餐饮部承担，并将决定书当场交餐饮部代表。在没有履行义务的情况下，该餐饮部于 7 月 5 日就 30 000 元罚款一事向县地税局提出行政复议申请，县地税局以纳税人未缴纳税款及已超过法定复议期限为由不予受理复议申请。7 月 6 日，餐饮部依法向县人民法院起诉。

实训 9.2　税务行政复议申请书写作

一、实训要求

根据东海器汰贸易有限公司提供的资料，填写东海器汰贸易有限公司的税务行政复议申请书。

二、实训准备

1.《中华人民共和国税收征收管理法》《中华人民共和国税收征收管理法实施细则》《中华人民共和国发票管理办法》《中华人民共和国发票管理办法实施细则》和税务行政复议的其他相关规定；

2. 税务实训室，税务行政复议申请书。

三、实训材料

1. 企业基本情况如下：

企业名称：东海器汰贸易有限公司

生产地址：东海市东前门路 118 号

企业登记注册类型：有限责任公司

联系电话：888888

邮政编码：310000

统一社会信用代码：440198365090004C

经营范围：副食品生产销售

法定代表：泉之涌

2. 涉税争议概况：

该公司下属业务部门，开设一个经营部，独立核算。2022 年 1 月 1 日开始营业，当时由于营业执照、税务登记均未办妥。故经营部暂以公司经营部名义对外营业。所用的发票由公司借给，发票上填开的税务登记号也是借用公司一般纳税人登记号，其销售货物均按销项税额减除进项税额缴纳了增值税 5 419.21 元。经营部营业执照和税务登记证办好后即停止借用公司的发票和税务登记号。2022 年 5 月东海市前门税务所，在检查公司纳税情况时，发现该公司在 2022 年 1 月至 2 月，借给经营部发票 1 本，开具货款销售额为 130 000 元，税额为 22 100 元，按违反发票管理规定中转借发票条款罚款 12 000 元。该公司承认借出发票是错误的，已接受了处罚，并按期缴纳了罚款。2022 年 8 月检查单又开来了补税缴款书，要求补缴转借发票开具税额的 30%计 6 630 元。该公司多次向检查部门申述，开具的发票销项税额，经营部已经依法缴纳了税款，没有偷税，但检查单位税务所坚持要公司补缴，否则还要罚款，公司认为税务机关处罚不妥，提起行政复议申请。

3. 税务行政复议申请书如表 9-1 所示。

表 9－1 **税务行政复议申请书**

<table>
<tr><td rowspan="2">法人或其他
组织名称</td><td colspan="2" rowspan="2"></td><td colspan="3" rowspan="2">法定代表人
姓名</td><td colspan="2" rowspan="2"></td><td>地址</td><td></td></tr>
<tr><td>电话</td><td></td></tr>
<tr><td rowspan="2">申请人姓名</td><td rowspan="2"></td><td rowspan="2">性别</td><td rowspan="2"></td><td rowspan="2">年龄</td><td rowspan="2"></td><td rowspan="2">职业</td><td rowspan="2"></td><td>住址</td><td></td></tr>
<tr><td>电话</td><td></td></tr>
<tr><td rowspan="2">法定代理人姓名</td><td rowspan="2"></td><td rowspan="2">职业</td><td rowspan="2"></td><td colspan="2">单位</td><td colspan="2"></td><td>电话</td><td></td></tr>
<tr><td colspan="2">住址</td><td colspan="4"></td></tr>
<tr><td>营业执照号</td><td colspan="3"></td><td colspan="4">税务登记证号</td><td colspan="2"></td></tr>
<tr><td>经济性质</td><td colspan="3"></td><td colspan="4">经营范围</td><td colspan="2"></td></tr>
<tr><td>被申请人</td><td colspan="3"></td><td colspan="4">地址</td><td colspan="2"></td></tr>
<tr><td>处理决定
执行情况</td><td colspan="9"></td></tr>
<tr><td>申请复议的
要求和理由</td><td colspan="9">法定代表人签字： 申请人盖章
提出复议申请的日期： 年 月 日</td></tr>
<tr><td>说明</td><td colspan="9">1. 申请时需附资料：
(1) 法定代理人有关证明。
(2) 税务机关处理决定书。
(3) 已缴税款、滞纳金凭证。
(4) 申请人认为税务机关作出的具体行政行为不当的依据。
2. 表中内容填写不下时，可另加附页</td></tr>
</table>

9

实训 9.3　税务行政赔偿申请书写作

一、实训要求

根据提供的事实，结合相关法规，书写一份税务行政赔偿申请书。

二、实训准备

1.《中华人民共和国税收征收管理法》《中华人民共和国税收征收管理法实施细则》《中华人民共和国国家赔偿法》和税务行政赔偿的其他相关规定；

2. 税务实训室。

三、实训材料

情况概述：

2022 年 4 月 10 日，某县税务局聘用的代征员张辉和孙志强，在县商品交易会上代征税款时，与叫卖领带的邱晓华发生冲突。邱晓华自称是江苏省某市的私营企业老板，是江苏省某市的固定纳税企业。当代征员要求查看其外出经营证明时，邱晓华却拿不出任何外出经营的证明材料，张辉和孙志强要求邱晓华就地缴纳税款，邱晓华不肯缴纳。张辉和孙志强在没有办理任何手续的情况下强行扣押了邱晓华的两箱领带。三天后，当邱晓华卖完其余领带，到税务局准备缴纳税款并要回扣押的两箱领带时，张辉告诉邱晓华："前天夜里，存放领带的饭店被盗，两箱领带也被窃贼偷走了！"邱晓华当即将情况向县税务局领导反映，并要求税务局赔偿其损失。

9

主要参考文献

[1] 梁伟样.税务会计学习指导、习题与项目实训[M].6版.北京：高等教育出版社，2023.

[2] 梁伟样.税费计算与申报实训[M].4版.北京：高等教育出版社，2019.

[3] 梁伟样.税费计算与申报全真实训[M].4版.北京：高等教育出版社，2019.

[4] 梁伟样.企业纳税全真实训[M].4版.北京：清华大学出版社，2019.

[5] 梁伟样.企业纳税实训[M].3版.大连：东北财经大学出版社，2020.

高等教育出版社

教学资源服务指南

仅限教师索取

感谢您使用本书。为方便教学，我社为教师提供资源下载、样书申请等服务，如贵校已选用本书，您只要关注微信公众号“高职财经教学研究”，或加入下列教师交流QQ群即可免费获得相关服务。

“高职财经教学研究”公众号

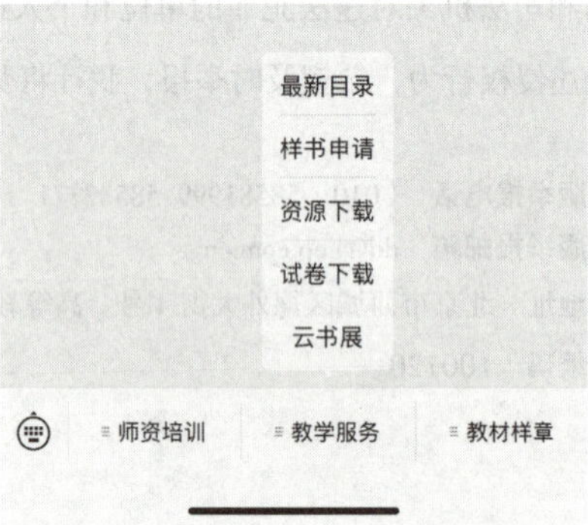

资源下载：点击“**教学服务**”—“**资源下载**”，或直接在浏览器中输入网址（http://101.35.126.6/），注册登录后可搜索相应的资源并下载。（建议用电脑浏览器操作）

样书申请：点击“**教学服务**”—“**样书申请**”，填写相关信息即可申请样书。

试卷下载：点击“**教学服务**”—“**试卷下载**”，填写相关信息即可下载试卷。

样章下载：点击“**教材样章**”，即可下载在供教材的前言、目录和样章。

师资培训：点击“**师资培训**”，获取最新会议信息、直播回放和往期师资培训视频。

联系方式

会计QQ3群：473802328　　会计QQ2群：370279388　　会计QQ1群：554729666

（以上3个会计QQ群，加入任何一个即可获取教学服务，请勿重复加入）

联系电话：（021）56961310　　电子邮箱：3076198581@qq.com

在线试题库及组卷系统

我们研发有10余门课程试题库：“基础会计”“财务会计”“成本计算与管理”“财务管理”“管理会计”“税务会计”“税法”“审计基础与实务”等，平均每个题库近3000题，知识点全覆盖，题型丰富，可自动组卷与批改。如贵校选用了高教社沪版相关课程教材，我们可免费提供给教师每个题库生成的各6套试卷及答案（Word格式难中易三档，索取方式见上述“试卷下载”），教师也可与我们联系咨询更多试题库详情。